JN312187

世界システムと東アジア

小経営・国内植民地・「植民地近代」

今西 一 [編]

日本経済評論社

世界システムと東アジア――小経営・国内植民地・「植民地近代」＊目次

序章　世界システムと東アジア……………………今西　一　7
　　　──小経営・国内植民地・「植民地近代」

第Ⅰ部　貨幣論と小農論……………………………………27

　第1章　アジア・アフリカ史発の貨幣経済論…………黒田　明伸　28

　第2章　日本小農論のアポリア……………………………野田　公夫　45
　　　──小農の土地所有権要求をどう評価するか

第Ⅱ部　近代日本の家族と小経営………………………73

　第3章　近代日本の小農と家族・村落……………………坂根　嘉弘　74

　第4章　近代日本における中小工業の成長条件…………黄　完晟　106
　　　──研究史の論点整理を中心に

第Ⅲ部　国内植民地………………………………………131

　第5章　帝国日本と国内植民地・北海道…………………今西　一　132

　第6章　アイヌ民族共有財産裁判「歴史研究者の意見書」
　　　……………………………………………………………井上　勝生　149

第7章　琉球史をめぐる論点と実践 …………………高良　倉吉　179

第Ⅳ部　「植民地近代」論争 ……………………………………………189

　第8章　朝鮮における「19世紀の危機」……………李　榮薫　190

　第9章　「植民地近代化」再論………………………金　洛年　205

　第10章　韓国における近代的経済成長 ………………許　粹烈　242

おわりに ………………………………………………………………263

執筆者・翻訳者紹介 …………………………………………………267

序章　世界システムと東アジア
——小経営・国内植民地・「植民地近代」

今西　一

I　「戦後歴史学」の方法的反省

　日本の「戦後歴史学」は、1932年の『日本資本主義発達史講座』に執筆した野呂栄太郎、羽仁五郎、服部之總、平野儀太郎、山田盛太郎ら「講座派」マルクス主義者の絶大な影響のもとに出発した。西欧近代に歴史発展のモデルをもとめた大塚久雄や丸山真男らの「市民主義」者も、アカデミズム史学でさえもが、このマルクス主義史学の大きな影響下にあったと言える。

　戦後直後の「講座派」マルクス主義や大塚史学の影響力の大きさは、日本の歴史学を特異なものにしていった。例えば戦前のフランスのフェルナン・ブローデルのような流通と金融を重視した議論や、ドイツの「マルク共同体」否定論[1]などは、西洋史の一部の学者などを除いては、ほとんど日本史研究者の間では知られていなかったのである。そもそもマルクスやエンゲルスが依拠していたモルガンらの古典理論は戦前期には崩壊していたなかで、日本ではマルクスの『資本制生産に先行する諸形態』や『資本論』などに書かれている内容が、歴史的事実であるかのように誤読をされていたのである。むしろブローデルなどは、イマニュエル・ウォーラースティンの世界システム論が、川北稔らによって紹介されるようになってから、はじめて脚光を浴びるようになったのである。

　川北稔が指摘するように、「戦後歴史学」は、「一国史観」、「進歩史観」、「ヨ

ーロッパ中心主義」、「農本主義や生産力主義」であった[2]。また「戦後歴史学」が、「戦後民主主義革命」のなかで生まれてきたことを自認する限り、市民革命にせよ社会主義革命にせよ「変革のための歴史学」という性格を払拭することはできなかったのである。二宮宏之は、「戦後歴史学」の特徴と問題点を次のように語っている[3]。

① 歴史は未来の理想社会に収斂されるべきものだという強烈な目的論的歴史意識に支えられており、歴史学もまた、そこにいたるための変革の学問であろうとしたこと。社会主義社会の到来を予期していたマルクス主義の場合は当然だが、市民派の場合も未来志向の歴史意識を共有していた。

② 歴史のうちには普遍的な発展法則が貫徹していると想定し、その基本法則を明らかすることこそが、歴史学の任務と考えていたこと。(後略)

③ 人類の歴史は継続的な段階を経て展開すると考える点で基本的には発展段階説に立つが、そのうえで、比較史の視点から、諸歴史社会を類型として捉えようとした点で、段階論と類型論が接合されていたこと。封建制から資本制への移行の過程におけるイギリス型、フランス型、プロイセン型、特殊日本型などの設定がそれである。この場合に、「国民類型」といった表現が多用されたことからも判るように、主としてナショナルな型が問題とされていることに注意しておく必要がある。

④ 社会構造を分析する際に、ヨコ軸として「階級」、タテ軸として「民族」が基軸的な概念とされたこと。ここでいう階級は、生産関係における位置によってその性格が規定されるマルクス主義的合意で用いられており、民族もまたエトノスのレベルはほとんど問題にされず、ネーション（国民）のレベルで理解されていたことに、これまた注意しておく必要がある。

⑤ 対象を常に「構造」として捉え、そこに論理的一貫性を見極めようとする視点、また、変化の契機・構造転換の契機をもっぱら構造の内部に

求め、内発的発展を重視したこと。「下からの道」と「上からの道」の対置といった発想も、以上のような思考法と密接に関連している。（後略）

また、「戦後歴史学」の「科学主義」の楽観性や、「段階論の基本となる典型的な発展のコース」が、「西ヨーロッパ、とりわけその近代社会のあり方であり」、そこから日本近代が、「「ゆがんだ近代」と表象される」ことを批判している。そして「戦後歴史学は、「ネーションの物語」としての近代歴史学の精髄であった」とする。

二宮は、1970年代から台頭した「社会史」が、「戦後歴史学」を支えてきた「近代知」に再審を加え、「①普遍性からローカル・ノリッジへ、②抽象的概念世界から日常生活世界へ、③ヨーロッパ近代モデルの相対化」へと座標軸を転換したとしている。また近年では、「言語論的転回」が問題になり、「表象の歴史学の立場をとる社会史は、認識論上の転回を認め、すべての歴史記述は言説構造を持つと考え」られるようになって、「歴史叙述の言説構造を正面から問題にし」たとしている。そこで、脱ナショナリズム、脱国民国家などを議論したとして、西川長夫の国民国家論や近年のジェンダー論を高く評価する。筆者は、おおむねこの二宮の提言に賛成である。ただし最近の歴史学では、むしろ実証ぬきの「言説」分析の弊害が目立つようになってきている。

II　世界システム論

また「戦後歴史学」の「一国史観」的な発想に、決定的な打撃を与えたのは、イマニュエル・ウォーラーステインの世界システム論であった[4]。確かに戦前でも羽仁五郎の「東洋における資本主義の形成」[5]という論文が書かれており、1960年代の西嶋定生の「冊封体制」[6]の提言や、1961年の歴史学研究会での芝原拓自報告「明治維新の世界史的位置」などの報告があり、遠山茂樹・古屋哲夫などとの論争があった[7]。しかし、これらは一言でいえば、自国史中心の議

論であり、相手国との対話をもたない研究であった。だが今日、アジア各国の歴史研究が大きく前進するなかで、東アジアの歴史地図は著しく塗り替えられてきている。

川北稔は、ウォーラースティンの研究を、次のように評価する。まず「16世紀に西ヨーロッパを中核として生まれた大規模な国際分業体制（近代世界システム）が、その後全世界を吸収するという見方を提示し、一国史的な視点や国別の比較史の視点とはまったく異なる、「世界」を主語とする近代史の理解を確立した。その理論前提としては、国別の発展段階論を拒否し、中心ー辺境（周辺）関係で結ばれた世界の一体性を説く「従属理論」や世界資本主義論であった」。

そして、「ウォーラースティンが、その著『近代世界システム』第１巻を上梓したのは、なお、社会主義崩壊のはるか以前であったが、社会主義圏をも世界資本主義システムの一部としてとらえ、また、中核による周辺の搾取の必然性を解明して南北問題の歴史的構造を明らかにした点が衝撃的であった」。例えば、「長期の16世紀」の「「再版農奴制」は、東ヨーロッパが西ヨーロッパに「遅れていた」ことを示す指標ではなく、東ヨーロッパが世界資本主義の「周辺」に位置付けられたことの指標である」。従って、「「開発」と「低開発」が同じ一枚のコインの裏表であって、発展段階の違いなどはありえないという点が、歴史論としての世界システム論の最も強烈な主張であった」とする。

しかし、世界システム論の問題点のひとつは、「人類学者などがすすめてきた非商品経済の分析と、経済学者がすすめてきた商品経済の分析とを総合し、全体を包み込む指標を作成しないかぎり、近代世界システムの真のバランス・シートは作成できない」とする。また、「これまでの世界システム論では、生産活動がすなわち環境破壊につながるといった別の意味でのコインの表裏も、十分にはとらえられていない」とする。近年、日本や諸外国でも、「環境史」は大きな研究課題となりつつある。

ウォーラースティンの議論で、よく問題になるのは、「ヘゲモニー」論である。彼は、17世紀のオランダ、19世紀のイギリス（パックス・ブリタニカ）、

20世紀のアメリカをヘゲモニー国家とする。「近代世界システムのヘゲモニーは、まず生産（農業・工業・漁業）において他の中核諸国に圧倒的に優越することからはじまる。ついで、海軍力を背景として世界商業を掌握することで、流通面で優位を確立し、最後に、金融の側面で世界支配を確立する」[8]。

研究史のうえでは、特にオランダをヘゲモニー国家とすることへの反対が多いが、川北は、「17世紀には、オランダの海運業がヨーロッパで飛び抜けて有利な地位にあった。流通コストを下げる鍵は、オランダが握っていたわけである。だからこそ商業資本主義の時代にオランダがヘゲモニーを握れたのである。これまでの経済史では、ようやく19世紀後半になって重要になる産業資本主義の理論を近世にあてはめようとした点で、決定的な無理があった」と反論する[9]。

III 「帝国」と国民国家

しかし、ヘゲモニー論のもうひとつの問題は、誰もがヘゲモニー国家と認めるアメリカの未来である。ウォーラースティンの議論では、近代以前でも一種の世界システムは存在する。それは超国家的な政治的統合体としての「世界帝国」である。これに対して、近代世界システムは、政治的な統合を欠いた、「資本主義世界経済」である。

近代世界システムの形成後も、幾多の世界帝国の試みがなされたが、ことごとく失敗している。これは、近代世界システムの形成後は、国家主権を柱とする「国民」概念による、イデオロギー的統一を確立した「国民国家」が、資本主義世界経済の中核として存在するからである。いかに超越した力を有しても、分立し競合する他の国民国家を抑え、巨大な世界帝国を作ることはできなかった。世界帝国は19世紀の遺物であり、20世紀のナチスの「第3帝国」も、日本の「大東亜共栄圏」も、「世界政府をつくろうという試みは近代においては全部失敗している」[10]。

だが21世紀の世界システムは、今後どのように展開するのであろうか。依然

としてアメリカのヘゲモニーは続くのか、あるいは世界史上第4のヘゲモニー国家が登場するのか（EU、中国など）、または資本主義世界経済の基盤となっている国民国家そのものが崩壊して、近代世界システムそのものが瓦解していくのか、ウォーラースティンも川北も結論を出しあぐねている。

そこで近年注目を集めているのが、アントニオ・ネグリとマイケル・ハートの「帝国」論である（水嶋一憲ほか訳『帝国』以文社、2003年）。彼らが主張するのは、現代世界では近代的な国民国家の主権が、超国家的な主権に移ったということである。この「帝国」は、「脱中心的で脱領域的な支配領域であり、これは、その絶えざる拡大を続ける開かれた境界の内側に、グローバルな領域全体を漸進的に組み込んでいくのである」（前掲書、5頁）。従って近代国民国家を基礎にした「帝国主義」と「帝国」とは区別される。

またネグリとハートの現代資本主義論では、70年代以降に工場労働をモデルとする在り方から、コミュニケーション的労働、協業的労働、相互活動的労働、情動的労働といった「非物質的労働」が支配的になる。これによって資本の支配は、人間の身体だけでなく精神まで、生活全般を搾取するようになる。しかし、彼らの「帝国」論では、帝国の形成過程そのものが不可逆的であるから、帝国支配を否定する「マルチチュード」（群集）を生み出すことになる。

ネグリとハートの「帝国」論は、「冷戦」崩壊後10年間の前半期に作られたということもあって、グローバル化の進展と国民国家の機能の衰退についての展望が、いささか楽観的である。グローバル化の在り方とその影響も、国民国家が超国家的な形で統合される過程も、〈時間的〉〈空間的〉に一様ではなく、地域的な偏差を生んでいるが、これは資本主義的な生産の変化についても言える。

彼らは、「帝国」を、「中心なき、脱領域的支配装置」とするので、アメリカは「帝国」ではないとする。これに対して、藤原帰一は、『デモクラシーの帝国』（岩波新書、2001年）のなかで、2001年9月11日以降のアメリカの軍事的侵略行動を、「古風な観念」の帝国論として説明している。だが、木畑洋一は「帝国」概念の適応に慎重で、「ヘゲモニー」概念での説明を主張する[11]。この

ように9・11以降の歴史学では、「帝国」論が活発になってきているが、かなりの部分が未完の仮説から成り立っている。「帝国」と国民国家のとらえ方にも、多くの理論的・実証的な課題が残されている。

IV 京都学派の東洋史研究

特に初期のウォーラースティンの「世界システム」論では、ヨーロッパ中心史観が目立ち、アジアの問題が捉えられていなかった。例えば彼は「16世紀の東インドは大西洋を中心とする世界システムの外部にあった、という言い方をしておりますけれど、最近の研究ではむしろ、東アジア経済と大西洋経済とが銀の流れを媒介として間接ながら結びつき、互いに影響を与えあっていた」と言われている[12]。しかし日本の伝統的な「東洋史」もまた、長い間西ヨーロッパ中心史観から抜け出せなかった。

中国史の宮崎市定でさえ、ヨーロッパ史研究の方法に倣って、アジア史を古代、中世、近世に区分し、これを基礎に近世の連続に「最近世」を加えた。さらに西アジア、東アジア、ヨーロッパの順に「文芸復興(ルネサンス)」が起ったとして、それを「近世」成立のメルクマールとしてきた[13]。ただ、ルネサンスの起源を西アジアに求め、アジアとヨーロッパとの相互関係に注目することから、宮崎の史観は「交通史観」とか「接触史観」と言われてきた。しかし、ヨーロッパ近代が作った歴史概念に疑問を抱かず、それを普遍化して、アジア各地に適応できると考えてきたのである。宮崎のアジア各地の「文芸復興」理解は極めて恣意的であり、その民族主義理解も強引である。

宮崎の師である内藤湖南もまた、西ヨーロッパの近代の成立した有機体国家だけが「近代国家」だと主張し、中国の軍閥政権は国家ではなく、日本は中国に近代国家を作りに行くのだとして、日本の中国侵略を合理化した。当時、この議論に関東軍の石原莞爾が飛びついたのも当然である。筆者は、1960年代の京都の古本屋で、内藤虎次郎(湖南)の『支那論』(文会堂書店、1914年)が、よく店頭に並び(大ベストセラーであった)、内表紙に若い学徒兵に贈ると書か

れていたことを記憶している。京都学派の戦争責任は、今後も追及されなければならない問題である。

しかも戦後になっても、大学文学部での「東洋史」とは、即ち中国史のことであり、朝鮮史はもちろんインド、ベトナム、東南アジアの歴史を研究することさえ異端視されてきた。これも「支那学」以来の東洋史の悪しき伝統のひとつである。

V 「朝貢システム」論

このヨーロッパ中心史観から脱し、福沢諭吉から梅棹忠夫まで続いてきた「脱亜」論を批判する動きが、歴史学でもようやく1980年代から高まってくる。溝口雄三が主編者になった、『アジアから考える』(東京大学出版会、1993~94年)などが、その代表的な試みであった。

同書の編集者の一人濱下武志は、アジアの地域史研究のなかから、中国を中心とした朝貢システムと、アジア各地の有機的な連環を問題にした「朝貢システム」論を提起する。濱下は、近代転換期のアジアには、ヨーロッパ的な意味での国民国家は存在せず、固有な地域の歴史は国家を跨いだ朝貢システムのネットワークによって構成され、その内在的な活力は、朝貢システムによって担保されていたとする。

日本の「脱亜」や近代化は、この朝貢関係の歴史的な制約もとで生じた手段であり、それは目的ではなく、自己の朝貢国としての位置を脱する手段に過ぎなかったというのである。濱下の議論は、東アジア経済の実態を論じるだけではなく、アジアがヨーロッパと対蹠的であることを論じて、外在的に設定されたヨーロッパ「近代」を、東アジアへ適応することの限界を説いている。ここで濱下は、ヨーロッパ流の国民国家概念の東アジアへの適応の不可能性を主張する[14]。

濱下の「朝貢システム」では、東アジア国家のヘゲモニー関係を否定し、朝貢関係とは——

1　貿易秩序の理念として、中国を中心とする多角的な貿易関係を形作り、
2　貿易圏と表裏一体となった貿易決済網が形成され、銀・銀貨・銅・銅貨が流通する通貨圏、金融圏としても機能しており、
3　これらの交易ルートに沿って、官民の使節や商人集団が往来し、さらに各地の交易都市への移民ルートができ上がった。
4　東シナ海・南シナ海における、もの・かね・ひとの移動は、沿海各地に交易都市・植民都市を誕生させた。この交易都市のネットワークが形成されるに伴い、海洋圏の輪郭も明らかになり、そこにおいては、海洋圏をめぐる競争や対立、抗争や衝突が生じている。
5　朝貢関係の内部において、中国に対する朝貢国にあっては、自らが〝中華〟を唱えることによって、中国に対するナショナリズムを生じた点を認めることができる。
6　朝貢国として形成された交易関係は、その周縁部においても清国商人・華僑商人の商業活動によって維持されていた。

とする[15]。筆者は、濱下の国民国家の枠を超えた歴史像を描こうとする意図には賛成である。濱下の「朝貢システム」論の提起以降、歴史学では東アジア交易史の研究は、ひとつの流行とでも言うべき現象を呈し、さまざまな新しい事実が明らかになってきている。

また孫歌が指摘するように、「歴史的に東アジアの周辺国家がナショナリズムの発生前後、どうして中華に対立する形ではなく、中華を借りるという方法によって自己のアイデンティティを求めたかが理解できるし、またどうして中国という、この歴史上数千年も延々と続いた古い帝国が、極めて揺動的な王朝の交代においても、動態的な方法でその「中華」への求心力を保持しえたのかが理解できる」とも言える[16]。

しかし、「朝貢システム」論にも、近年、いくつかの疑問がだされている。白石隆は、東南アジア史の立場から、「19世紀はじめ、東インド貿易を支えていたのは華僑ネットワークではなく、ブキス人ネットワークだった」とする[17]。

中国史でも、岩井茂樹は、1684年、清朝が海禁を解除して、各地に海関を設けてからは、朝貢体制は「互市体制」に転換したとする[18]。確かに「朝貢システム」というのは曖昧な概念で、19世紀には朝鮮や琉球など極少数の国しか「朝貢」は行われていない。だが、「互市体制」をそれに変わる政治・経済・文化までも含んだ概念として使えるのかは疑問である。

濱下自身も、アヘン戦争がアジアの近代化の画期とする見解を批判するなかで、1839年の道光帝の上諭では、琉球などとの「朝貢関係をそれ以前よりも緩やかにし、独自の重商主義政策をとろうとしていた」と指摘している。アヘン戦争以前に、清朝自体が朝貢システムを変更しようとしていたとしている[19]。

VI アジアとヨーロッパ

濱下提言とならんで、「アジア間交易圏」論をすすめたのは、杉原薫の「アジア間貿易」論であった。杉原は、従来の研究が「アジア国際分業の成立」という視点をもたなかったことを批判する。そして、アジアをインド、東南アジア、中国、日本、その他の地域の5地域に区分する。その貿易額をアジア間貿易と規定し、1883年、1898年、1913年、1928年のアジア間貿易が、対ヨーロッパの貿易額を上回っていたとする[20]。

「アジア間交易」論の重要さは、もはや常識化してきている。芝原択自の1961年歴研大会報告以来、特に明治維新では「外圧」＝ウエスタン・インパクトが強調されてきたが[21]、これは60年代の「近代化」論批判や「対米従属」批判といった問題意識が背景にあった。しかし、ここからはイースタン・インパクトの意義、アイヌ、琉球、小笠原、華僑など、さまざまなエスニシティ集団の動向などは、視野に入ってこなかった。むしろいかにして近代国民国家は形成されたか、という視点だけしか問題にならなかったのである。

近代国民国家の枠をはずして「域圏」から考え、国民国家を相対化しようとしたのが、濱下らの業績である。従って、古田和子が指摘するように、濱下らのパラダイム転換によって、日本近代経済史は、［断絶そしてヨーロッパ圏重

視］から［連続そしてアジア圏重視］に転換し、「ヨーロッパの negative としてのアジア史ではなく、アジアの positive history」が構築されるようになった。ただ濱下の議論は連続説と言えるが、杉原の場合は、かなり断絶説であることは、古田の認めるところである。

　しかし古田は、濱下らのアジアとヨーロッパという二項対立的な発想を批判し、上田信の「アジアに明確な境界を与え、アジアを定義することは、「近代的な知」の営みである。「近代の超克」のために「アジア主義」を唱えた瞬間に、近代知に包摂される」という言葉を引用する[22]。上田は、アジアとヨーロッパの両者を脱構築し、「日本」を解体し、すべての枠組みをズタズタにすることを提言する[23]。

　古田は、独自のアジア・ネットワーク論を提唱し、上海ネットワークを実証する。歴史学でも、このネットワーク論が大流行であるが、孫歌が京都学派を批判して言っているように、「アジア論述において、狭量な民族国家の思考の枠組みを超え出る可能性が示されたまさにその時、同時に地域的な協同に内在する不均等な力関係が隠蔽され」る危険性である[24]。ヘゲモニー論を批判した濱下らの議論では、流通・交易史が中心となって、〈強い国家〉と〈弱い国家〉、帝国と植民地との間での支配・被支配、搾取・被搾取関係が隠蔽されていくのではないだろうか。そこがまた、ポスト・マルクス主義の若い研究者に、濱下理論が受け入れられている要因のひとつにもなっている。現在の研究状況では、「世界システム論」と「東アジア論」は、むしろ相容れない議論になっているが、本論集では、両者の対立を止揚して、研究史を次のステージに進めたいと考えている。

VII　本書の内容——小経営論

　本書の第一章、黒田明伸論文は、新しい貨幣理論を目指すものである。黒田は、労作『中華帝国の構造と世界経済』（名古屋大学出版会、1994年）のなかで、中華帝国の銀銭二貨制が、現地通貨（銅銭）と地域間通貨（銀）との兌換制を

制限し、その結果、個々人の債務関係が、領域的な地域経済の制約から解放されて、「超地域的」な展開を容易にしており、それが19世紀末から20世紀初頭の中国に、「雑種幣制」ともいうべき状態を生み出したことを指摘した。そして、辛亥革命後の幣制統一によって、中華帝国の「溶解」を見事に説明した。

黒田の議論は、西村成雄らによって、中国の「中華帝国的な凝縮」と「国民国家的な凝縮」との二項対立的な世界を解くものとして評価されているが[25]、氏自身の現在の問題関心は、貨幣論の展開にある。黒田が『貨幣システムの世界史』(岩波書店、2003年) で展開した、従来の「商品貨幣説」や、アリストテレス以来の「名目貨幣説」批判を徹底する。埋蔵貨幣の話から説いていって、「19世紀までは世界中の市場、ことに下層市場」では、「多種多様な貨幣たちが定まった交換比率もなしに入り交じって使用されていた」という「市場の多様性」を明らかにするものである。

これはヨーロッパ史発の貨幣論に対して、「アジア・アフリカ史発」の貨幣論を提起するものであるが、黒田の議論の前提には、「地域社会の自立性」という問題がある。その地域社会の問題を、近代日本の農政と農民運動から考えたのが、第2章の野田公夫論文である。戦後の農地改革によって生み出された「自作農体制」を、農業・農村に対してネガテブな評価をあたえる現状研究の農地改革「原罪」論に対して、農民的土地所有論の立場から反論する。

1920年代の小作争議は、それ自体としては「費用価格」の確保であり、土地所有権要求ではなかったが、政府は自作農創設事業 (1925年) と小作調停法 (1924年) によって、農地問題を緩和する。野田は、両法を「地主抑制的＝農民的性格」として評価し、農民運動の側は、それを見誤っていたとする。ましてやマルクス主義者の労農同盟＝「土地国有化」論は、「農村現場のリアリティをまったく反映しないものであった」とする。

野田は、かつて近代的土地所有の最大の敵とされてきた不在地主は、現在では「多くは農工間経済格差拡大により脱農・流出を余儀なくされた現代経済の犠牲者であり、(中略) 名義人との連絡もままならない状態にあり、荒れ果てたまま放置されている」。ここでは「近代的土地所有は、すでに時代に対する

敵対物になった。私たちは改めて人間と土地（自然）の関係を再構成する構想（現代的土地所有論）」を提言する。野田の議論は、本章とともに、最近の論文「世界農業類型と日本農業」（『at』第6号、2006年）で、より詳細に展開されている。

　第3章の坂根嘉弘論文は、「従来長いあいだ「封建制／性」の代表格としてイデオロギー批判にさらされてきた日本的「家」・村が、近代日本の経済発展における重要な一要因であったことを主張するものである」。そして、坂根の実証（『分割相続と農村社会』九州大学出版会、1996年）を踏まえて、中村哲や宮嶋博史らの言う東アジアの「小農社会」論を再検討したものである。

　坂根は、「東アジアだけをみても、鹿児島地方から奄美諸島、沖縄、そして中国と、すべて分割相続地帯である。分割相続が一般的であるアジア社会では家産の長男単独相続は珍しい。その意味で「家」による長男単独相続は、日本独特の、日本的な制度である」とする。従って「日本で通常行なっている農民層分解の検討が分割相続地帯では行なえ」ないばかりか、東南アジアでは「「家」規範のもとでは絶家を意味する挙家離散も抵抗なく行なわれた」とする。

　日本では「土地貸借市場の発達や地主小作関係の長期性・安定性」が生まれるが、それを担保したのが日本的「村」であった。小作料もまた、「明治初期には比例地代的小作料が、明治後期には差額地代的序列に再編され」たが、同時にこの過程で「普通小作」が普及する。坂根の議論は、近代日本の「家」や村の強固な存続を説明するものであるが、第2章の野田論文に見られるような、運動や政策の問題を組み込んだ時に、どのように全面展開されるのかが次に期待される。

　一方、第4章の黄完晟論文は、中村哲の議論に依拠しながら、近代日本の中小工業・問屋制が、日本資本主義の形成に果たした積極役割を強調する。また中小工業が発展するからこそ、都市の「中間層」が形成され、インフォーマル・センターの規模も小さくなっていったとする。黄は同時に、従来の研究史に対しては、経営者のリスク・マネージメントなど、中小工業や問屋制それ自体の側からの論理を追及する必要を説いている。しかし今後は、アジア間貿易

のなかでの日本の中小工業の役割や、植民地経営での中小工業の役割について
も積極的な議論を展開してもらいたい。黄論文は、彼の学位論文『日本都市中
小工業史』(臨川書店、1992年) をベースにしたものである。

VIII 国内植民地論

　従来、北海道などに対して、「内国植民地」論争というのが、長くたたかわ
されてきた。その内容は第5章の拙論を参照してもらいたい。これに対して、
西川長夫は「国内植民地」概念を、積極的に提言する。西川の言う「国内植民
地」論とは――

> 一般に国内植民地論は、一国内の文化的民族的特異性をもつ周辺地域が中
> 央に対して植民地状況におかれていることに注目する。(中略) 現在用い
> られている国内植民地主義 (Internal colonialism) という用語の起点は、
> 1960年代の後半から70年代にかけてのアメリカ合衆国と考えてよいだろう。
> 1969年に出たロバート・ブラウナーの先駆的な論文が Internal colonialism
> and ghetto revolt と題されていることによって分かるように、それはアメ
> リカにおける黒人やヒスパニック、あるいはアジア系住民や先住民といっ
> たマイノリティ集団を指していた。同じ問題がイギリスの国民国家形成に
> おける中核 (イングランド) と周辺諸国 (スコットランド、ウェールズ、
> アイルランド) との関係に移しかえられ、歴史的に考察された研究『国内
> 植民地主義』が、マイケル・ヘスターによって出版されることによって
> (Michael Hechter, *Internal colonialism: The Celtic Fringe in Brithishi National Development,
> 1536-1966*, 1975) 国内植民地主義の概念はより普遍性をもつとともに、こ
> の用語自体もより広く普及する。

　この概念は、社会学者や人類学者の一部で使われたが、今日では「忘れられ
かけている」。西川は、この概念を「グローバル化時代の植民地主義」を分析

するのに、有効な概念として復活させることを提言している[26]。筆者もこの見解に賛成で、日本の近代史でも北海道や沖縄、小笠原などの問題を、この国内植民地の概念で考えてみたいと思っている。

拙論では、北海道大学での人骨問題やアイヌ「人喰い民族」論争などをとりあげ、学問研究における「植民地主義的的な解釈者と情報提供者という二項対立的な」「知」の枠組みを問題にする。そして、「内国植民地」論争が、ともすれば概念論争に終始した弱点を指摘し、民衆史、アイヌ・朝鮮人などの民族問題、植民地主義の問題を導入することを再提案している。近代北海道史を、国内植民地として、「植民地近代」の比較史のなかで考えることをも提起する。

第6章の井上勝生論文は、現在の北海道のアイヌ民族共有地裁判の「意見書」であり、論集としてはユニークなものであるが、立派な学術的価値のあるものである。アイヌ問題を研究するにあたっては、必読の文献とも言える。井上は、1883年から作られたアイヌの共有財産が、いかにして行政側に掠め取られるようになったのか。また1899年に制定された北海道旧土人保護法が、「土地払い下げによる民族排斥」であったかを明らかにしている。そして保護法の前夜には、アイヌの土地払い下げ政策や共有財産管理、アイヌ教育政策に対する抗議行動があり、同法がそれを鎮圧する目的をもっていたことにも言及している。井上も指摘するように、北海道には豊富な近代史料があり、今後の共同研究によって、ますます新しい事実が明らかになることが期待される。

第7章の高良倉吉論文は、「沖縄はなぜ日本なのか」という根源的な問いに答えようとするものである。高良は、琉球処分以前の沖縄が「日本」ではない、という議論を早くから提起し、前近代を沖縄史ではなく「琉球史」と呼んできた。琉球史を、先史時代→古琉球→近世琉球→近代沖縄→戦後沖縄という5つのステージをもって区分し、東アジアのなかで琉球を考えることを提言する。また高良は、ここ20年ほど首里城の再建プロジェクトにかかわっているが、それは「首里城は、琉球王国という存在を可視的に提示できる象徴的なものであり、日本ではない時代を持つ沖縄の記憶の具体像である」ことを明らかにするためである。

IX 「植民地近代」論争

　近年、「植民地近代」をめぐる議論が、世界各地で起ってきている。イギリスでは、平田雅博は、「「新しい帝国史」の発生源の一つはフーコーである。帝国史の中心であった政治・経済問題から言説・文化問題へ、マルクスの生産様式からフーコーの言説様式へ、経済決定論から言説決定論へ」と転換したとしている。ミシェル・フーコーのミクロ権力論から、「医務室、監獄、告解室」などの権力関係や言説が扱われるようになったとする。アントワネット・バートンの言葉を借りれば、「帝国論的転回（imperial turn）」ということになるが、これも「言語論的転回」を意識した概念である[27]。

　しかし、キャサリン・ホールやエドワード・W・サイードの弟子アン・マクリアットらの注目すべき研究が生まれてきている。例えばマクリアットの『帝国の皮革』[28]のなかでは、「軟石鹸の帝国（soft-soaping empire）」のくだりで、石鹸が19世紀の最初まで退屈な物体であったが、帝国の成長とともに一躍脚光をあびたことを指摘している。興隆する中産階級の価値観（「清潔」なセックス）、階級統制（「洗われざる大群を洗う」）、帝国の文明化する使命（「野蛮人を洗い服を着せる」）等々が、この家庭商品に体現化されるようになったのである。彼女は、1850年代のこの現象を、「商品レイシズム」としてとらえ、石鹸を使うと黒人が白人になるといった商品広告まで登場することを紹介する。この広告などでのドメステックな空間が、「本国」を人種化し、植民地の空間を本国化した、とする。

　植民地を持つことによって帝国の近代化が促進され、植民地が帝国の近代化の実験場と化すことが、さまざま角度から論じられるようになってきている。この「植民地近代性」の議論は、欧米はじめアジア各国でも話題になり、韓国、台湾、日本、フイリピンなどで多くの研究が生まれている[29]。もちろん「植民地近代」という概念を使うことに反対する論者も多々いる。その代表的な論者に、日本では趙景達[30]、韓国では許粋烈がいるが、本論集では許に反対論を書

いてもらっている。

　第8章で李榮薫は、朝鮮王朝の「経済統合において中心的役割を担ったのは商人的物流よりは国家的物流であった」とする。しかし、「朝鮮の経済は18世紀半ばを頂点に1830年代まで緩やかな停滞を見せ、1840年代からは経済体制の安定性を失った。それ以降1850年代半ばから40年間、すなわち1890年代半ばまで」を「19世紀の危機」の時代ととらえる。李は、『朝鮮後期社会経済史』（ハンギル社、1988年）をはじめ膨大な実証研究によって、「19世紀の危機」を検証したが、今回は韓国での新しい研究を踏まえて再論している。

　李の研究は、戦前の四方博らの「朝鮮社会停滞論」が、19世紀末の危機の時代を見て、朝鮮史の500年を遡るという「非歴史的方法論」であったことを批判する。一方、朝鮮時代の「内在的発展論」を批判して、「19世紀後半の民乱や農民蜂起」を、「農民的、革命的近代化の政治現象として高く評価する」議論にも批判を加えている。李の場合は、1904・5年の「甲午更張（甲午改革）」が、近代経済体制への「架け橋」として評価される。

　第9章の金洛年論文は、近年の韓国における「植民地近代」論を丁寧にサーベイしている。解放後の植民地研究では、「支配と収奪、それに抵抗する民族運動」が研究の中心であった。そこで植民地「収奪論」と「植民地近代化論」との対立があった。しかし、この「収奪論」は、「市場体制下で行なわれた自発的な取引まで収奪」と考えるような無理があった。また、許粹烈の「開発なき開発」論のように、植民地期の朝鮮での朝鮮人の所得向上がなかった、という議論に批判を加える。

　支配体制の問題では、曾ての「支配と抵抗という図式では、当時朝鮮人の多様な対応のあり方を表すことができない」とする。並木真人らの「植民地公共性」論を使って、「従来の研究が集中してきた独立運動史だけではなく、一方では日帝の支配体制と政策の変化を、他方では「植民地公共領域」で展開された朝鮮人の多様な対応と対日協力まで含む必要がある」とする。そして、「植民地近代性」の研究に対しては、「文化的な側面に留まらず」、「支配体制と植民地政治の矛盾を考慮する」重要性を提言する。実に詳細な、今日の韓国での

「植民地近代」論争を紹介した論文である。

最後に許粋烈論文は、かつての「収奪論」を批判するが、「日本帝国支配期全体として一人当たりGDPが継続的成長したとはいえない。一人当たりGDPの継続的成長は1960年代以降のことである」ということを、得意の統計を使って実証したものである。特に生産手段の民族別データーを示し、「植民地時代に朝鮮経済が開発されたのは事実であるが、その開発は朝鮮人にとってはほとんど何の意味もなかった」という「開発なき開発」論を展開する。また戦時体制、朝鮮戦争による生産手段の壊滅的な打撃を挙げ、「解放後の韓国経済と日本帝国支配期」との断絶性を強調する。今後、許らのデーターをもとに、植民地期朝鮮の生活水準などが実証的に再検討されるであろう。

なお許の主著『開発なき開発』(ウンヘンナム、2005年)も近く翻訳され、李や金の著書も次々と翻訳予定だと聞いている。筆者は、日本でも、「植民地近代」をめぐる議論が活発化することを願っている。本論集が、その魁となれば幸いである。なお筆者は、本論集のような「不同意」の共著というものがあってもいいと考えている。本「序章」もまた、各執筆者とは「不同意」の序章である。

註
1) ドイツでは、1920年代中頃に歴史地理学の研究がはじまり、R・マルティニーやH・ロータートらによって、ヴェストファーレン地方の定住形態の変遷が明らかにされた。1940年代に古典学説がいうマルク共同体と結びつけられた三圃制(農法と耕地制度)と村落(定住形態)とが、歴史的に新しく中世中期以降のものだと分かった。それが1940年代に、W・ミュラー・ヴィレによって、西ドイツ全域に妥当するとされた。以後、W・ミュラー・ヴィレ説が定説となり、マルク共同体太古説は崩壊したのである。

そもそも従来用いられてきたマルク共同体の史料は、すべて11～18世紀以降のものであり、実はマルク共同体は、共有地をめぐる管理組織として、中世中期に成立したものである。このことは、増田四郎『西洋封建社会成立期の研究』(岩波書店、1974年)や同「古ゲルマンの集落形態」(石母田正ほか編『古代史講座』第6巻、学生社、1972年)ほか参照(平井進氏のご教示による)。

2) 川北稔「歴史観としての世界システム論」(『情況』第2期第9巻5号、1998

年）25頁。
3）　二宮宏之「戦後歴史学と社会史」（歴史学研究会編『戦後歴史学再考』青木書店、2000年）。
4）　イマニュエル・ウォーラースティン（川北稔訳）『近代世界システム 1600〜1750』（名古屋大学出版会、1992年）、同（同訳）『近代世界システム 1730〜1840s』（名古屋大学出版会、1997年）、同（同訳）『史的システムとしての資本主義』（岩波書店、1997年）、他。
5）　羽仁五郎「東洋における資本主義の形成」1932年（同『明治維新史研究』岩波文庫、1978年）。
6）　『西嶋定生東アジア史論集』（全5巻、岩波書店、2002年）。なお優れた西嶋批判としては、李成市「古代東アジア世界再考」（『歴史評論』第697号、2008年）を参照。
7）　芝原・遠山論争については、幼方直吉編『歴史像再構成の課題』（御茶の水書房、1966年）を参照。古屋の芝原批判は、古屋哲夫「明治維新について」（『歴史学研究』第258号、1961年）。
8）　川北稔前掲論文。
9）　同「グローバリゼーションの歴史的起源」（『京都産業大学総合学術研究所所報』第5号、2007年）32頁。
10）　同「戦後史学から世界システム論まで」（『唯物論と現代』第31号、2003年）。
11）　木畑洋一「現代世界と帝国論」（歴史学研究会編『帝国への新たな視座』青木書店、2005年）20頁。近年の歴史学における「帝国」論については、同書を参照。
12）　岸本美緒「「アジア域内交易圏」をめぐって」（濱下武志ほか編『アジア交易圏と日本工業化』藤原書店、2001年）198頁。
13）　宮崎市定『アジア史概説』（人文書林、1949年、中公文庫版、1987年）。同書は、1942年に文部省から作成を指令され、敗戦によって廃棄を命じられていた、『大東亜史概説』の草稿をもとにしたものである。この本は、「大東亜共栄圏」の教科書として書かれたものである（長谷川亮一『「皇国史観」という問題』現代書館、2008年）。
14）　濱下武志『近代中国の国際的契機』（東京大学出版会、1990年）、同『朝貢システムと近代アジア』（岩波書店、1997年）他、参照。
15）　同「中国の銀吸収力と朝貢貿易関係」（前掲書『アジア交易圏と日本工業化』）28〜29頁。

16) 孫歌『アジアを語ることのジレンマ』（岩波書店、2002年）192頁、同『亜洲意味著什麼』（巨流出版社、2001年）参照。
17) 白石隆『海の帝国』（中公新書、2000年）40頁。
18) 岩井茂樹編『中国近世社会の秩序形成』（京都大学人文科学研究所、2004年）。
19) 濱下武志「グローバリゼーションのなかの東アジア地勢文化」（『中国』第17号、2002年）
20) 杉原薫『アジア間貿易の形成と構造』（ミネルヴァ書房、1996年）。
21) 中村哲『明治維新の基礎構造』（未来社、1968年）、高村直助『日本紡績史序説』上・下（塙書房、1971年）、芝原拓自『日本近代化の世界史的位置』（岩波書店、1981年）、石井寛治『近代日本とイギリス資本』（東京大学出版会、1984年）、他。
22) 古田和子『上海ネットワーク論と近代東アジア』（東京大学出版会、2000年）、特に補論「「アジア交易圏」論とアジア研究」参照。
23) 上田信「脱近代・脱欧脱亜・脱日本Ⅰ　アジア？アジアとは何か」（『現代思想』第22巻1号、1994年）52頁。
24) 孫歌前掲書『アジアを語ることのジレンマ』197頁。
25) 西村成雄「中華ナショナリズムの経済史的文脈」(http//homewww.osaka-gaidai.ac.jp/~c-forum/note/0603nishimura.htm）。
26) 西川長夫『〈新〉植民地主義論』（平凡社、2006年）17～20頁。
27) 平田雅博「新しい帝国史とは何か」（前掲書『帝国への新たな視座』）180頁。
28) Anne McClintock, *Imperial Leather: Race, Gender and Sexuality in the Colonial Contest*, Routledge, 1995.
29) 研究史としては、駒込武「台湾における「植民地的近代」を考える」（『アジア遊学』第48号、2003年）、板垣竜太「〈植民地近代〉をめぐって」（『歴史評論』第654号、2004年）、松本武祝『朝鮮農村の〈植民地近代〉経験』序章（社会評論社、2005年）、広岡浄進「主体と動員の陣地戦」（『待兼山論叢』第40号、2006年）、芹沢隆道「アメリカから解放された歴史叙述にむけて」（『クヴァドランテ』第8号、2006年）、他。
30) 趙景達「暴力と公論」（同ほか編『暴力の地平を超えて』青木書店、2004年）、他。趙は、尹海東らの「植民地公共性」論を、「植民地において、近代化の「恩恵」を受け規律・訓練化された民衆の存在を、質量の両面で過大評価する」ものとして批判する（305頁）。しかし、趙の言う「文明化」や「規律・訓練化」の範囲は、いささか狭すぎる。

第Ⅰ部　貨幣論と小農論

第1章　アジア・アフリカ史発の貨幣経済論

　　　　　　　　　　　　　　　　　　　　　　　　　　　黒田　明伸

I　保蔵と遺失

　「モノは書斎の画棚の下にある。」それが陳存仁の富商として知られた叔父が危篤の床で残したたった一言であった。息も絶え絶えに指で20の形をつくりながら。使用人たちに休みを出してから夜中に親戚たちがその作りつけの棚をのけて床下を掘り進めていくと、やがて上に 8、そのかなり下に12、つごう20の紅い壺が現れる。それぞれの壺には銀貨1,000枚と「同治某年蔵」だの「光緒某年蔵」だのと記された紙に包まれた馬蹄銀 1 対が。醤油屋や質屋などを起こしたり廃したりしながら陳家が貯めてきたものであった。戦前から戦後にかけての上海を生きた漢方医陳存仁が 8 才の時の1915年に自ら経験したことである[1]。こうした文字通りの地下蓄財は陳家だけが行っていたわけではなく、当時は富家ならばみな同様のことをしていた、と陳は断言している。だが、当の叔父をのぞいて陳家の他のものは本当にその財貨の在処を知らされていなかったようである。もし、くだんの一言を残す間もなく叔父が逝ってしまっていたなら、と考えると危ういところである。

　財貨と土中とはよほど相性の良いものに違いない。盗難からも火事からも、突然のお上による没収からも戦乱からも守ってくれる。ただし埋蔵した情報が失われないかぎりにおいてだが。秘匿すればするほど資産は安全なのだが、同時に忘れ去られる危険も増す、という矛盾は避けがたい。陳家はきわどくその

情報を受け継げたが、運悪く遺失の状態となった財貨も数多くあったに違いない。ことに、上海もそうだが、富家たちの多く居住した都の跡ともなれば、思わぬ掘り出し物に当たる確率も高まろう。

北宋期のことを記した沈括の『夢渓筆談』は「掘銭」という慣行を紹介している（巻21）。洛陽では財宝が埋蔵されていることが多いのでおよそ未掘の邸宅を買う時は「掘銭」を上増しすることになっていた。数千貫文で不動産そのものの値を定めた後でさらに千余貫の掘銭の増額に応じたので無駄遣いだと世間から言われたところが、黄金数百両を掘り出して掘銭だけでなく屋敷そのものの代価も取り返してしまった、という話が載せられている。沈括がその話をとりあげたのは、費やした値と掘り当てた値がぴったりであったことの不思議さを記したかったからなのであるが、ここでは、掘り当てるかもしれないことを売る側も買う側も前提として共有していたことに着目しておきたい。つまり遺失状態になった埋蔵財貨というものの存在そのものは当時の常識であったのである。当てる確率と、遺失物を得るために払う額との釣り合いをどうとるかは、人それぞれであったが。

資産として保蔵される財は、通常に使用されている貨幣とは限らない。上記の黄金などは宋代では少なくとも値を建てる機能をはたしていないから、当時絹などが果たした役割と比べても、貨幣らしさにおいてはむしろ劣っている。どこからを貨幣らしいととらえるか、その境目も興味深い問題なのだが、ここでは横において、はっきり通貨として流通しているものに対象をしぼろう。しぼった上で、保蔵する、ということにこだわってみたいのである。

支出するのか保蔵するのか、短期的使途か長期的待機か、という基準で経済学者が貨幣所得を区分してみようとするのは至極自然な発想である[2]。だがはっきりとした意志をもって人々が自らの貨幣所得の一部を保蔵しようと決定することを想定するのはよいとして、その保蔵先を銀行の定期預金口座のようなものだけを漠然と思うだけで終わってしまうのなら、現実の貨幣の振る舞いの多様性を見落とすことになる。いきなり土臭い話から始めたのは、人類史の大半においては、貨幣を待機させるということはすなわち遺失する可能性を少な

からず伴っていたのだということを、実例をもって示したかったからである。中国の例をもちだしたが、もちろん世界中に同様のことは知られている。たとえば、この日本列島での中世遺構から出土した銅銭はこれまで公表されているだけでも300万枚以上（ほとんどが中国銭）といわれる[3]。土中の銭貨をつめた甕の存在は、蓄蔵者の意図に反して遺失状態になってしまった通貨の存在をたしかに教えてくれている。

ただし、300万枚の銅銭といっても、緡で数えたなら足銭（1貫＝1,000枚単位）でたかだか3,000貫文、宋代の官制レートである77陌（770枚単位）でもせいぜい4,000貫文である。1454年に明朝が日本側の朝貢品の代価として渡したとされる「新銭」が3万貫と記されているのと比べると相応の重みがあるようにも聞こえる[4]。しかし、北宋盛期の王安石のころの年600万貫という『夢渓筆談』が伝える巨大な鋳造額などとは比べる意味すらないが、1323年韓国新安沖で沈んだ寧波発の船が積載していた日本向けと思われる銅銭が、総重量で28トン、1枚4グラムなら700万枚を数えるほどのものであったことを勘案すると、所詮船1隻で運べる量が出土しただけともいえる。だが、今なお、続々と一括出土銭は発見されており、日本列島だけで実際にどれほどの埋蔵銅銭が遺失状態であるのかは知る由もない。

意図された保蔵は、貨幣使用の先延ばしであって、将来には流通に戻ると想定されてきた。だがたとえ意図されていても、ある部分は流通に戻ることはなかったのである。このことは、社会科学においてまったく無視されてきたが、重要な意味をもつ。たとえば毎年各社会が新規に鋳造する通貨の額などというものは、意図に反して遺失状態になる額をせいぜい補う程度のものであったかもしれないのである。つまりただ同じ規模の取引規模を維持するだけのために、費用をかけて通貨を追加しなければならなかったのかもしれないということを意味する。では必要なだけ追加できなかったときはどういうことがおこるのか。と、考えねばならない問題がつぎつぎと現れてくる。

流れるものは滞りもするというのは自然界においてはいわば摂理であるのに、社会科学では一顧だにされてこなかった。埋もれた貨幣の存在は、貨幣という

ものについてのこれまでの考察に大きな見落としがあることを語ってくれている。

II　意図されざる通貨の拡散

　currency が current の派生語であるように、通貨というものは人々の間を転々と移るものであると当然のごとくみなされてきた。とはいっても永久に巡りつづけるわけはない。そもそも、たとえ機械鋳造の金属硬貨であっても摩滅はしようし、物理的に使用に耐えなくなる時はくるはずである。欧州の古銭学においてはこの摩滅破損率がどれほどかひところ議論をにぎわせた。欧州中世銀貨の場合、年2％の割合で摩滅銀貨が流通から古銭が回収されるというところに見解が落ち着いたようである。だが、この見解が正確な根拠に基づいていたとは言えない。いやむしろある思いこみにより、重要な事実を見落としていたのである。

　実は、この時、研究者たちが参考にしたのが、1960年代において米国で行われた硬貨の流通状況についてのサンプル調査であった。1ドル以下の4種の補助硬貨を全国の銀行からそれぞれの額面につき3万6,000枚を標本として収集し、それぞれを発行年ごとに分けた上で、記録されている過去50年間の発行量の推移との対応を調べたのである。発行年の古いものほど標本に含まれている頻度が本来の発行量と比べて低くなる、という予想された傾向がはっきり出た。問題はその経年による喪失の速度である。補助硬貨全体のその銀行に戻ってこない年ごとの割合は2％という計算になった。上述の欧州古銭学における摩滅硬貨が流通から退場する年速度推計は、この数値に影響されている。しかし実は純粋な意味での物理的摩滅によるものはこの数値の外にあるのである。1962年までの50年間に米国が発行した補助貨幣の総額は17億ドルにのぼったが、そのうち9％が摩滅破損通貨として回収されている。その回収された硬貨のほかに6億ドル相当の硬貨が「不明な理由」で銀行に戻り損なっていた。その50年間の平均年率が2％なのであった。つまり、物理的破損のよる回収以外に、「不

明な理由」で1年に100枚のうち2枚の硬貨が流通から消えていたということになる[5]。

　銀行制度が発達し、およそ取引というものは銀行口座を介して行われるようになった1960年代の米国においてすら、相当数の硬貨が出納元に還流しそこねていたのだから、銀行への依存度が低い条件のもとでは、より大きい割合の通貨が流通から毎年消えていたと推測しても不当ではなかろう。では、それら銀行口座という市場の表舞台から退場した通貨たちは、陳家地下の銀貨のように意図して保蔵されたものたちなのであろうか。わざわざ土中に埋めずとも、いわゆる箪笥預金のたぐいは60年代の米国ですら相当存在したであろう。しかし銀行に戻らなかった補助硬貨たちが意図された保蔵の結果なのかどうかについて、硬貨そのものがある情報を発してくれている。

　ここまでは補助硬貨全体をくくって紹介してきた。だが、この現代の調査結果がより興味深いのは、額面によってくだんの「不明な理由」による消失速度が異なったことである。米国の場合、最小額面通貨のそれは最大額面補助通貨のそれの倍の年率であった。貨幣表示の10進法への制度改変をみこして同様の調査をおこなった1968年の英国での調査は、半ペンス3.7％、1ペンス2.2％、そして1シリング0.4％[6]という結果を残している。両国とも最小額面硬貨の消失率が最も高いという点では共通している。おおざっぱに言ってしまえば、小銭は発行されるとなかなか戻らないのである。

　もうすでに明らかであろうが、最小額面の通貨をわざわざ選んで資産として保蔵することはどう考えても理にかなわない。伝統中国における一文銅銭のように、基本的にそれだけが発行された硬貨なら話は別だが。つまり1960年代の米・英両国で明らかにされた大量の戻らない小銭たちは、意図された保蔵行為の結果なのではなく、誰の意志によるのでもなくして通貨の主たる潮流からはずれてしまったものなのである。通貨の滞留する側面を軽視してきたことをすでに述べたが、さらにその中でも、意図されずして流通からはずれた通貨、これこそがこれまで社会科学が光りを全くあててこなかったものである。1節で述べたようなきちんと瓶に入れられて埋められたものなどは、発行先に戻らな

くなった通貨のより大きな集合の一部分にすぎない。

III 分散と召集

それにしても、20世紀の米国においてすら過去50年に発行された補助硬貨の3分の1以上が還流しなくなっていたというのに、なぜこれまで通貨の滞留という問題が研究者の目にとまらなかったのだろう。もちろん総額でみた場合、取引の大部分がそもそも硬貨を含む通貨の授受を介さない口座決済によってなされるようになっていることが、通貨そのものの未還流を些少な問題としてしまったとはいえる。だが冒頭にあげた陳存仁の場合のような環境においては、けっして微細なことではすまされなかったはずであるし、人類の過半は20世紀においてすらそうした状況にいた。些少かどうかではなく、やはり滞留ということを問題にする視点が欠落していたといわざるをえない。そしてこの欠落は現行の政治経済学の起源においてすでに組み込まれていたとみてよさそうである。アダム・スミスが、貨幣を公道にたとえて、それ自体は何も生み出さないが皆が必要とするもの、ととらえたとき[7]、道路が役に立ちつづけるためには絶えざる補修が必要であるなどというようなことはすでに考慮の外にあった。ただそうした前提認識はある程度現実を反映していた。ただしかなり限られた事実を。

還流するかしないかといった二分法は避けて、よく戻る通貨、あまり戻らない通貨、というように程度の差に着目するようにしよう。西ヨーロッパ、ことにイングランドは（スミスはスコットランド出身だが）、まさしくよく還る通貨に依存した貨幣制度であった。それもかなり早くから。たとえば11世紀のウィリアム制服王のころの銀貨はほとんど数年の間に鋳造されたものがまとまって出土しているように、一つの埋蔵貨幣群の鋳造年が20年以上にわたることはまれである[8]。この傾向は、英国王の発行した銀貨が、数年の内に再鋳造の政令をうけて鋳造所に還流したことの結果にほかならない。もちろん、銀行制度が発達した20世紀においてすら相当な通貨が還流しそこねているわけであるから、

中近世イングランドで発行された銀貨もかなりの割合で拡散したままとなっていたことであろう。英国考古学で個別発見貨 single find と呼ばれる分散して出土する通貨の存在はそのことを傍証する[9]。しかし東アジアの事例と比較した場合、西欧の出土通貨の鋳造年の短期性は、際だつ。

　日本後期中世遺構から出土する中国銭は、8割は北宋の年号を有する宋銭であるが、7世紀初鋳の唐の開元通宝と15世紀初の明の年号を鋳込んだ永楽通宝の双方を含むことが多い。それら「開元通宝」が真に唐代に鋳造されたものなのかどうかは問うまい。北宋銭についても、ある部分は後世の模鋳、ことに16世紀に中国東南沿岸部で模鋳されたものである可能性もある。それでも鋳造年が数百年にわたる通貨が併存して蓄蔵されていたとみておおよそ間違いはない。日本のそれと比べると永楽銭等の明銭の比率が低いものの、中国における出土銭の内容の傾向もほぼ近似する[10]。つまりユーラシア大陸の西端とは対照的に、東端では通貨は発行されると回収されず、新旧混ざり合って使用されることが常態なのであった。ではユーラシア大陸両端の通貨流通におけるこの極端な違いは何によるものなのであったのだろうか。

　中国王朝の歴史は、硬貨に関して言えば、1文（当初は1銭）をもって数えられる銅製の単位通貨（小平銭）に覆われている。2文額面として考えられているものはある程度は通用したかもしれないが、しばしば発行されるそれ以上の高額面の銅銭が、その額面どおり受領されたかどうか極めて疑わしい。それが証拠に、2,000年以上にわたって鋳造されつづけた単位通貨とは対照的にそれら大銭の発行期間は短くかつ非継起的に現れた。額面受領されるなら鋳造差益が見込まれるのだから、続けて鋳造されたにちがいない。銀貨は公式にはほとんど鋳造されず、金が通貨として流通するのは、前漢の後は20世紀半ばの国民党統治の末期を待たねばならない。銀は、ことに16世紀以降、重要な役割を果たすが、計数貨幣としてではなく秤量貨幣としてであった。

　違いを強調したものの、実は8世紀から13世紀にかけての時期に限れば、西ヨーロッパの貨幣流通は中国とある共通する特徴を有していた。それは単位通貨への依存、いいかえれば高額面通貨の欠如である。もともとヨーロッパに高

額面通貨がなかったわけではない。少なくとも制度的にはローマ帝国は金・銀・銅三貨をもっていたし、一応法定比価を保って使用されていたとみなされている。だが、西ローマ帝国とともに金貨と銅貨は消え去り、カール大帝が定めたのは1ペンス単位の銀貨のみを発行する幣制であった。上位単位のポンドと中間のシリングは使われたものの、あくまで計算上のことであって、シリングやポンドを体現した通貨はその後の4世紀間存在しなかった。同時期の中国では紙幣使用への依存が高まるが、硬貨に関していえば、100文などの高額面は実際には77枚など少ない銅銭枚数のくくりが使われ（短陌）、しかも地域・業種によりその慣行は異なった。シリングが計算上の単位にすぎず、かつペンス何枚を1シリングとするか、地方差が激しかったこととそれらの点は類似する。

しかし、同じ単位通貨依存とはいっても、一方が銀貨（1ペンス）であるのに対して他方が銅貨（1文）である違いは大きかった。銅貨とはいっても、1枚の購買力は後世よりは高かったであろうが、それでも1文をさらに分割して使わねばならないほどに高価であったとは考えられない。銅銭が稀少であった時期の15世紀のころの中国の史料ですら一家の1日の生計を銅銭20～30枚で計っているし[11]、日本中世の職人の賃金史料はおおむね1日100文という事例が多い[12]。対して、中世アルプス以北では週給の支払いにペンス銀貨数枚が使われるというのがおおよそのところであったから、手交される頻度という点において両者は少なくとも1桁は違うとみてよい。1ペンス銀貨は13世紀のイングランドで上質のパン1ローフに対応したとされるから、日常品の売買に使用されなかったとはいえないものの、小麦の需給に従って、パンの価格を上下させるには粗すぎる単位であった[13]。したがって同じ単位通貨であったとはいっても、銅銭の方は微細に使用されて一般の人々の個々の家計に分散されたに違いないのだが、ペンスの方はそれほど一般民衆には行き渡らず、日常的売買は穀物や布といった商品貨幣で媒介されていたといってよい。

以上の額面が零細であったか高額であったか、とならんでもう一つの重要な差異は、鋳造所が通貨を発行するだけの場であったのか呼び込む役割を果たし

ていたのかである。唐代まではしばしば民間の銅銭鋳造を公認することもあったのだが、中国では基本的に銅銭は王朝の鋳造局が発行するものであり、原料を調達するのは王朝であり、その鋳造額も官が決めていた。それに対して、インドからヨーロッパにかけては、商人など通貨を欲するものが素材を鋳造所に持ち込んで手数料を払って発行してもらう自由鋳造制度が一般的であった。通貨が単にその素材価値をもって授受されるなら、わざわざ目減りすることがわかっていながら鋳造所に持ち込むことはないから、現地当局の刻印を得ることで、国庫通用性も含めてその地域での受領性を高めたはずである。貨幣発行高権をもつ王侯が領内の通貨の再鋳造を命じることで相当部分の通貨が鋳造所に再集合したからこそ、既述のように短い鋳造年の通貨がかたまって出土するということになった。

つまり中世以降の西欧の貨幣に関する思惟は、一般民衆の家計の間に分散しにくいような高額面の通貨を、商人たちが持ち込む素材を使って発行し、時に再鋳造のために召集をかける、といった貨幣制度を暗黙のうち想定してなされてきたのである。その逆の、分散しやすいが召集しにくい通貨を基礎にした貨幣制度の存在を知っていたなら、全く別の貨幣論が発展したであろう。アジア・アフリカ地域の人々、すなわち人類の大多数は後者の貨幣たちとともに日々の生活を営んできた。そうした多数者の営みを無視して抽出された貨幣論が、多様な史実にあてはまるわけがなかった。

IV 貨幣たちの間の補完性、そして粘性

それでは、通貨は流れもするが滞りもするし、多くの民衆の家計に行きわたるほどに還らなくなり、長期間に発行されたさまざまな通貨たちが堆積して使用に供されるのが普通である、という事実をふまえて貨幣というものの性質を考えたならどのような貨幣経済論になるのだろう。

1斗の米と1升の酒を等価として交換する政令を出したところで、両者の需給が関連はしても異なる以上、その比率を遵守させるのに無理が生じるのはだ

れもが予想するところである。ところが、1文と10貫文の間のこととなると、1対1万での交換に誰も疑いをいだかない。だが、それは貨幣単位として観念されている1文と10貫文の間のことである。実在する4グラム弱の1枚の銅銭と40キロ弱の1万枚の銅銭の山との間の関係は、はたして、単に同質の働きを1万分の1、あるいはその逆の1万倍果たす関係にすぎないのだろうか。

1万の家計が銅銭1文をそれぞれ保有している状態と1つの家計が銅銭1万枚を蓄蔵している状態とを想定してみよう。どちらもその社会に存在する通貨量が総額10貫文であることにおいては同じである。だが、それらが使用される過程を具体的に考えるとたちどころに違いが現れる。ある市での取引で10貫文の現金が必要とされたとしよう。40キロの銅銭の移動には、保有者だけの労力だけでは足らず、保有者以外の労力の補助がなければならない。ということは何らかの代価が支払わなければならないということである。それに対して、1文の移動には保有者以外の手を借りる必要はない。一方で、凶作による食糧不足にあえいでいる地域に穀物がもたらされ急いで10貫文の授受が行われないといけないという場合、集中している10貫文を移転させるのはたやすいが、散在している1万枚の1文銅銭を召集するのは容易ではない。

つまり、散在する1万枚の1文とまとまった1万文とは帳簿上の貨幣単位としては何の障碍もなく互換し合う対称的な関係にあるのだが、物理的に移動しなければならない通貨としては、互換自由な対称な関係にはないのである。如上の例は、零細な銅銭1文を基準にした制度を想定しているが、高額面の貴金属を基準にしても問題の本質は変わらない。2グラムの1貫額面の金貨を基準にした場合、空間移動の費用は無視しえるようになるが、日常的取引に見合った額面水準、たとえば100分の1の10文、への物理的分割とその逆過程の繰り返しは、やはり離れた額面の間の対称性維持を困難にさせる。

銅貨であれ金貨であれ、同一素材で日々の市場での買い物から邸宅の売却まであらゆる規模の取引の額面を代表させようとすることにそもそも無理があるのは明らかである。銅貨だけならかさばりすぎ、金貨だけなら日常取引では貨幣の実際の手交はあきらめねばならない。このこと自体は「額面問題」として

知られている¹⁴⁾。しかしだからといって金、銀、銅などを組み合わせた制度を設ければよいというものではない。金・銀複本位制にかかわって長い議論があったように、異なる素材のそれぞれの需給変動が通貨の素材価値比率を法定額面の比率から乖離させることとなる。額面比を素材価値比に調整するのは容易なことではなく、取引を往々にして不安定にさせる。

　欧米貨幣史研究は、小額通貨と高額通貨の比価が安定しないのは、前者の発行単位当たり費用が後者に比して高く、かつ鋳造技術の稚拙さが私鋳を可能にしているからだとし、機械製鋳造による斉一で大量の小額通貨の供給が、費用負担を伴わずに小額通貨不足を解消し、小額通貨を本位貨幣に従属した補助通貨と化し、額面が安定した本位貨幣制度が成立するという説明をしている¹⁵⁾。だが、技術決定論的なそうした説明が疑問をもたれずに受け入れられるのは、下層市場の小額通貨を創出供給する自律性が弱かった西欧、ことにアルプス以北の事例にのみ視野が限定されているからである。

　そもそも、素材価値の変動など発行側の費用の問題はこの額面問題を引き起こすごく一部にすぎない。より重要な問題は通貨を需要する側の非一様性にあった。農村ではほとんど貨幣としての貨幣が使用されず、取引は穀物・布といった商品貨幣に媒介され、都市からの労賃などの貨幣流入も週単位が主となるため零細額面通貨の需要が高まらないアルプス以北では顕在化しにくかったことであるが、農村部も含めて小額面通貨が人々の間で流通し日常的取引を媒介していたアジア・アフリカの事例は、貨幣需要というものが多様であってそれらを一様なものに調整していくのは容易ではなかったことを明らかにしてくれる。

　貨幣需要を一様にできないのは、貨幣たちが媒介する財の交換が一様ではないからである。例えば、農民たちが穀物と家畜と塩・茶を必要としているとしよう。穀物は自らが生産していたとしても、足らないときも余るときもあるから、交易の対象となる。家畜も庭で飼っているかもしれないが、家畜市に売り買いに行くこともあろう。しかし穀物の過不足を交換しあう空間と家畜の過不足を交換しあう空間は異なり、前者はより狭いものと一般的にはみなしてよい。

第1章　アジア・アフリカ史発の貨幣経済論　39

塩・茶のような生産地が限られたもの需給調整はさらに広い空間を伴っていよう。おおざっぱにいって、穀物、家畜、塩・茶の順に一次的に需給を調整する空間が広くなりながら重なっているとみなしてもそう大きな間違いはない。空間が異なるだけではない。それらの交易のために貨幣を必要とする時間の分布が異なる。穀物売買の収穫直後の時期への偏差は激しい。それに対して、塩・茶の売買のための貨幣需要は年間を通じてより平坦であろう（茶産地での新茶買い付け期は別だが）。

　つまり、ひとことで市場といっても、細かい額面の通貨を特定の時期に大量に必要とする空間や大きな額面の取引に適した通貨をほぼ季節性なしに必要とする空間が重なっているのである。それぞれの需要に応じて必要な貨幣たちを適宜供給できればよいのだが、そうはうまくいかない。われわれはすでに通貨がさほど還流しないことを知っているし、しかも額面などの違いがその帰還率に影響していることも知っている。ゆえに一つの貨幣を供給することで非一様な貨幣需要に応えるのはとても容易ではない。そして、だからこそ、特定の交易空間ないしは交易関係に特定の通貨を対応させることで取引を安定させようとすることが普遍的にみられることとなる。

　黒田はその対応関係を、日本語で「支払協同体」[16]、英語で currency circuit と呼称してきた。それらの様態は煩雑なまでに多様だが、19世紀までは世界中の市場、ことに下層市場、で機能していた。多種多様な貨幣たちが定まった交換比率もなしに入り交じって使用されている様は混沌としているが、それはけっして秩序が欠けていたわけでも、人々の交易への依存度が低かったからでもない。市場そのものがもつ貨幣需要の多様性、通貨たちの供給の弾力性の低さとその通貨ごとの還流性の高低の差、そうした環境がさまざまな通貨を状況に応じて使い分ける仕組みに交易者たちを導いていく。一国一通貨を空気のように当然視する現代の視角からは、そうした状況は、両替に継ぐ両替や、およそ予想できない貨幣相場をもたらし、取引費用を高くするだけの後進的な枠組のようにみえる。だが、中国などの史実は、交易の拡大とともに幣制の多様性が増してきたことを示唆する。外部からの否定的な観察をよそに、当事者たちに

とってはむしろ変動する環境に対する弾力性に富んだものであったのかもしれない。確定性に富む仕組みは、個別の取引費用を軽減したとしても、全体の取引の安定をもたらすとは必ずしも限らない。

そもそも、1枚、1枚の通貨は物理的には独立した存在である。1文銅銭が10枚あっても、1文の額面をもつものが10枚離れてあるだけである。しかし、この10枚は、状況に応じて連結して10文になったり、また5文と3文と2文に分かれたりもする。しかも現実にこれら通貨は人々の手を通して空間的に移動する。これは、分子が連続して作用しあう流体と非常に類似する。貨幣数量説の流通速度velocityはまさしく力学における速度velocityと言葉を同じくする。経済学においてはvelocityを往々にして所与のものとして事実上考察対象の外においてしまいがちであるが、如上の通貨たちの多様な振る舞いは、摩擦により速度を異にするようになり、流線が分岐し、境界層を形成し、場合によっては渦をつくる流体の振る舞いと類似する。たとえ、一部の流れが滞り階層的になっても、通貨の通貨としての性格自体は消えず、かつ速い流れと遅い流れが関係し合うということも流体力学の枠組と親和する。

貨幣単位をいわば容積としてたとえると、1貫文額面の金貨1枚と1文額面の銅貨1,000枚とのやりとりは、容積としては同じ量の置換であるはずである。二つの貨幣の需要が異なって動く条件において、交換比を保って二つの通貨の投入量のそれぞれの増減で需要に応える方法と、投入量ではなく環境に応じて両者の交換比を変える方法、とがありえる。流体力学の概念にたとえるなら、いわば密度一定な前者は非圧縮性流体の場合であり、同じ容積の内容が変わる後者は圧縮性流体の場合といえる。これまでの経済学は前者の論理によっており、後者から考える視点がまったく欠如していたのであるが、人類史の過半には、後者の枠組みの方がはるかによく適合する。

金貨と銅貨のそれぞれの需要は空間と時間によって異なり、その違いはいわば粘性となって金貨と銅貨の移動に異なった摩擦を与える。農村市場と都市市場では、貨幣への需要が異なり、その環境の差が市場階層を通過するたびに通貨たちに作用し、同じ容積すなわち貨幣単位の内容を異なるものとさせていく。

したがって多層的な市場を繰り返し通過していく通貨の流線は単方向的であり、非対称となる。渦となって滞留した流線はメインストリームには戻らない。ことに市場の最下層に沈殿した最小単位額面通貨は際だつ。これこそが、「不明な理由」で銀行に戻らなくなった膨大な量の補助通貨の正体である。銀行などというものが機能しておらず、小額面通貨が重要な割合を占めた環境の場合、滞留はもはや「不明」ではすまされない死活の問題である。

そもそも取引とは双務的であり、また通貨は循環することを想定して受領されているのだが、通貨の現実の振る舞いは双方向的であるよりも単方向的であり、循環的であるよりも分散的ですらある。そして、その矛盾が、交易者たちを結ぶ回路としての貨幣を分立させることとなった。（どのような環境が分立を解消させていくかは本稿の課題ではない）[17]

V 市場の多層性——アリストテレスの限界を超えて

かような共同関係の生ずるのは二人の医者の間においてではなくして、医者と農夫との間においてであり、総じて異なったひとびとの間においてであって、均等なひとびとの間においてではない。……交易さるべき事物がすべて何らかの仕方で比較可能的たることを要する所以はそこにある。こうした目的のために貨幣は発生した……[18]。

ここで「共同関係」と表現されているのは財・サービスを共通基準で計り交換しうる関係のことである。アリストテレスはこのように貨幣の発生の論理を叙述し、後の貨幣を論じてきた多くの思想家たちもこの視点を共有してきた。だが、医者は果たして別の医者を必要としないのだろうか。揚げ足をとっているのではない。こうしたN人がN種の財（あるいはサービス）をそれぞれもつ初期状態から（アリストテレスの場合はもっとも原初的な2人2財だが）貨幣の発生を考えるモデルには根源的な見落としがあることを喚起したいのである。

事実はいかなる論理よりも説得的である。20世紀の中国やインドなど、各地

の調査で数量的に示されたように、農村の市場で売買されているものの最上位は穀物であり、在来衣料がそれに次ぐ。それらはほとんど地元の農民たちが生産しているものである。つまり、自分たちが作っている財を売り、そして買っていることになる。つまり農夫は、医者や大工たちとだけではなく、同じ農夫とこそ最も頻繁に交易してきた。農夫は別の農夫を必要としていた。たとえ同じ種の財、サービスを保有したのだとしても。なぜなら、誰しも穀物や衣料の過不足はあり、根本的な交換は、異なる財の代謝ではなく、同じ財を消費する時の交換なのである[19]。

 もちろん、農民は収穫した米を売って遠来の茶や塩を買うであろうから、財と財の交換は厳然として働いている。問題は、ここでいう「時」の交換が「物物交換」あるいは「自然経済」としてとらえられ、「財」の交換のみを「貨幣経済」として認められる傾向に陥りやすかったことである。すでに示唆してきたが、アルプス以北の農村部における貨幣非使用の交易から一般化されるとそのような図式になりやすい。「貨幣経済」と「自然経済」の二分論は貨幣の均質性を強調することになり、貨幣たちの多元性を看過させることになった。

 実際においては、米が生産地近くの農村市場で売却されると同時に遠隔の都市に移出されるように、「時」の交換と「財」の交換が截然と区別されうるわけではないが、「時」の交換は限られた空間を共有することで成り立つのに対し、「財」の交換は立地条件の差異が促進する側面があるから地域を超えた交易と親和する。前者が、頻繁で刹那的な手交に耐える通貨を必要とするのに対し、後者では安定した素材価値を具有するなどの長期的保証が貨幣としての利点となる。この両方のベクトルは一致しえないのだが、貨幣としては同じ単位を共有して機能しなければならない。つまり貨幣を通した交易は多元的な矛盾を構造的にはらんでいたのである。アリストテレス的な分業論は西欧思想の本流を形成してきたが、その初期設定の限界は貨幣論を現実から乖離させ、不必要に神秘化させることになった。

 実際、マルクスが「貨幣は交換過程のなかで本能的に形成される」とし、またヒックスが「市場が貨幣を創る」と考えたとき、現実の貨幣たちの多元性は

全く看過されてしまっている。そうした一元的な貨幣理解はすなわち市場の多層性の無視の結果でもあり、平面的な市場理解との双生児であった。貨幣単位の間での対称性を、現実に機能している通貨たちの間の対称性と勘違いしてしまい、通貨たちの振る舞いそのものに目をむけずにきたため、結局、市場と貨幣の現実のメカニズムはまだ何もわかっていないのである。

　（付記）本稿は、科学研究費補助金「中近世東アジア貨幣史の特殊性・共時性とその貨幣論的含意」（文部科学省特定領域研究「東アジアの海域交流と日本伝統文化の形成――寧波を焦点とする学際的創生」平成17―21年度、課題番号17083007、研究代表　黒田明伸）の成果の一部である。

註
1) 陳存仁『銀元時代生活史』（広西師範大学出版社、2007年）30-31頁。
2) たとえばケインズのように。J. M. Keynes, *A Treatise on Money 1*, (London, 1971) p. 130. ケインズ（小泉明・長澤惟恭訳）『貨幣論Ⅰ　貨幣の純粋理論』（東洋経済新報社、1979年）。
3) 鈴木公雄「前近代日本貨幣史の再構築」（鈴木編『貨幣の地域史――中世から近世へ』岩波書店、2007年）。
4) 『允澎入唐記』景泰五年四月二六日。
5) C. C. Patterson, 'Silver Stocks and Losses in Ancient and Medieval Times', *Economic History Review* ser. 2, 25-2 (1972).
6) R. G. de Glanville, 'The Numbers of Coins in Circulation in the United Kingdom', *Studies in Official Statistics, Research Series* no. 2 (1970), p. 4.
7) Adam Smith, Lecture on Justice, Police, Revenue and Arms delivered in the University of Glasgow, Oxford, Clarendon (1896), p. 191. スミス（水田洋訳）『法学講義』（岩波文庫、2005年）307頁。
8) Philip Grierson, *Numismatics* (Oxford 1975), pp. 133-134.
9) M. Blackburn, 'Coins Finds as Primary Historical Evidence for Medieval Europe' : Paper for the Fukuoka Conference, 29th Oct 2005. マーク・ブラックバーン（森本芳樹、高田倫子訳）「中世ヨーロッパ史の第一次史料としての発見貨」（『12回出土銭貨研究会大会報告』2005年）。
10) 三宅俊彦『中国の埋められた銭貨』（同成社、2005年）。

11) 『皇明條法事類纂』「挑揀并偽造銅錢枷号例」成化一六年一二月一九日。
12) 桜井英治「中世における物価の特性と消費者行動」(『国立歴史民俗博物館研究報告集113、古代・中世における流通・消費とその場』国立歴史民俗博物館、2004年)。
13) P. Spufford, *Money and Its Use in Medieval Europe* (Cambridge, 1988), pp204-205, 235.
14) A. Redish, *Bimetallism : An Economic and Historical Analysis* (Cambridge, 2000).
15) T. J. Sargent and F. R. Velde, *The Big Problem of Small Change*, (Princeton, 2002).
16) 黒田明伸『中華帝国の構造と世界経済』(名古屋大学出版会、1994年) 14-15、21頁。
17) A. Kuroda, 'What Is the Complementarity among Monies? : An Introducttory Note', *Financial History Review* 15-1 (2008), A. Kuroda, 'Currency Circuits Concurrent But Non-Integrable : Complementary Relationship among Monies in Modern China and Other Regions', *Financial History Review* 15-1 (2008).
18) アリストテレス (高田三郎訳)『ニコマコス倫理学』上 (岩波文庫、1971年) 187頁。
19) 黒田明伸『貨幣システムの世界史――〈非対称性〉をよむ』(岩波書店、2003年) 終章。

第2章　日本小農論のアポリア
　　──小農の土地所有権要求をどう評価するか

野田　公夫

はじめに

　近現代の日本小農が、諸環境に対する単なる受動的・消極的な存在ではなく、おおいなる主体性と対応力をもった能動的存在であったことは、程度の差はあるにせよ、ほぼ共通の認識になってきたといってよい。小農および小農社会をそのダイナミズムにおいて把握できるようになったことは、近現代日本農業史の重要な学問的成果である[1]。

　しかし、いまもって歴史的評価を確定しきれていないのが、小作料減免（耕作権確立）を要求する小作運動が土地所有権（自作農化）を強く希求するに至ったことである[2]。それは、一方では、農地所有権の獲得（自作農化）こそ近代地主制（過剰人口圧力）[3]下の最も確実な小経営確立方策であり、かつ「イエの土地」「ムラ[4]の土地」として観念されていた伝統的土地規範の復権であり自己主張であったことが明らかにされ、したがってその歴史的妥当性が承認されつつありながら、他方では現状の側から真反対の評価、すなわち農地改革（小作層への土地所有権付与）の生み出した自作農体制こそ農業構造改善（経営規模拡大と土地利用率向上を主軸にした資本効率の高度化）に対する最大の障害であり農業崩壊を招いた根本原因だという批判が浴びせられているからである。

　いわゆるバブル期には、農地改革が目標にした「農業経営権としての農地所有権」が「農地価格の土地価格化」すなわち転用期待の資産的所有権に変質し

たことが問題にされた。バブルがはじけ限界地の過疎化・集落崩壊がすすむ現在では、ムラから出てしまっている地権者たちの了解を得るのが困難（連絡すらつかない地権者も多い）なためムラの土地の有効利用すらはかれないという状況にある。前者では資産価値化をめざすその積極性が、後者では空洞化してしまったがゆえの消極化・無自覚化が……正反対のかたちではあれ、いずれも土地所有権が農業・農村にたいし極めてネガティブな影響を与えているのである。このような問題（論者によっては、現代日本農業がかかえた最大の難問）をうみだしたものこそが戦後農地改革による総自作農化なのであり、かかる視角からすれば、農地改革は現代農業問題のいわば「原罪」とみなされることになるのである[5]。

　むろん、時代が変われば問題状況も評価も変わるのは当然であり、そもそも農民には農業を守る義務があるかのような言い方は、私経済の自立性・固有性を無視した「言いがかり（国民経済の傲慢）」にすぎない。国民経済的な合理性を実現する方向へ農家の私経済性を満たすことこそが農業政策の役割であり、現実が農業破綻に帰結したとすればそれは何よりも政策（国家）の側が問われるべきであろうからである。しかし、このことによって「学問（農業・農民・農村に関する知のありよう）」が免罪されるわけではない。同一の歴史的現実が歴史研究では高く評価されるが現状研究からは批判の対象になっているとすれば、それは、かかる「知」自体が時代変化を読み込む柔軟性（条件規定性）を欠いており、二つの問題状況（時代）に架橋できてないことの証明であるといわなければならないからである。伝統的土地規範に対する適合性を回復する過程で獲得された農地所有（自作農的土地所有）がいまや時代対応力を喪失してしまったとすればそれはなぜか、そもそも近代農村とそこで再生された土地所有は、伝統的村落や伝統的土地規範とどの程度の共通性・異質性をもった存在なのか、このような問いをたててみることが必要とされているのであろうと思う。

　本稿では、日本近代における農地問題のありよう（第Ⅰ節）とそれをめぐる研究史（第Ⅱ節）をふまえつつ、次の時代につなぐべき諸論点（第Ⅲ節）を示

し、そのことを通じて近現代日本における小農的土地所有の意義について考えてみたい。

I 近代日本の農地問題と運動および政策の方向

1 近代日本の農地問題

　近代日本の農地問題は、近世以来の伝統的土地慣行の世界に、突如近代法的秩序が持ち込まれたところに惹起した。

　地租改正により租税負担の義務と抱き合わせに土地所有権者が確定されたが、農地（所持）に比べて地盤所有権としての性格が弱かった入会地（進退）[6]の多くは、官有地に組み込まれることになった（官没）。山林入会地に対する農民主権が大幅に制御されたことは、山林利用自体に対立がある場合には、大きな問題となる。とくに近代は木材需要を急増させその経済価値を高めたため、木材資源の確保という視点から農民的（入会的）利用を大幅に制限する事態が生じた。1915（大正14）年の大審院が国有地入会の否定判決をくだしたのはかかる事情の端的な表現であった[7]。入会慣行における重要部分をなしていた草肥（青草）は、近代には大豆粕をはじめとする購入肥料が急増するなかで必要性を大幅に減じた。大きくみれば、近世的な入会慣行の必要性が減少するなかで、入会地の官没がもたらした緊張関係は漸次緩和され、いわば安楽死させられてきたといえよう。しかし安楽死させられたのは近世的な入会利用であり、農業や農村にとっての山林の意味自体ではなかった。近代とは第一次産業に対して第二次産業が圧倒していく時代でもあったが、第一次産業の不利性が増していくこの時代にこそ農村資源総体の新たなる利活用が工夫される必要があったからである。

　他方、ムラに支えられ重層的な権利関係を構成していた近世的な農地所持の構造[8]は、近代的な所有権（地主）と賃借権（小作）に二分され、両者の力関係の格差は決定的なものになった。明治期に地主制がムラ域を越えて急成長を遂げた背景には、近代法の庇護による所有権の抜本的強化（と賃借権の決定的

弱化)、およびそれと表裏をなすムラ規範の弛緩があった。しかし、近代法が農村現場を覆いつくしたわけではなく、農村現場においては依然として伝統的土地慣行(生ける法)が機能しており、近代日本の土地規範は、近代法の秩序と農村現場における生ける法の秩序との二重構造をなしていた[9]。

　かかる二重構造は、明治末以後、地主層が米の商品価値を高めるために産米検査を強行したことを主な契機として爆発した。小作争議の勃発である。産米検査は販売者(地主)の利益拡大を生産者(小作農)の負担で行うことを意味したから、小作側は負担に見合う取り分の増加(すなわちそれに相当する小作料の減額)を要求したのである。この運動は、西日本を中心に広い裾野をもって展開し、要求内容も単なる負担増への対応ではなく、正当な自家労働評価を求めるものへと深化・発展した。

2　農民運動の動向

　1920年代の西日本を舞台にして巻き起こったこれらの小作運動は、ムラを範域として組織されることが多く、しばしば地主を在村地主(ムラの構成員)と不在地主(ムラを捨てた、あるいはムラに進入した異物)に区別し後者に照準を合わせ、自らも「ムラの平和の回復」に運動の大義名分を求めた。その主張は上述のように、費用価格(物財費と自家労賃)の確保であり土地所有権自体ではなかった。この運動の帰結であるいわゆる協調体制[10]は、何よりも、小作料水準の適正化(費用価格の確保)と客観化(階層代表による委員会)および「ムラの土地の保全」すなわち不在地主化や村外地主の進入を抑止することを主な内容としていた。

　他方、かかる運動の全国化と高揚のなかで結成された日本農民組合(1922年結成)には、ロシア革命・社会主義思想の影響を受けた運動家も含まれており、彼らはロシア革命にならい「労農同盟」の力によって社会主義権力を打ち立て、土地を国有化することを通じてこそ最終的な農民解放が達成できると考えていた。労農同盟とは、等しく無産者である労働者と小作貧農が有産者権力と闘うための同盟であり、小作貧農が土地所有権を獲得することは自らを小所有者

(有産者)化させ労農(無産者)同盟から脱落すること(反革命)を意味した。したがって、小作農民たちの素朴な土地所有願望に屈することなく、労農同盟とそれに基づく土地国有の彼方にこそ未来があることを説得する必要があったし、それゆえにこそ政府がすすめていた自作農創設事業に対する警戒感はまことに強いものがあったのである。このような判断のもとに対置された方針は、「土地不買」運動であった。

しかし協調体制においても、小作農民の農地取得は排除されていたわけではなかった。ムラの農地を買うことはムラの農地を保全するための意味ある行為であったと考えられたし、このような役割を果たしうる階層は、明治期では在村地主層であったが、大正期以降は自小作農が経済力を増しそれを凌駕するに至っていたからである[11]。このような状況にあっては、小作運動の先鋭部分が掲げた土地不買や土地国有は、農村現場のリアリティを全く反映しないものであった。戦時体制下に安定した経営力・政治力を付与するものとして自作農化(自作農主義)が政策的に重視されていくが、このようなベクトルの延長上に、彼らはそれに積極的に応じていった。したがって戦後農地改革は、かかる長期の諸運動の歴史的完成形態と受けとめられたのである。戦後復活した農民組合勢力には土地所有権獲得に対する忌避感はすでになく、むしろ更なる土地所有権の獲得(第三次農地改革)を要求することになった[12]。

3　政策(国家)の方向

小作争議の激化に対応して、農林省農務局小作分室を中心に小作法制定の意欲が高まったが、政治状況はそれを許さず、結局自作農創設事業(1925年)と小作調停法(1924年)を主軸にして農地問題緩和政策が開始された。前者は、利子補給相当分を国家が負担することにより小作農の小作地買取りを支援するものであり、当初は争議対応策として位置づけられ、土地を取得させることで運動を分断し沈静化させることを目的にしていた。後者は、小作争議の原因自体を除去するものでも、問題解決の基本原理を示すものでもなく、調停の組織化を通じて「ムラの平和」を回復することを意図したものであった。したがっ

て運動側は、前者に対しては地主の土地売り逃げを手助けするものだと批判し、後者に対しては地主本意の解決に国が手を貸すものと見なし、いずれに対しても対決姿勢を強めたのである。両制度の当初の性格から見て運動側の警戒心はもっともであったにせよ、その後の歴史過程をふまえれば、地主抑制に転じた国家の基本姿勢と小作農民の土地要求の強さおよびムラ社会（伝統的土地慣行）の意味の大きさを見誤るものであったといわなければならない。

その後、自作農創設事業は規模が飛躍的に拡大されるとともにその性格を変え、1943年の第三次施策において適正規模論と結合し生産力・経営政策の要素を付加した（政策目標＝経営力量のある専業自作農の創出へ）。この点で経営的・農民的性格をはるかに強めたのである。小作調停法は、小作官という小作問題のプロフェショナルを各府県に配置したことが積極的な意味を発揮するとともに、調停に当っては日の目をみなかった小作法の理念が参照されることも多く、両者あいまって、ここでも地主抑制的＝農民的性格が強まっていったのである。以上の状況を反映して、小作側に、同法の活用を通じて事態打開を図ろうとする意欲が漸増する。統計上把握できる最初の年である1926年には57.8％であった小作側申請数は、1940年には65％を超えた（65.4％）[13]。

戦時農地立法は、食糧増産と農村平和の見地から、不在地主の切捨てと生産者視点の強化を鮮明にした。1938年の農地調整法は初めて耕作権を法認したし、1943年の自作農創設事業第三次施策は、上述のように「適正経営」創出に寄与することを政策目標に加えるとともに、不在地主所有全小作地の自作地化を意図し想定小作地開放規模は第一次農地改革に匹敵するまでに至った。いわゆる適正規模論は、それまでのムラ（平等）原理とは異質な、国民経済的見地からする経営合理性（上層経営へのサポート）を前面に据えた。このような過程で、「所有重視から経営重視へ」という耕作農民の永年の要求は、「所有と経営の合体」[14]という極めて日本的な形態で現実化に向ったのである。

II 土地所有権取得をいかに評価してきたか

1 マルクス主義による否定的見解

　マルクス主義の土地所有権に対する態度は、先に述べた農民運動先鋭部分のそれとほぼ同じである。これらの先鋭的運動は講座派系マルクス主義の理論で指導されていたケースが多かったからである。講座派マルクス主義は、日本資本主義の特質を、半封建的土地所有（寄生地主制）を土台とする「遅れ」（価値法則の未貫徹、それゆえの収奪性）に見出し、その民主化・近代化（価値法則の貫徹）を経た後に改めて社会主義革命を想定する二段階革命論を採用した。他方労農派マルクス主義は、日本資本主義の特質を後発資本主義の宿命である過剰人口圧力による「歪み」においてとらえ、当初から社会主義化を課題とする一段階革命論を採用していた。このような理論体系の差は、小農の土地所有権に対する態度において次のような分岐をうんだ[15]。すなわち、労農派は社会主義革命の阻害要因として土地所有権を一貫して忌避し続けた（理論的一貫性）のに対し、二段階革命をとる講座派にあっては「過渡期をどう評価するか」という難問に答えねばならず、多分にあいまいさと逡巡をうむことになったのである。いずれも『資本論』理解の素朴さが生んだ両極であった。

　不思議なことに講座派は、戦後農地改革期には一転して「土地所有権のより徹底した獲得（第三次農地改革）」を要求するに至ったが、これは戦前日本社会の宿痾＝「半封建的土地所有（寄生地主制）」の解体という視点から農地改革（総自作農化）を高く位置づけえたからであろう。ちなみに第二次農地改革は、不在地主のみならず在村地主も大幅に強制買収の対象に組み入れ、適正規模論の考え方を払拭し農村民主化（より下層の土地所有化）に主要課題を収斂する（再び経済から政治へ）とともに、国家による強制力を付加したなどの諸点で、戦時農地立法の論理とベクトルを打ち破るものであった[16]。第二次農地改革が実施された時代は、敗戦・占領という社会・政治の破綻および植民地喪失に伴う食糧問題の激化という未曾有の危機にあり、上述した政策上の飛躍は、

占領軍（アメリカ）の意向とともに、かかる現実（過剰人口問題の激化）への対抗上必要とされたものであろう。第二次世界大戦後のこの時代は、200を超す国々で試みられた空前の土地改革の時代であったが、土地改革（その主軸は、大土地所有の解体と所有権の散布）こそ深刻な危機に対する最高の処方箋だからである。講座派の学問的「転向」も、このような危機のリアリティとともに「経営（富農化）から政治（民主化）へ」という政策転換がそのシンパシーを支えたのであろうと思う。その意味で講座派は、それまで避けてきた「小農民の土地所有」という論点に真正面から向き合う機会を得たのであるが、実際には現実の動きに乗り越えられてしまっただけで、理論的には深められるところがなかった[17]。

　他方非マルクス主義（たとえば伝統的農業経営学）の側においても、自作化すなわち土地購入は、多額の支出を強要するうえそれ自体は生産に寄与するところのない不生産的出費であるため、積極的な評価を与えうるものではなかった。むしろ大勢としては、深刻の度を加える農村問題緩和の現実的な処方箋として、いわば社会的・政治的側面から評価する論調が中心であったといえよう。

2　小経営強化への貢献という視点

　自作農創設事業の初期において運動の側は土地不買運動を対置したが、結局は農民たちの土地要求の前にその方針を貫徹できず瓦解していった。それを単純に運動の敗北とはとらえず、むしろかかる歴史過程のなかに「自作農化をめぐる二つの途」を見出したのが西田美昭[18]である。初期には土地売り逃げの性格が強かったが争議を通じて事情は変化した、と西田は言う。小作争議による小作料低下（平均2割程度）は地主採算を悪化させ地価（≒土地純収益の資本還元）を低落させたからである。すなわち、小作料減免争議の成功が農地価格を小作農の採算ベースにまで低下させることにより、自作農創設事業は農民的性格を強化したというのである。また運動の質という点でみても、しばしば労働運動の「戦闘性」が強調されてきたが、生産点に立脚している（＝食糧を確保しうる）小作争議のほうがはるかに粘り強い運動を継続することが可能であ

第2章 日本小農論のアポリア　53

り、実際の要求獲得率も高いことを明らかにした。

　他方野田[19]は、過剰人口圧力のもとでは耕作権近代化の達成は困難であり農業経営の安定には所有権の獲得こそが最大の担保になること、および、自家労賃評価が確立していない段階では現実の所得は自作地地代込みの混合所得として現象しており、このような状況では所有権の確保こそが最も有効な所得確保・経営安定策になること、したがって価格条件さえ折り合えれば小作運動が所有権獲得に向うのは当然であると主張した。大正期は、小経営を強化する「分配率の変更（小作料減額＝小作争議）」と「パイ自体の拡大（質量両面からの価格増大＝農家小組合）」の二つがともに現実性をもった時代であった。実際には両者は互に「政治主義」「経済主義」と批判しあったが、都市経済謳歌の裏面として「農業の不利化」がクローズアップされていた当該期にあって、客観的にはこの二つに同時に取り組むことこそが求められていた。上述の意味で自作化も同様の性格を有しており、たとえそれが「小作層を保守化させる」傾向をもったとしても、より長いスパンでみれば「必要な経過点（避けがたい歴史過程）」と評価すべきものだとしたのである[20]。

　また、政治勢力としての農民の独自性を戦後改革期において明らかにしたのが樋渡展洋[21]である。樋渡は、世論調査や選挙結果の分析を通じて、「農地改革（小土地所有者化）の結果農民は保守化した」という通説は事態を単純化しすぎており、「一九五〇年代半ばまでは、農村票の帰属は確定していなかった。農地改革は、経済的に組織化されず、政治的にも動員されない大量の自営農民を創出した」ことを明らかにした。農民が保守に囲い込まれるのは、その後「組織された市場」の形成に対応して、農民が政策にアクセスする最短距離として政権党を選び取ったからであった。

　西田・樋渡の研究は、互いに視角は異なるものの、これまでの二分法的な理解が切り捨ててきた農民や農民運動のリアリティを明らかにしたものであるとともに、「現実」が要求する「迂回路」の意味を具体的に示したものといえよう。

3 伝統的土地慣行の復権として

　他方、西欧と共通のツール（小経営論）で考察するのみならず、農業・農家・農村の日本的個性（イエ・ムラ）を真正面から見据え、このなかで生み出された農地慣行を重視しつつ、そのなかに土地所有権の問題を位置づけ直そうとする研究が積み重ねられてきた。

　そこでは、農地は単なる生産手段ではなく、代々の家長が受け継ぎその責任において維持・継承されていくべき家産だということが強調された。しかもこれらの農地はムラの土地とも観念されており、やむをえず手放さざるをえない農家が出た場合には、ムラ人が買い手になれるように努力され、ムラの外の地主が所有した場合には近い将来ムラ人によって買い戻されることが望ましいと考えられていた。さらに土地「所有」は、ムラ人のステータス・シンボルでもあった。このような状況のもとでは、土地の意味は経済性のみならず、イエとムラの秩序を守るうえでの必要物でもあり、広い意味でのセーフティネットのなかに位置づけられたものであった。

　明治期にあって、ムラの土地の買い手になりムラの土地を保全する役割を担ったのは資力にめぐまれた在村地主であった。かかる側面を捨象して、これを地主の土地兼併であり「階級矛盾の拡大」であるかのようにのみ見てきたのは、政治主義的な謬論であったということになる。農民運動も農政も、地主を在村と不在村に区分し後者に批判を集中させてきたが、それもこのような事情（ムラの土地を守るという観念）の反映であった。そして、自小作層が経営実力をつけてきた大正期以降は、在村地主層にかわり同層が主な「ムラの土地の買い手」となった。いわゆる自小作前進層とは単なる個別経営の上向運動ではなく、「ムラの土地の新しい守り手」の登場でもあったということになる[22]。他方、地主が所有小作地を売却する場合には、第一に当該小作人が買い手として想定されていたが、これも「耕すという行為が所有を正当化する」という日本古来からの伝統的土地（所有）観の反映であるという[23]。

　以上のように問題を理解すれば、土地所有とはイエ・ムラ秩序を担保する紐帯であり、小作者の土地所有権要求といわれてきたものの中核は「不在地主か

らのムラの土地回復運動」の一部であり「イエ秩序基盤の強化」であり、それは「耕すものが所有するという伝統的土地観の実体化」であったということになる。それは、川口由彦のいう「日本近代が直面した土地規範の二重化」が作り出した社会的危機（近代地主制）を、伝統的土地規範（農村の現実）の復権を通じて緩和・克服しようとする動きだったと評価できることになろう。さらに第三次自作農創設事業から戦後農地改革に至る政策過程は、不在地主排除の徹底という点で以上の文脈のなかに位置づけることができ、土地取得階層の政策的下降という点で「イエ秩序の普遍的強化」すなわち伝統的秩序をより下層にまで浸透させることによってムラの安定回復を意図したものであるといえよう。

4　人口論的アプローチからの解釈

以上の過程を、日本的なイエ・ムラの個性というよりは、「再び」ひろく小農経済に共通する一般理論として読み解きうることを示したのが友部謙一[24]である。チャヤーノフ小農論をふまえつつ日本的なイエ・ムラにおいてみられた土地移動を考察すると、各農家においては家族労働力の配分戦略に応じて借地を伸縮させてきた主体均衡論的行動を検出することができる。要するに、3）において日本的なイエ・ムラの個性の問題として論じられてきた諸行動は、より普遍性をもった「（チャヤーノフ的な）土地市場の問題」として経済合理的に理解することが可能なのである。

ただし、友部のいう土地市場とは土地用益市場、実体としては借地市場であり、1920年代以降顕在化した自作農化（自作農主義の規定性）に対する論及はない。しかし地主・小作関係（借地市場）が日本農村におけるイエ・ムラのロジックをふまえた経済合理性の産物であるとすれば、その延長上に現象してきた自作農化の動きもまた、大きくは同様の経済合理性の範疇で括られるのではないかと思う。その点で2）との共通項が増すのかもしれない。

III 近代（市場経済）と近世（慣行）の狭間

　かつて私は、「農地改革＝原罪」論を批判して「……現今の土地問題は歴史的諸段階の種々のファクターの積み重ねによって形成されている（中略）このことは、現在の土地問題の容易ならざる根の深さを物語るものであるが、他方、その深刻さを手の届かぬ過去の『本質』のせいにしてお手あげするのではなく、それぞれの歴史段階において、それぞれ適切な対処が必要でありかつ可能であったことをも示している」と述べた[25]。かかる問題意識は今も同じであるが、本稿で論じたいのはそれとは別の問題、すなわち客観状況の変化それ自体ではなく土地所有にいわば内面化された諸矛盾であり、近代化のなかで土地所有（土地慣行）が適応してきた側面ではなく適応過程自体が孕んできた「無理」を考察することである。

　ここでは第II節で概観した研究史、とりわけ運動や政策の展開過程を伝統的土地慣行の回復・自己主張と関連付けて理解する近年の研究を評価しつつ、それらが等閑に付した論点を拾い上げることを通じて、伝統と時代とのズレを自覚的に抽出することを課題にしたい。

1　山林と農地の分断・農地の孤立化

　まずは、近代農地制度の特徴を、「山林と農地の分断」「農地の孤立化」という側面において把握し、このことに注意をはらいたい。半ばは近代が要請する自然の歩みであったといえるが、権利として制度的に分断されたことがその後の農業発展論理を大きく規定したと考えるからである。

　近世においては一部に木材資源の確保上農民の利用が禁じられた止め山があったが、全体的にみれば山林が広く入会利用に供されていたところ（耕地と山林原野の結合）にこそその特徴があった。前近代における農民のかかわり方の相違が、地租改正における耕地と山林における所有権の差を生んだ。そして近代国家建設過程で木材需要が急増したことが、山林機能を木材資源確保の場へ

と収斂させる傾向を生んだ。農業の側からみても、肥料をはじめとする生産資材や生活資材が外部から（工業製品として）供給されるようになると入会的利用の必要性は低下し、これら双方の事情があいまって、権利関係という面からも、利用目的・利用方法という面からも山林と農地との分離・自立化がすすんだのである。

　この過程はいわば入会地自身の安楽死の様相を呈したから、大きな問題にはされてこなかった。しかし、「農業の不利化」に対抗していくためには地域資源総体の総合的利用方法を模索していく必要がある。現代までを射程においた長いタイムスパンで見れば、そのような工夫や実験をする余地と視野を大幅に狭める強い制約になったことは間違いない。たとえば、国土の7割を占める山林の管理（下草刈）と徹底した省力畜産（脂肪交雑中心の和牛肥育のみではなく）さらには獣害対処への切り札として、山林の畜産的利用（山林への牛の放牧）の重要性と可能性が指摘されて久しい。にもかかわらず未だ大規模な実施に踏み出せないでいるのは、権利主体・利害主体が分断され対立していることが大きいのである。近代化の重要な側面である機能の分化・専門化が権利や利害の分断として骨化し、新しいステージでのフレキシブルな対応を阻害するのである。これは、ムラのもとにさまざまな地目が相互補完的に管理されていた前近代のありようとは大きく異なった近代のもつ制約であり、特殊な日本型近代化の産物であった。

2　近代の暴力への対抗手段としての所有

　求められた土地所有は、近代法の蹂躙と資産的・蓄積的土地所有の横暴に対する最大の対抗手段として必要とされたという点を問題にしたい。

　近代地主制は、近世の重層的な土地所有関係が「強い所有権」と「弱い賃借権」に二分されたところに成立した。近代法の庇護を受け高額小作料収取能力を獲得した土地所有こそ、産業革命（第二次産業の制覇）以前の最も有利・安全な投資先であったからである[26]。このような意味で、イエ・ムラ的な土地所有が（現代とは異なった意味でではあるが）資産的土地所有化したところに、

農村現場における「生ける法」の世界を蹂躙し蓄積手段として囲い込んだ部分に立脚しつつ成立したのが近代地主制であったといえよう。

したがって、小作農民にとって課題となったのは、単なる「生ける法（伝統）」の回復ではなく、資産化・蓄積手段化した土地所有への対抗であった。ムラの共同性の制約を受けることなく私的所有の利害を貫徹できるという点で、近代地主制の特徴は不在地主において端的に現れていた。不在地主こそ近代地主制の最もビジュアルな表現だったのであり、土地問題が顕在化したとき、運動も政策も不在地主に矛先をむけたのは当然であったといえよう。

「生ける法（伝統）」そのものの回復ではなく、近代地主制に対する対抗原理として必要とされたいわば対自的な所有であったという事情は、諸環境が変われば「生ける法」に敵対する行動すら選ばせることになりかねない。すでに「公から私へ」と論理のベースが比重を変えているからである。「生ける法」に敵対しないまでも、「生ける法」を支えることに無関心な傾向が増大する。そして、農地改革による土地所有権の一挙的配分はその傾向を大幅に増大させたといわなければならない[27]。

3　ムラ領域の変化と土地規範の変質

次に、依拠すべき土地規範自体が変質しつつあったことを問題にしたい。

運動も政策も「不在地主」にターゲットを集中したのは、伝統的土地慣行（ムラの土地）を批判の根拠にしたからだといったが、それは必ずしも正確な表現ではない。「在村・不在村」の意味するところ自体が大きく変化していたし、運動側と政策側とでは両者の理解に明瞭な差があったからである。

ムラの土地という場合のムラは、近世においては近世村が想定されている。ここで在村地主といえば、当該近世村に居住する地主のことであり、不在地主とは他の近世村に住む地主のことである。ところが、1888（明治21）年の市町村制を経て14万強あった近世村はわずか1万3,347の市町村に統合された。農業政策もまた新たに成立した行政市町村を単位にして構成された。産業組合の範域は市町村を基本にしたし、農地調整法原案が想定した産業組合による土地

第2章 日本小農論のアポリア 59

管理の範囲も市町村であった。第二次農地改革が第一次農地改革に対し徹底性を増した要因の一つに「不在地主規定が厳しくなった」ことがあげられるが、これは、後者では隣接町村に居住する地主は在村地主と看做されたのに対し、前者では当該市町村居住者に限定されたからである。ここでは、「在村・不在村」の区別は政治的配慮により可変的であった。乱暴な言い方をすれば、農政がターゲットにした不在地主とは近世村基準(伝統的土地慣行)で把握したよりもはるかに狭いものであり、逆に政策的庇護の対象とした在村地主とははるかに広い存在であったのである。近世村基準でみれば、行政が把握した在村地主の大部分は不在地主であったといってもよいかもしれない。以上の点で、運動がターゲットにした不在地主と政策がターゲットにした不在地主には大きなズレがあったのであり、したがって依拠した伝統的土地慣行の内実には明瞭な相違があったのである。

　この問題に関連して、齋藤仁の「自治村落=ムラのもつ固有の意味を重視して、これを基準に在村地主・不在地主の区別をすれば農地改革はよりスムーズに行われたはずだが、行政町村を基準にして区別したことが混乱を拡大した」[28]という主旨の批判がある。近世村の生命力に絶対の信頼を置く自治村落論の見地からはこのような批判がありうるのだろうが、農地改革が直面した現実から判断すればむしろ反対であったと思う。不在地主の範囲をある程度限定する(第一次農地改革に比べれば大幅に拡大したのだが)ことによって地主層の反撃を一定範囲におさえたことの効果のほうがはるかに大きいうえ、ムラの恣意を排して市町村レベルで農地改革を立案・実行する体制をとったことが事態をよりスムーズにしたと考えられる。農地改革がムラの力を借りて遂行されたことは間違いないが、明らかにそれに敵対する内容も持ち合わせていたのであり、かかる改革の遂行にはムラを超えた(近代的)論理が必要とされたからである。このような分担がムラ(伝統)と行政町村(近代)との間で可能だったのは、それが不自然ではない実態がすでに形成されていたからであろう。

4 国家の前面化と社会の従属

 国家が前面に出ることが土地慣行を支えるべき「社会」を萎縮させるという問題、さらには国家の強力による近代化過程の「圧縮」が「社会の未熟」という問題を生むという論点に注意をはらいたい[29]。

 小作争議は、近代地主制による農業・農村（＝生ける法）破壊に対する対抗運動であった。小作運動に呼応するかたちで国家もまた地主抑制に転じたが、この背景には、殖産興業期における近代地主制の積極的役割が終わり、国民経済建設の主役が決定的に第二次産業（資本家）に移行したという事情がある。運動の側も国家の側も、等しく近代地主制を掣肘する基本原理（農村現場における正当性）を伝統的な土地慣行に見出したことは確かではあるが、国家のそれは、地主（土地）から資本家（資本）へのヘゲモニー転換という、新たなステージに対応した段階での国民国家と国民経済の強化策でしかありえなかった。

 川口由彦は、手続法の制定におわった1920年代とは違い実定法の修正が開始されたとして30年代に大きな評価を与えているが、それは昭和期に農業・農村が直面した困難が「国家の救済なくしては立ち行かない」ものであったことと裏腹の現象であった。

 しかし先に述べたように、国家の前面化は「社会の萎縮」および「歴史の圧縮」と同義である。伊丹一浩[30]は、分割相続下のフランス農村において、分割相続により農地すなわち農業経営が細分化されるリスクを避けるための様々な工夫がなされ、それらが「新たな慣行」として実体化されていく過程を明らかにした。たとえ法制度と現実（慣行）とが齟齬をきたしたとしても、試行錯誤を繰り返しつつそれを歴史的記憶として重ね合わせていく時間的余裕さえあれば、「社会」はこのように対応していく力をもつのであろう。「国家が前面に出る」ことは画一的・形式的な法に基づき取り締まることでしかなく、そのような能動性を社会から奪い、慣行のもつ生命力を大幅に減退させることにほかならなかった。そしてかかる状況は、後発帝国主義であった日本でこそ顕著な傾向であったと思われるのである[31]。

5 「ムラの平等原則」の政策的修正

　戦時体制末期には、「ムラの平等原則」にも「耕す者が所有」という原則にも政策（総力戦体制の合理主義）は修正を加えた。1943年以降、構造政策[32]の戦前版とでもいうべき適正規模論が土地政策に取り入れられたからである。適正経営とは、質量ともにすぐれた家族労働力・生産手段装備とその力を十全に発揮できる経営規模を備えることにより、総力戦体制が期待する生産力担当能力と経営安定力を兼ね備えたものである。第三次自作農創設事業は、このような適正経営を政策対象として重視したが、これはムラの中に競争と差別を持ち込むものでもあった。

　政策対象として選別された適正経営は、上述のように家族経営として自己完結性が高い経営である。旧時代の富農経営のように種々の雇用関係を通じて富をムラに均霑する力も乏しく、かかる側面からみても競争性はより直截に現れていたといえる。また、このような選別的な自作化政策は、「耕作するか否か」ではなく「効率的に耕作できるか否か」に農地所有の正当性原理を移したものであった。この点からみれば、「耕作する者が所有」という伝統的観念に対しても修正をせまったものといえよう[33]。

　1〜5に示した諸契機・諸問題は、戦前期農業・農村状況を「生ける法の復権」とのみ評価することを許さない。確かに「生ける法」のリアリティが自覚され評価され、運動の基軸論理を構成し、農地問題の処理法を規定し、一部は政策にも取り入れられたのであり、そのことに大きな評価が与えられるべきであるが、それと同時に「生ける法の部分化と矮小化」もすすんだことを見つめたい。そして新たに定置された「公」（たとえば協調体制）は「ムラの平和」を取り戻すうえで大きな力を発揮したが、新たなレベルの「経済環境」を咀嚼し対応する力量を十分持ち得なかった。それは何よりも、経済変化のスピードと国家の前面化が、農村社会における対応能力の蓄積（生ける法のリニューアル）を極めて困難にしたからであろう[34]。

おわりに

　以上でみたように、戦前の小作農の土地要求は「ムラの伝統＝生ける法」に立脚しつつ新しい時代状況に対応したものとして歴史的に評価できる。土地所有権の獲得は日本の近代小農が次のステージへ歩をすすめる「必要な経過点」であった。そしてとくに前者の側面を具体的に明らかにしてきたことが、近年の近代日本農業史研究の大きな成果であったといえよう。

　しかし、留意すべきことが二つあった。第一は、「生ける法」は近代的土地所有の猛威への対抗論理として呼び戻されたのであって、その能力と機能の総体が十全に回復したのではなかったこと、第二は、「生ける法」を時代にふさわしいものにリニューアルする本源的な力はムラ（社会）の側にこそあったが、国家が前面にたち総力戦体制の構築を急ぐ時代状況がそれを許さなかったことである。

　さらに、戦後農政は共同（社会）の領域を流通過程に限定し（農業協同組合）、生産と土地の領域は国家（行政）と個に委ねる（農地法体制）ことによって、社会の自律性を育てる機能をもたなかった。そして「組織された市場（樋渡）」が形成されるとともに、社会の自立性は「国家への請願と政権党への依存」に矮小化される傾向が強まったのである。戦後農政が（消したはずの）ムラを再発見したのは1970年、減反すなわち水稲作付けの強制的制限に際して、「全ての農家に責任を割り振ってこの難問をクリアした」という「想定外の力」に接してである。しかし、かかる経過に端的に示されるように、農政がムラへ向けた眼差しは「政策矛盾の調整者」としてのそれであって、「自己主張するムラ」ではなかった。

　近代的土地所有は、日本農業においては以上のような経過と特質を備えて形成されてきた。伝統的土地慣行を運動・変革の参照系にしながら、できあがった土地所有は新たなステージにおける新たな共同性（地域レベルの土地慣行）の獲得を必要としていたが、それに十分成功することなく今に至ったと総括で

きる。

　目を現代に転ずれば、自作農体制などとっくに崩壊しており、地域によってはかつての地主制下の小作地率をはるかに凌駕する借地率すら示している[35]。そして問題の中核は、かつてとは性格を真反対にするものの、等しく不在地主問題である。かつての不在地主は「生ける法」への敵対者として近代的土地所有のシンボルであったが、現代の不在地主の多くは農工間経済格差拡大により脱農・流出を余儀なくされた現代経済の犠牲者であり、逆に近代的土地所有の空洞化をこそ体現している。そしてこの不在者名義の農地の多くが名義人との連絡もままならぬ状態にあり、荒れ果てたまま放置されている。名義人の承諾が得られなければ、ムラは手を講じることができないからである。この点からいえば、「ムラの論理」に支えられて創出された戦後自作農的土地所有が、今や反転して「ムラの土地」に対する最大の（無自覚な）敵対者になっているのである。

　1961年の農業基本法以来日本農政を貫く柱は構造政策の遂行であったが、それは完全に失敗した。かかる評価は、手法や関心の違いを超えて一致している。違いがあるのは、その原因をどこに求めるかである。

　近年の農政言説の際立った特徴は、「構造政策の失敗は市場原理を徹底しなかったから」というまことにプリミティブな見解が確信をもって語られ、それが政策に大きな影響力をもってきていることである。たとえば、次にみるようなものである。「日本には医療、教育、法務など聖域といわれる分野が数多ある。そこでは通常の経済論理が排除され、特殊な論理で運営されてきた、その結果、さまざまな大きな問題に直面している。食の安全を守る農業も聖域だから普通の産業と同じ目でみてはいけないといわれてきたが、だが、こうした考え方はいまや、破綻に瀕したと思われる。／いま必要なのは農業を特殊な分野と見ず、普通の経済的論理で見直してみることである。農業の世界で常識とされていることを、一から議論し直し、国民に分かりやすい普通の産業に作り直さなければ国民の支持は得られまい。／農業界の「常識」の一つが自作農主義だ。（中略）自作農主義が足かせになって規模拡大が進まない。また農業の将

来に展望が開けないから後継者が育たず、耕作放棄地が増えている。農業が普通の産業に脱皮するには、明治以来の自作農主義の原則を見直さなければならない」[36]。

　農業・農村現場の状況も知らず、数多蓄積されている実態分析に学ぶこともしない粗暴さに驚くが、戦後農政（構造政策）失敗の原因は「市場原理の適用不足」だとするかかる見解に対し、私は国家的・形式的農政に対する「（農村）社会の拒絶」であったという回答を対置したい。ムラ的論理の対極にあると考えられる個別上向型大経営層自体が、その成功の原因をおしなべて「ムラとの協調」だとしていることに注意がはらわれるべきである。零細分散錯圃制と水利の制約を必須とする日本の水田農業（依然として土地利用型農業の中核である）は、地縁的共同なくして安定的に成立することは不可能だからである。鳴り物入りですすめられた構造政策の失敗は、市場原理不足などではなく、社会がそれを受容できなかったからなのである。この意味で「個別大経営ですらムラ農業」といわざるをえないことを肝に銘じるべきであろう[37]。うがった見方をすれば、「ムラの土地は守る」と大宣言したほうが構造政策はスムーズにすすんだかもしれないのである。

　近代的土地所有は、すでに時代に対する敵対物になった。私たちは改めて人間と土地（自然）の関係を再構成する構想（現代的土地所有論）を真正面から議論すべきであろう。その際私は、丹羽邦男が紹介した明治初期の農民の次の言葉に基本的アイデアを求めたいと思う。それは地租改正事業のために現地を訪れていた役人に「この土地は誰のものか」と問われた農民が「上土は自分のもの、中土はムラのもの、底土は天のもの」と答えたという逸話である[38]。上土とは自分の労働が及ぶ範囲であり、中土とはイエと世代を超えた労働（開墾・水普請・道普請・客土・災害復旧など）の作り上げた労働基盤である。底土はそのさらに下方であり、いわば土地存在の根拠を示すものとして天なのであろう。

　ポイントは、私有でも公有でも国有でもなく、「私」と「ムラ＝社会」と「天（ある状況下では国家でもよかろう）」をアクターとする重層的土地所有で

第 2 章　日本小農論のアポリア　65

あることである。かつて私的土地所有のおぞましさにたじろいで土地国有（社会主義革命）に夢を託したこともあったが、それは30年も前に椎名重明[39]が指摘したように「プロレタリアートによる農民疎外」でしかなかった[40]。重層的であることは、各々に適切な役割を分担し合うことによって、合理性とフレキシビリティをあわせもつことができる。その最上層に明瞭に「私」を設定することは「私」のモチベーションと当事者性を引き出す力となる。同様に中層に「ムラ＝社会」を置いたことは、空間（ある範域）をデザインする主体としての地域に明瞭な役割を与えることになろう。天のイメージは持ちきれていないが、「自然の有限性」という宿命に深く思いを馳せるには必要な設定なのかもしれない。

　小農的土地所有（近現代日本における農民的土地所有の創出）もまた、かかる長期のタイムスパンを見通しつつ、かつ「過渡」「迂回」や「個性」という論点に深く配慮しつつ、歴史的諸段階における意味を確定すべき段階に差しかかっているのであろう。

　　註
　1）　野田公夫「世界農業類型と日本農業──小農社会における農業・農村主体性」（『at』太田出版、第6号、2006年）を参照されたい。
　2）　ここでは簡単に書いているが、運動が一丸となって土地所有権を要求したわけではない。むしろその先鋭部分は社会主義思想やロシア革命の影響をうけており、耕作権近代化の彼方に土地国有をイメージしていた。このような立場からすれば、土地所有の獲得は小作運動を保守化し分断する反動的施策にすぎず、自作農創設事業に対しては土地不買運動を対置することになった。しかし、このような運動方針自体が観念的・政治主義的であり農民の支持を受けていたとはいえないうえ、後期になると自らも土地購入に向う傾向が強くなった。
　3）　近代法の移植による土地所有権の決定的強化と賃借権の決定的弱化、および市場経済の発展に伴う過剰人口の形成を条件にして形成された明治の地主制を近代地主制と表現したい。
　4）　本稿では、近代においても強い共同性を維持した農村地域の基礎単位をムラ

と表現したい。これは自治村落論(齋藤仁)のいう自治村落とひとまずは同じであるが、自治村落論が自治村落＝近世村と理解しているのに対し、近年の研究(たとえば坂根嘉弘『分割相続と農村社会』九州大学出版会、1996年)がかかる対応関係の希薄さに注意を喚起していることをふまえ、近世村であるか否かを問わず「土地規範」を共有する地域という意味である。この点で沼田誠の「村領域」に相当するといえようか(沼田誠『家と村の歴史的位相』日本経済評論社、2001年)。

5) かつて私は、現代日本における農業問題の困難を一義的に農地改革(自作農体制)に帰する主張を「農地改革＝原罪」論とよんだ。野田公夫「最近の農地改革研究とその問題点——農民的土地所有評価をめぐって」(『あたらしい歴史学のために』156号、1979年8月)24-33頁。

6) 「入会地(進退)」という表現については、渡辺尚志「近世的土地所有の特質」(渡辺尚志・五味文彦編『土地所有史』山川出版社、2002年所収)から学んだ。

7) 国有地入会の否定判決に対し里山利用の存続を要求する約2万件の訴えが寄せられ、最終的には約1,350件が地元に差し戻された。

8) 渡辺前掲論文。

9) 川口由彦『近代日本の土地法観念——1920年代小作立法における土地支配権と法』(東京大学出版会、1990年)。

10) 協調体制とは、集団的小作争議の結果成立した、ムラを媒介にした集団的小作間系のことである。1920年代のいわゆる大小作争議段階の舞台であった西日本では、小作争議の結果小作料は平均2割程度低下し、それが新たな標準になった。小作層の力が相対的に強化されたことを背景に、従来の個別相対の地主小作関係に代わり、小作条件を管理する委員会が村レベルででき客観化された。坂根嘉弘『戦間期農地政策史研究』(九州大学出版会、1990年)、庄司俊作『近代日本農村社会の展開』(ミネルヴァ書房、1991年)など。

11) 沼田前掲書。

12) 農地改革は未墾地開放対象以外の山林には手をつけなかった。したがって、第三次農地改革の主要な内容は山林解放であった。

13) 細貝大次郎『現代日本農地政策史研究』(御茶の水書房、1977年)355頁の表1。原資料は、農務局「小作調停に関する調査諸表」ほか。

14) 伏見信孝「戦時下農村支配の再編と農地調整法」(『歴史評論』333号、1978年)の表現であるが卓見であった。

15) 講座派は『資本論』の論理が適用できない日本経済の半封建制を問題にし、労農派は『資本論』の論理を「過剰人口」視点を導入することによりそのまま適用した。いずれにせよ、「日本的な近代の歴史的個性」を明らかにするという視点はなく、『資本論』を基準にしたシンプルな判断であることは同じである。

16) 第二次農地改革が適正規模論を排し農村民主化（地主制の解体）を真正面に据えたことを第二次農地改革が経営強化機能を持たなかったと等値するのは全くの間違いである。これまでの議論の不毛は、かかる二分論にある。機能的視点からすれば、日本農地改革は経営視点と政治視点を両立させた稀有な事例であるといわなければならない。その根拠と立論については野田「戦後土地改革と現代」（『年報　日本現代史』4号、1998年）を参照されたい。

　なお、この点に関連して、戦時から改革期における適正規模論のイデオロギー性に対して注意を払うことが必要である。東畑四郎によれば、「農林省は妙なところで、経営だの適正規模だのいっているのは、どちらかというと保守的な考え方の人が多かった。農地問題をまともに取上げるのは抵抗が強いですから、それから逃げ出すのが経営だし、適正規模だといって作文を書いているけれども、実際には何も動いていない。」「（これは……野田）経済更生運動の流れをくんでいるともいえます。どちらかというと土地問題にほとんどタッチしない形のものが、経営問題にいったきらいがあります」（中村隆英・伊藤隆・原朗編『現代史を創る人びと2』毎日新聞社、1971年、43頁）。なお大和田啓氣も「戦争中に適正規模論というのがありましたね。……その適正規模論を、われわれは当時バカにしてぜんぜん注目しなかった」（『農地改革の回顧』プリント版、未公刊資料）と述べていたという（吉田克己「農地改革法の立法過程」東京大学社会科学研究所編『戦後改革6　農地改革』東京大学出版会、1975年、146頁）。

17) かかる現実を理論的に把握することに真正面から立ち向かった数少ない研究者として栗原百寿と綿谷赳夫をあげたい。栗原は周知のように、地主制＝半封建制論および農地改革の基本的性格や当該期に頻発した土地取上をプロシャ型コースで把握するような講座派的見解を真正面から否定し、国家独占資本主義の土地改革として農地改革を位置づけた（『現代日本農業問題論』中央公論社、1951年）。そしてかつて農村における直接的な支配者であった地主層は国家独占資本主義のエージェントになり下がり、創出された自作農もまた低価格強権供出と重税により農業所得をｖレベルにまで切り下げられた「国家独占資本主

義下の事実上の賃労働者」であると規定した。これに対し綿谷赳夫は、自給部分が多く事後的に残余として決定され種の生活水準としてしか表現されない小農の所得を賃銀と同質に理解することは理論的に誤りであるし、農民の認識からしても、それは「労働の成果」としてではなく「土地の恵み」と受け取られている（土地の物神性）という現実がある。かかるものとして改革後自作農を把握すべきであり、「自家労賃範疇の自立化」こそが課題だとした（「農地改革後の自作農の性格」1952年、後に『農民層の分解・綿谷赳夫著作集第1巻』農林統計協会、1979年に収録）。

18) 西田美昭『近代日本農民運動史研究』（東京大学出版会、1997年）。
19) 野田前掲論文（2006年）。
20) 二分法的な、単線的な、直線的な思考を捨て、あらゆる社会現象が現実のはらむ多様な交互作用の中でその意味と可能性が問い直されるべきである。ある目標を設定する場合にも、過渡期や迂回路のもつ意味の大きさに十分な注意が払われるべきであろう。
21) 樋渡展洋『戦後日本の市場と経済』（東京大学出版会、1991年）。
22) 沼田前掲書。
23) 岩本由輝『村と土地の社会史』（刀水書房、1989年）。しかし、奥田央「序にかえて　20世紀ロシア農民史と共同体論」（同編著『20世紀ロシア農民史』社会評論社、2006年所収）によればロシアでも所有権の正当性は耕作するという行為によって裏づけられており、これが日本固有の特色といえるかどうかは検討の必要があろう。
24) 友部謙一『前工業化期日本の農家経済——主体均衡と市場経済』（有斐閣、2007年）。
25) 野田公夫「農地改革と農民的土地所有に関する覚書——小土地所有の歴史的意義」（『小農の史的分析＝農史研究の諸問題』富民協会、1990年）。ここで「本稿の検討範囲でいえば」として記した諸段階とは以下のようなものであった。①農民的利用に敵対することによって成立した地租改正、②自然権思想の希薄さに起因する私的土地所有権の独走、③寄生地主制に近代的所有権の獲得を対置した農民運動、④徹底した小土地所有の創出に終始した農地改革、⑤地価統制機能をもたない農地法、⑥国土の合理的利用の思想を欠いた土地政策、⑦高度経済成長による商品所有権としての土地所有の一方的肥大化等。
26) 1907（明治40）年三菱東山農場の一挙的売却はその一つの指標になろう。三菱は農業を捨て産業資本に純化したのである。

27) 農地改革で土地を買い受けた小作人たちが簡単に転用したり売却したりした事例が少なくなかったことが地主層の反改革感情を強めたとの指摘は数多ある。
28) かかる過程をみごとに描いたのが、川口由彦『近代日本の土地法観念——1920年代小作立法における土地支配権と法』(東京大学出版会、1990年) である。本稿で用いている「二重性」という表現も、川口のいう「抽象的観念的所有権と意思の自由を基礎とした法的秩序と具体的現実的重層的土地支配権と家父長的人格支配関係を基礎とした法外的秩序の二重性」という理解を前提にしている。ただし川口はもっぱら耕地における二重性を問題にしており、「耕地と山林との切断(近代的土地所有による地目結合の分断)」という視点はないようである。
29) 「近代化過程の〈圧縮〉」とは、まずは高度な生産システムが外部から持ち込まれることにより近代化過程が大幅に短縮されることである。「後発の利益」などともてはやされることも多いが問題は逆であり、当該国・地域の実情が無視されることが常であるため、その結果当事者には解決不能(＝構造的)な社会問題を累積させることになった。導入された高度な技術体系は在来産業と有機的連関をもたないだけでなく、有機的構成が高度であるため雇用力に乏しく、①一握りの外来的な高度産業・②厚みをもった在来産業・③膨大な農村雑業を、格差を絶望的なまでに拡大しつつ併存させる。しかも②③は、圧倒的な規定力をもつ①に振り回されて伸縮を余儀なくされる「過剰人口プール」という性格を帯びる。自給基盤の縮小による農村生活の不安定化・その裏面をなす都市人口の爆発と過剰農耕による土地荒廃など、本来備えていたサスティナビリティが解体に瀕しがちになるのは、当該社会の内実とはかけ離れたものを押し付けられたためである。それは、先発諸国が諸環境を馴致しあるいは自らを陶治することによって新しいルール(文化)を築いてきた「十分に長い時間」を、ほとんど与えられないまま受容が強制されることを意味する。「有機的連関をもった社会的分業育成の挫折」と「新しい諸環境に対する社会のキャッチアップ不全」はかかる過程がもたらす典型的な困難である。
30) 伊丹一浩『民法典相続法と農民の戦略——十九世紀フランスを対象に』(御茶の水書房、2003年)。本書では、農業後継者に農地を一括相続させ他の子供たちには金銭など他の資産の配分を行うことにより「財産の分割」と「農業経営の維持」を両立させたり、農地が分割された場合にはその上に安定した借地権を設定して経営レベルの一体性を保持するなど、種々の農民戦略が紹介されているが、私は農業問題を理解するうえでの「農村社会の主体性」という論点

を実証的に示したものと受けとめた。
31) 先発帝国主義には社会の相対的自立性を許す余裕があり、後発非帝国主義には社会を制御しきる強力が乏しいからである。
32) 構造政策 (structural policy) とは、多数の零細経営を淘汰し一部の大規模経営に置き換えること、創出された少数の経営体に政策的支援を集中しこれらの企業的経営体に産業としての農業をゆだねる（＝農業構造を改革する）ことを目的にした政策である。かかる政策が本格化するのは第二次世界大戦後のヨーロッパにおいてであり、ヨーロッパにおける構造政策の成功こそ、20世紀における農業をめぐる世界政治の構図を抜本的に塗り替えた根本原因である。なお日本における構造政策の出発点は1961年の農業基本法である。以上の諸点については、前掲拙稿「世界農業類型と日本農業」および野田公夫「現代農業革命と日本・アジア——人・土地（自然）関係の再構築にむけて」（同編著『生物資源問題と世界』京都大学学術出版会、2007年）を参照されたい。
33) 第二次農地改革は、再び「耕す者に土地を」という「原点」に戻したものといえる。第二次農地改革の重視した「農村民主化」をこのように理解することも可能である。
34) 現代のムラと小農の関係について補足しておきたい。それは、著しい技術革新の結果、いまや小農の技術的適正規模はムラの領域を遙かに凌駕しているという問題である。ムラ論とは小農たちによって構成されるムラ社会の性格を論じたものであるが、技術合理性の見地からすれば、かつての「小農たちによって構成されるムラ」は「ムラムラによって構成される小農」へと大逆転したといっていい。すでに集落営農の範域としてムラではなく旧村（いくつかのムラが集ってつくられた明治行政村のこと）が取り上げられることが多くなっているのはかかる状況の反映である。地縁的共同や慣行が深く尊重されるべきことはその通りであるが、現実の小農をとりまく地縁集団の重層性に対応した論理構成が必要であり、現状研究の視座からすればムラしか論じない歴史研究では間尺が合わないのである。
35) 法の適用を避けるために借地関係自体が多様であるが、そのほかにも作業受委託（部分作業の委託であればともかく全作業受委託であれば借地に近くなる）や請負耕作など多様な形態がある。「自分の農地のうえで家族で営む自己完結性の高い所有・経営制度」としての自作農制は、完全に解体しているといってよい。
36) 「農政改革とこれからの日本農業」（日本経済研究センター・共同研究最終報

告、座長本間正義東京大学大学院農学生命科学研究科教授、2005年3月）の「まえがき」冒頭である。
37）　野田公夫「歴史と世界の視野からムラと集落営農を考える」（『農業と経済』71巻5号、2005年）および野田前掲論文（2007年）を参照されたい。
38）　丹羽邦男『土地問題の起源——村と自然の明治維新』（平凡社、1989年）。
39）　椎名重明『土地公有の史的研究』（御茶の水書房、1978年）。
40）　奥田央編著『20世紀ロシア農民史』（社会評論社、2006年）は、土地国有の現実的帰結を知るうえでの必読文献である。本書が出るはるか以前に社会主義的土地国有の本質をついた椎名の主張は卓見であった。

第Ⅱ部　近代日本の家族と小経営

第3章　近代日本の小農と家族・村落

坂根　嘉弘

はじめに

　本稿の課題は、近代日本における小農の特徴を、わが国における近世以来の伝統的諸慣習を踏まえつつ、アジア諸国の農民や農業・農村と対比することにより、比較史的に考察するところにある。戦前の農業統計における農家の定義は、「生業として農業を営むもの（世帯）」というものであったが[1]、当然ながら、このような農業統計上の定義自体は何ら近代日本の小農を具体的に特徴付けたものとはなっていない。近代日本における小農を社会経済的に具体的に把握するには、このような一般的規定では捉えきれない諸側面を問題にしなければならないのである。近代日本の小農は、近世以来の伝統的諸慣習に特徴付けられており、この側面を把握することが近代日本における小農の特徴を把握する際に重要になる。それがアジア諸国の小農と日本のそれとを区別する視点ともなるであろう。

　本稿で近代日本の小農の特徴という場合には二つの含意がある。①日本的「家」における小農、②日本的「村」における小農、である。本稿の課題は、この二つの視点から近代日本の小農の特徴を考察するところにある。その含意を敷衍しておくと、日本的「家」・「村」は、戦後民主化論議以来（あるいは一部戦前から）、「非民主的」「前近代的」「封建的」「半封建的」等々ということで、長いあいだ激しいイデオロギー的批判を受けてきた。そのため、日本的

「家」・「村」が近代日本の経済発展に持った意義が正当に評価されず、その重要性が看過されてきたと思われる[2]。結論を先に言うと、本稿では、従来長いあいだ「封建制/性」の代表格としてイデオロギー批判にさらされてきた日本的「家」・「村」が、近代日本の経済発展における重要な一要因であったことを主張することになる。

　本稿の基本的な視点は、稲作地帯であるアジア諸国との比較をベースにするということである。このような視点は、アジア諸国との比較により「もう一度日本の社会や歴史を考えてみたら、何か興味深いパースペクティヴがひらけてくるかもしれない、新たな論点がそこから生まれてくるかもしれない」[3]という斎藤修氏の問題関心と共通するものである。この点は、坂根嘉弘『分割相続と農村社会』でも基底に置いていた問題関心であったが、本稿でもこの問題関心のもと、この『分割相続と農村社会』での分析をベースに議論を深めたい[4]。

　本稿で、いま一つ念頭に置いているのが、中村哲氏の「小農社会論」である[5]。中村氏の「小農社会論」は、氏の比較史に基づく「比較資本主義移行論」の重要な一環となるものである。基本的な点は、世界で資本主義以前に自立的小農経営が社会的に一般化するのは西ヨーロッパと東北アジアだけであり、この小農社会を母体として資本主義が形成される、という主張である。ただし小農社会の形成は一様ではなく、15世紀に中国江南、17世紀に日本、18世紀後半に朝鮮、18世紀末から19世紀に台湾とかなり時差を伴う。このうち日本が最も発達した小農社会であった[6]。小農社会では、小農経営の季節的労働需要を均等化するなかで、多角化（養蚕、菜種、綿、甘蔗など）と複合化（絹綿業の家内工業など）が進み、これが社会的分業の基盤となり、農村工業化の母体となる、というものである。中村氏は、この視点を基礎に、日本、中国、台湾、朝鮮の比較史的検討を進めている。本稿では、この中村「小農社会論」については、本稿の論旨とかかわる限りでコメントを付していきたい。

I 日本的「家」と小農

「家」制度は、世界の民族誌を見渡しても日本独自の制度である。「家」とは、不分割の家産を基礎に伝来の家業を継承し、系譜的な家名が社会的に形成されている血縁を主とした集団である。通常、家業・家名・家産の三位一体として把握される[7]。一般に相続は地位の継承と家産の継承の二側面があるが、「家」制度では、地位と家産がただ一人の長男へと継承される、地位の継承と家産の継承が完全に一致したシステムである。東アジアだけをみても、鹿児島地方から奄美諸島、沖縄、そして朝鮮、中国と、すべて分割相続地帯である。分割相続が一般的であるアジア社会では家産の長男単独相続は珍しい。その意味で「家」による長男単独相続は、日本独特の、日本的な制度である。この日本独特の、日本的な「家」制度は、近代日本における農業生産の発展や小農の存在形態に重大な特徴を付与することになった。

第1に、農家の固定性、その結果としての農家戸数の安定性である。日本的「家」制度のもとでは、家業・家名・家産の過去・現在・未来にわたっての継承が旨とされ、そのために長男単独相続という地位と家産の継承が完全に一致したシステムがとられているわけであり、「家」は固定的に継承されていくことになる。したがって、「家」を継承する長男夫婦以外の構成員（長男と同世代の次三男/女など）を、「家」から押し出す力を内在的に強く持っている。「家」制度のもとでは、農家は固定的で農家戸数は安定的だったのである。近代日本では、農家戸数が550万戸とほぼ一定であったことを考えると[8]、農村部での人口増加分は確実に都市部に押し出されたことになる。農業の近代化にとってこの点は重要である。このメカニズムによって、農家戸数の増加による土地人口比率の悪化、それによる労働生産性の低下を防止しえたからである。むしろ土地人口比率（土地装備率）は明治中期以降改善している（表1参照）。表1によると、労働生産性ののびは、1880～1900で1.6％、1900～1920で2.6％と比較的高いのびをみせている。この労働生産性ののびに対する寄与度をみる

表1　日本農業の成長率　　(%/年)

	労働生産性	土地装備率	土地生産性
1880-1900	1.6	0.3	1.3
1900-1920	2.6	1.2	1.4
1920-1935	1.0	0.3	0.7
1935-1945	-1.7	-0.2	-1.5

出典：速水佑次郎『農業経済論』岩波書店、1986年、91頁。

と、たしかに土地生産性の寄与が大きいのであるが、土地装備率も3分の1程度の寄与をしていることが分かる。つまり、比較的大きな土地生産性の増加分(のび率)に、さらに土地人口比率(土地装備率)の改善分が上乗せされて労働生産性の大きな増加分につながる構造になっていたのである[9]。第1次大戦頃まで農業部門と非農業部門がある程度均衡成長しえた重要な要因であった[10]。分割相続により農家世帯数が増加し、農村部に労働力が停滞しがちであった分割相続地帯と比較すると、この点の重要性が確認できる。分割相続地帯であった鹿児島では、激しい労働力流出にもかかわらず、農家戸数の増加は比較的大きく(1886年100として1935年118)、農家一戸当りの耕地面積は減少した(1886年100として1935年94)[11]。鹿児島では、土地生産性の増加分が土地人口比率の悪化分だけ減じる形で労働生産性に結果するということにならざるを得なかったのである。「緑の革命」により土地生産性の著しいのびを示した東南アジア諸国で、爆発的な人口増加のため土地人口比率が極度に悪化し、労働生産性が低位に押し止められたことは周知のことであろう[12]。これらを想起するなら、近代日本では、労働市場の拡大というプル要因とともに、「家」制度による農村側からのプッシュ要因がうまくかみ合い、農業労働生産性向上のメカニズムが形成されていたことが理解できよう。

　第2は、農業経営の連続性である。「家」制度のもとでは、農業経営が経営体としてそのまま連続しえた。分割相続地帯では、事情は大きく異なる。分割相続地帯では、世代ごとに経営が断絶することになる。アジアを見渡しても、分割相続にも、男女分割相続か男子分割相続かの違いがあるし、分割が均分的に行われるのか、長子(あるいは末子)が優遇されるのかといった違いがあり、

その意味でかなりバリエーションをもっており（老両親の扶養や位牌・祭祀の観念の相違からこのような違いが生じる場合が多い）、一概には言えないが、少なくとも一子単独相続でないため、農業経営に断絶が生じることになる。たとえば、双方社会的な鹿児島地方の場合、父系血縁組織が存在する他地域と比べると比較的均分的な男子分割相続であるが、基本的には子供（男子）の数だけ農業経営が分立することになる。結婚により分立した新夫婦は農地の一部を分け与えられるが、新夫婦はその小さい農地をもとに徐々に経営・所有規模を拡大していき[13]、子供が結婚すると農地を分割して子供に相続させ、再び経営・所有規模を縮小していくのである[14]。ライフサイクルと経営・所有規模とが密接に対応するシステムであるが、いずれにしても、農地の一部を分け与えられた新夫婦は、両親の農業経営とは切り離されたところから出発する事になり、農業経営の連続性は絶たれてしまうのである。

　ちなみに、財産分割による経営の断絶は地主の場合も例外ではない。たとえば、鹿児島県知覧町（畑作地帯）の事例では、10.5町所有の地主I家は1922年の世代交代で長男7町、次男3.5町に分割相続を行い、さらに長男家は終戦直後に5町を長男2町、次男2町、三男1町に分割相続させているのである[15]。つまり、長男家筋をたどると、10.5町→7町→2町と急激に所有規模が縮小していったのである。このような事例は分割相続地帯であった鹿児島では一般的にみられる現象であった。このように世代ごとに財産の分割が行われるため日本の他地域のような地主階層が安定的に成立しにくかったのである。同様の事態は、父系血縁組織のもとでの分割相続地帯である中国や朝鮮でもみられた[16]。

　以上のことは、日本で通常行っている農民層分解の検討が分割相続地帯では行えない事を意味する[17]。日本では「家」制度により農業経営の連続性が確保されるので、比較的長期間の農民層分解を検討しうる（その分析が意味あるものになる）のであるが、分割相続地帯では、農業経営の長期的動向が分割相続により大きく攪乱されるため、その分析には限界が大きくならざるを得ない。ちなみに、分割相続地帯では農家戸数増加のなかでの落層化傾向が一般的である。

第3は、上記と関連することであるが、農業経営に蓄積される資本や技術・経営知識の継承の問題がある。分割相続地帯では世代を経るごとに経営が分割されるため、農業経営に蓄積される資本や技術・経営知識の継承が乏しくなる可能性が高い[18]。それに対し、長男単独相続のもとでは、親世代の農業経営の遺産をそのまま引き継ぐため、親世代までに蓄積された資本や技術・経営知識が次世代に価値を減じることなくそのまま引き継がれることになるのである。また、将来にわたり農地が分割される危惧がないため、土地改良投資などの農業基盤に対する長期的投資もやりやすかったと思われる[19]。これらの点は、近代日本における農業生産力の維持向上に寄与したと思われる。

第4は、家業としての農業や家産としての農地に対する特別な意識の形成である。「家」制度のもとでは、家業・家産・家名の継承への強い観念があるため、家長や長男の脱農や離村には、「家」の断絶として強い抵抗感が生じる。「家」継承・維持への強い観念に対応して、家業（農業）に対する特別の倫理観が育ったし、村の中で土地をもつことは単なる不動産所有を超えた特別な価値を付与されることを意味した[20]。近世以来の家業としての農業や家産としての農地に対する特別な意識や価値観は、日本独特の農本主義思想の農民的な基盤になったと考えられる[21]。それはまた、「家」継承・維持へ向けた勤労主義・勤勉主義の源泉でもあったことは間違いない[22]。これらの点は「家」規範が存在しないか弱い地域と比較すると明瞭である。たとえば、鹿児島では、「家」的規範が弱いため、家業としての農業からの離脱という機会主義的な行動が、たとえ長男であっても問題なく許容されたし、「家」規範のもとでは絶家を意味する挙家離村も抵抗なく行われた[23]。東南アジアでは、家業としての規範がないため、農業への特別な意識はまったくなく、農業も幾つかの就業先の一つに過ぎないことはよく指摘されることである[24]。

以上が、日本的「家」の視点からみた小農経営との関連であるが、以上の理由から、日本の場合、小農制度の成立を「家」形成とパラレルに把握するのが妥当と考えられる。つまり、「家」の形成は、地域的には差異が生じるが、おおよそ17世紀の後半とみていいであろう[25]。小農制度の成立もこの時期にもと

めるのが妥当であり、先に紹介した17世紀に小農制度の成立をみる中村氏の指摘が妥当であることになる。しかしながら、分割相続地帯の小農経営の成立は、経営体としての断絶が世代ごとに繰り返され、経営資本や技術の継承が妨げられ、かなり困難が伴ったと考えざるを得ないのである[26]。

II 日本的「村」と小農

　世代を超えた永続する日本的「家」の成立は、幾世代にもわたる「家」と「家」、あるいは「家」々と農地・原野・山林との関係に濃密な社会関係を作り出した。そこに「村」という、生活や生産で常に結び合う地縁的な基礎単位を生み出した。この日本的な「村」は、単なる個別農家の地縁的集合体ではなく、個別農家を統合していくような自治的機能をある程度備えていた[27]。土地所有利用関係についても、村人が守るべき集団的規範が成立し、「村」の規範に照らした強い調整機能が働いた。地主小作関係も例外ではなかった。戦後の民主化論議のなかでは、「村」的な諸規制・諸関係は「封建的」「非民主的」「前近代的」として批判・克服の対象とされてきたものであるが、しかしながら、このような諸関係が存在しなければ、「村」内の土地所有利用関係の処理に膨大な取引費用がかかったことは間違いなく、その意味で「村」はいわば取引費用を削減する「社会資本」としての意義を担っていたのである[28]。「村」内の土地所有利用に強い調整機能をもつような、ある程度の自治的性格を持った「村」は、世界の民族誌を見渡しても日本独特のシステムであった。この日本独特の日本的「村」が「社会資本」として日本経済や日本農業の発展にもった役割には計り知れないものがある。本節では、その役割の一端を、地主小作関係や小作契約形態に則して論じてみたい。

1　地主小作関係の長期性・安定性と日本的「村」

　東南アジアや南アジアにおける農業問題の一つとしてよく指摘されるのが、土地貸借市場の未発達、つまり地主小作関係が広範に展開しないことである。

この点については、通常二つの側面が問題となる。一つは、土地貸借が親族間やごく親しい友人間でしか展開しない点。二つは、土地貸借が親族間以外でみられても、その期間が一年間や一期作のように極めて短いこと、である。このような状況の背後には、農民どうしの信頼関係の稀薄さがあった[29]。一方、日本では、幕末期までに土地市場（土地売買・貸借市場）はよく発達しており[30]、明治以降もそれを前提に地主小作関係が広範に展開していった。地主小作関係は、当然ながら親族以外に地縁的に広範に広がっていたし、小作期間も30年を超えるものがかなりの割合をしめるなど一般に長期間であった[31]。近世期以降における土地市場の発達は、早い段階から有畝や宛米高をもたらすとともに[32]、貸付地・自作地・小作地を同時にもつ地主自小作形態を生み出すほどであった[33]。

　安定的な地主小作関係の広範な展開は農業発展にとって重要である。一つは、土地貸借市場が未発達な場合、土地所有の不平等性が経営面で平準化されず固定化されてしまうことである。南アジアの場合、土地なし層や雑業層が土地貸借市場から排除され、農業経営への参入が阻害され、その結果土地なし層や雑業層は地主大経営の雇用労働者とならざるを得ない状況が拡がっていた。このようにならざるをえない要因は、農民どうしの信頼関係が稀薄なため（モラルハザードが生じるため）、小作地として貸し出すには取引費用が高くなってしまうからである。近代日本では、土地貸借市場が発達していたため、土地を所有しない農家であっても地主から小作地を借り受けることにより、小農として自立しえる程度の耕作地を確保することが可能であった。つまり、土地貸借市場の発達は、土地所有面での不平等性を経営面で平準化する機能を持っていたのである。その意味で、土地貸借市場の発達は階層分化が進む中で小農制が成立する前提条件であった[34]。

　二つは、小作期間の長期性は、小作人による比較的長期にわたる土地改良投資などを促し、土地の手入れや施肥、水路補修など小作人による小作地管理を周到に行わしめる誘因となったと考えられる。小作期間が長期にわたり、かつ小作料が定額制で固定化されていれば、投下資本が回収され生産力の上昇分が

小作人の手元に残る可能性が大きくなるからである。少なくとも大正期から小作農の土地生産性が自作農と比べて劣らないことが指摘されているが[35]、このことは、小作期間の長期性・安定性と深く関係していたであろう。このような土地貸借市場の発達や地主小作関係の長期性・安定性をもたらしたのが、日本農村における農民どうしの地縁的信頼関係であり、それを担保したのが日本的「村」であったのである[36]。ここで注目したいのはこの点である。以上では、地主小作関係一般を対象にしており小作契約形態や小作料を問題にしなかったが、以下ではその点を検討したい。

2 小作契約形態と日本的「村」

近年の小作契約形態をめぐる議論のなかで注目すべきは、従来から開発経済学の分野で議論されてきた刈分小作（分益制）をめぐる議論である[37]。特に、大野昭彦「刈分契約と減免慣行――小作契約における危険分散」は、危険と取引費用から小作契約選択を日本の刈分小作を事例に説いた注目すべきものである[38]。大野氏は、危険分散と労働誘因（増産インセンティブ）とはトレードオフの関係にあり、刈分契約では危険分散は自動的になされ小作人の生存保障ははかられやすいが、労働誘因の点で非市場的措置が必要となり大きな非効率が生じる。定額小作では労働誘因は市場原理に支配されるが、小作人の生存保障のために維持費用が生じる。減免慣行が成立するには、減免にかかる費用が小さいことが前提となるが、これが成立せず小作人が最低生活水準近傍の社会では刈分契約が選択される、とする。

となると、日本で減免付定額小作が成立・存続したことを説明するには、減免の取引費用が小さいことを説明しなければならない。大野氏は、日本で減免慣行が存在した環境の解明を今後の課題として残したのであるが、その点を問題にしたのが、有本寛「小作料減免慣行と取引費用」である[39]。有本氏は、地主小作関係に村が介入・関与したという視点から、近世期以降時代順に検討を加え、取引費用を抑制できた要因を、近世の村請制、日本社会特有の「温情的」関係、あるいは集団的地主小作関係の形成に求めている。有本氏の主張は

妥当であると思われるが、本稿で強調したいのは、日本社会特有の「温情的」関係や地主小作関係への村の介入・関与の根底にある、あるいはそれらを醸成したのが日本的「村」であり、それに基づいた地縁的信頼関係であったという点である。つまり、近代日本でみられた減免付定額小作制度は、日本的「村」により減免の取引費用を抑えることができた故に成立・拡大しえたのであろうということである[40]。

この減免付定額小作制度は、市場原理により労働誘因をはかることができ、かつ減免慣行により小作人の生存保障をはかるという小作契約形態で、考えられる小作契約形態（刈分制度、減免なし定額小作制度、減免付定額小作制度）のなかでは最も効率的な形態である。アジアにおける小作地の85％は刈分小作で、かつ減免付定額小作制度が日本ほど一般的形態になっているところはみられないとされている[41]。小作人の増産インセンティブを内包する減免付定額小作制度が「普通小作」として近代日本で一般的であったことは、小作経営の土地生産性向上に強いインセンティブを与えるものであり、近代日本の農業生産力の向上に大きな役割を担ったと考えられる[42]。他地域との比較では、この点を重視すべきであろう。

3　小作料の地代論的検討

(1) 刈分小作と比例地代

友部謙一氏は論文「土地制度」で、「小作料率が安定的であったことは、幕末・明治の小作制度が「定額」＝「定免」小作ではなく、「定率」小作であったことを含意する」としている。友部氏の主張は、文政期から明治30年代まで小作料率はおおむね60％強で安定しており、定額小作ではなく「事実上の」定率小作であった、という点にある[43]。ただ、近世期の小作料率の算出方法がかなり荒っぽく、近代の小作制度の実態理解に関する点にも疑問があるが[44]、ここでは氏の問題提起である、「幕末・明治の小作制度が「定額」＝「定免」小作ではなく、「定率」小作であった」という点について考えていきたい。

友部氏の主張は、事実上、定額小作ではなく定率小作である、ということと

表2　不作凶作時小作料減免表（長野県東筑摩郡神林村）

単位：石

減収歩合	収穫高	減免小作料	減免歩合	減免小作料率
平年作	3.20	1.60	減免せず	50%
1割減	2.88	1.60	減免せず	56%
2割減	2.56	1.44	1割	56%
3割減	2.24	1.28	2割	57%
4割減	1.92	1.04	3割5分	54%
5割減	1.60	0.80	5割	50%
6割減	1.28	0.58	6割5分	45%
7割減	0.96	0.32	8割	33%
8割減	0.64	0.00	全免	0%
9割減	0.32	0.00	全免	0%

出典：『昭和十六年度農地調整関係綴』神林村役場文書、松本市文書館所蔵。

　思われる。したがって、もともと小作契約としては定額制ではあったが、減免を経るなかで結果的に定率的になっているということを指摘されたのであろう。減免を経るなかで、結果として定率的であったかどうかについては、ある程度検討できる。表2は、長野県東筑摩郡神林村の不作・凶作時の小作料減免表である。1941年当時のものであるが、平年作3.2石の小作地が、減収歩合1割から9割になったとき、減免小作料はどの程度となるかということを示している。この減免表は当時の村の慣行を踏まえて作成されたものと思われる。明治期や大正期の減免慣行と相違していたことも考えられるが、この点はよるべき資料もなく確認できない。表2で減収歩合が平年作から9割減までの小作料率をみると、57％から0％までかなりばらつくことが分かる。しかしながら、実際の年々の作柄は、平年作か1、2割程度の減収の年が多く（実際には平年作は少なかったかもしれない）、たまに3割から5割程度の減収歩合となり、稀に6割以下となったであろうから、この小作地の年々の小作料率は、かなり長いタームをとっても、ほぼ50％から57％の間を動いていたことになる。あるいは、平年作3.2石は当時の反収としてはかなり高いことを考えると、この平年作は反収の上限を（つまりは小作料の上限を）示している可能性が極めて高い（たとえば、前掲『都道府県農業基礎統計』による1930～1940年の長野県平均反収は

2.2石)。通常は1割減から3割減程度の作柄であったとすると、小作料率は56〜57％となり、友部氏が言われるごとく、まさしく「事実上の「定率」小作制」となる。年々の減免行為の結果、「事実上の「定率」小作制」にみえることは、日本の減免付定額小作制度の特徴でもあったのであろう。しかしながら、年々の小作料が事後的に「事実上の「定率」小作制」にみえることは、この小作料が定額小作料であることを否定するものではないし、さらには、この小作制が刈分小作であることを意味するわけでもない。

さて、小作料が定率制とはどういうことであろうか。友部氏は「従来の研究では、「定率」小作を特殊小作形態のひとつである「刈分」小作と同義と考えるのが一般であった」[45]としているが、定率小作と刈分小作は同義であろうか。

定率という場合、同一小作地が時系列でみて同じ小作料率である場合と、同一地域の豊度の違う小作地が同じ小作料率である場合とがある。前者が一般的に刈分小作とみられている場合で、後者は比例地代である[46]。前者についてであるが、刈分小作はあくまでもある割合で生産物を刈り分けることが本義であるから、刈分小作といっても毎年同じ刈分率である必要はない。小作人の変更や地主の経営資本投下の状況などで年により刈分率の変更はありえたであろう。したがって、定率小作と刈分小作は同義とすることはできないであろう。ただし、筆者自身これまで刈分小作に関する帳簿類を見ることはできなかったし、また管見の限りでは長期間にわたる刈分率を検討した実証研究はみたことがないので確かなことはいえないが、おそらく特別な年でない限り、刈分率は比較的長期間一定であったと思われる。その特徴を捉えて、従来、刈分小作を定率小作とみなしてきたと思われる。

刈分率については、土地等級別（平均収穫高の「高」「普通」「低」別）の刈分率を町村別に検討することは出来る。表3、表4は、『大正十年小作慣行調査』と『昭和十一年小作事情調査』により、刈分小作が多数を占めた旧南部藩領町村の土地等級別刈分率を示している。すべて一毛作田の刈分率である（両調査では畑の小作料には等級別表示がない）。それによると、1921年（表3）では、「普通」「高」「低」とも同一の刈分率である町村が9村中6村を占めてい

表3　小作慣行調査による刈分率（1921年、青森県下北郡・岩手県気仙郡）

県名	郡名	町村名	一毛作田・刈分率			平均表作収穫高（石）		
			普通	高	低	普通	高	低
岩手	気仙郡	気仙村	0.5	0.5	0.5	籾 3.6	籾 4.0	籾 2.6
岩手	気仙郡	竹駒村	0.5	0.5	0.5	籾 3.8	籾 5.1	籾 3.4
岩手	気仙郡	世田米村	0.5	0.5	0.5	1.86	2.15	1.59
岩手	気仙郡	下有住村	0.5	0.5	0.5	2.47	2.85	2.02
岩手	気仙郡	日頃市村	0.5	0.6	0.4	2.0	2.5	1.5
岩手	気仙郡	立根村	0.6		0.5	籾 4.0		籾 3.6
岩手	気仙郡	猪川村	0.5	0.5	0.5	籾 4.0	籾 4.5	籾3.5
岩手	気仙郡	赤崎村	0.5	0.6	0.4	1.26	1.47	1.18
岩手	気仙郡	綾里村	0.52		0.52	籾 3.7		籾 3.7

出典：『大正十年小作慣行調査』（原本、東京大学農学生命科学図書館所蔵）。
注：『大正十年小作慣行調査』は、旧南部藩領の刈分小作地帯では青森県下北郡と岩手県気仙郡しか原本で残存していない。この2郡のうち、明らかに刈分小作であるものを表示した。

表4　小作事情調査による刈分率（1936年、青森県・岩手県）

県名	郡名	町村名	一毛作田・刈分率			平均表作収穫高（石）			備考
			普通	高	低	普通	高	低	
青森	三戸	向	0.6	0.6	0.6	1.600	2.000	1.200	畑作地方
青森	三戸	下長苗代	0.5	0.5	0.5	1.600	2.000	1.200	稲畑作地方
青森	三戸	五戸	0.5	0.5	0.5	1.750	2.220	0.800	稲畑作地方
青森	上北	三沢	0.5	0.5	0.5	籾 30貫	籾 40貫	籾 20貫	畑作地方
青森	上北	藤坂	0.5	0.6	0.4	草籾 120貫	草籾 150貫	草籾 100貫	稲作地方
青森	下北	川内	0.4	0.4	0.4	0.925	2.25	0.371	山村の稲作畑作地方
青森	下北	田名部	0.4	0.4	0.4	1.200	1.400	0.800	山村の稲作畑作地方
青森	下北	大畑	0.4	0.4	0.4	0.970	1.200	0.400	山村的稲作畑作地方
岩手	上閉伊	遠野	0.5	0.4	0.5	1.680	1.800	1.200	稲作地方
岩手	上閉伊	上郷	0.5	0.45	0.5	1.492	3.623	0.850	稲作山村地方
岩手	上閉伊	宮守	0.4	0.4	0.4	1.800	2.300	1.200	山村稲作地方
岩手	下閉伊	磯鶏	0.6	0.6	0.6	1.500	2.250	1.000	農漁村地方
岩手	下閉伊	津軽石	0.67	0.67	0.67	1.450	2.400	1.200	農漁村地方
岩手	二戸	鳥海	0.6	0.6	0.5	2.000	2.800	1.000	農山村地方
岩手	二戸	石切所	0.6	0.6	0.6	籾 4.200	籾 5.000	籾 3.000	山村畑作地方
岩手	九戸	長内	0.5	0.5	0.5	1.600	2.000	1.000	漁村畑作地方
岩手	九戸	晴山	0.5	0.5	0.5	1.400	1.600	1.200	山村畑作地方
岩手	九戸	山形	0.5	0.5	0.5	籾 2.214	籾 2.600	籾 1.004	山村地方
岩手	気仙	横田	0.6	0.6	0.6	籾 3.500	籾 4.250	籾 3.000	山村畑作地方

出典：『昭和十一年小作事情調査』（原票、東京大学農学生命科学図書館所蔵）。
注：『昭和十一年小作事情調査』は郡当たり3町村が調査対象となった。表示の8郡のうち、上北郡浦野館村、下閉伊郡大川村、二戸郡浄法寺村、気仙郡立根村、気仙郡小友村は刈分小作あるいは刈分率の記載がなく、省略している。

る（すべて0.5の刈分率である）。残りの3村のうち、「高」「普通」「低」が0.6、0.5、0.4と規則的になっているのが2村、残り1村では、「普通」が0.6、「低」が0.5となっている。表4の1936年では、「普通」「高」「低」とも同一の刈分率

である町村が19町村中14町村（うち、0.5の刈分率が6町村と多数を占める）で、残りの5町村のうち、「高」「普通」「低」が0.6、0.5、0.4と規則的になっているのは1村だけで、他の4町村では、「普通」「低」が同一で、「高」が高くなっている町村が2、逆に「高」が低くなっている町村が2ある。小作人の生存保障を考えると、「高」「普通」「低」が順に下がっていくのが理にかなっているが、反当収穫高に関係なく同率の刈分率の場合が多くなっているのである。つまり刈分率は、土地等級とかかわりなく同一であった場合が一般的であったのである。ということは、土地等級が下がるとともに現物の小作取分は極端に減少していくことになる。それを考慮すると、「高」「普通」「低」が0.6、0.5、0.4といったように収量が低くなるにしたがって刈分率が低くなっている地域やもともと刈分率が0.4と低かった地域は小作人の生存保障により配慮していたことを示している。そのような村のうち、岩手県気仙郡赤崎村（1921年）や青森県上北郡藤坂村・田名部・川内・大畑（以上、1936年）は明らかに収穫高が低い村であった。もともとの村の収量が低いわけであり、そのような配慮をより必要としたのであろう。しかし、刈分小作の場合には、一般的には刈分率が土地等級とかかわりなく同一である場合が多かったのであり、このことはどんなに収穫高の低い土地であっても小作料が発生することを論理的には含意している[47]。以上より、刈分小作は比例地代の色彩を少なからずもっていたといえようし、逆に比例地代の場合には刈分小作である可能性が高いということになろう。

(2)「普通小作」化の進展

　地代論とは、本来は土地の豊度と地代（小作料）との相対関係の考察である。ここでは収穫高と小作料との関係を最小2乗法による回帰直線によって検討してみたい。筆者が「小作料統制令の歴史的意義」[48]で用いた方法と同様である。Pを収穫高、Rを小作料とし、回帰直線 $R = \alpha + \beta P$ をもとめる。論点は、明治初期から戦時期にいたるまで地代現象は歴史的にどのように変化したのか、である。

　まず、明治初年を検討したい。明治初年の下伊那中央部における反当収穫量

表5　土地等級別小作料表
　　　（1944年小作料適正化事業、長野県下伊那郡座光寺村）単位：石

土地賃貸価格等級	収量	改訂前小作料	改訂小作料	小作料率	
				改訂前	改訂後
88	3.60	1.80	1.80	50%	50%
87	3.60	1.80	1.80	50%	50%
86	3.40	1.80	1.71	53%	50%
85	3.40	1.80	1.65	53%	49%
84	3.20	1.65	1.65	52%	52%
83	3.00	1.60	1.50	53%	50%
82	3.00	1.50	1.50	50%	50%
81	2.80	1.50	1.35	54%	48%
80	2.80	1.50	1.35	54%	48%
79	2.80	1.35	1.20	48%	43%
78	2.80	1.35	1.20	48%	43%
77	2.70	1.20	1.05	44%	39%
76	2.70	1.20	1.05	44%	39%
75	2.40	1.05	0.90	44%	38%
74	2.40	0.90	0.90	38%	38%

出典：座光寺村農地委員会『自昭和十八年会議録』飯田市歴史研究所所蔵。
注：改訂前小作料は「普通」である。

と小作料のデータ[49]から回帰直線をもとめると、$R=-0.210+0.714P$ となる。ここでは、切片の絶対値が0.2とかなり小さいことに注意したい。また、京都府南桑田郡勝林島村の地租改正時における等級別石盛表[50]による収穫高と小作料との関係をみると、$R=-0.206+0.595P$ となり、切片の絶対値は0.2と低くなっているのである。つまり、両事例とも原点により近い直線となることを意味している。次に、戦時期の収穫高と小作料との関係をみておきたい。表5は下伊那郡座光寺村の小作料適正化事業における等級別小作料である。収量と小作料との関係をもとめると、改訂前小作料、改訂後小作料の順に、$R=-0.609+0.698P$、$R=-0.935+0.776P$ となる。切片の絶対値は、改訂前0.6、改訂後0.9であり、明治初年の下伊那中央部の0.2と比べると、はるかに大きくなっている。Pの係数も0.7から0.8と比較的大きな値を示している。地代の理論からすれば、切片の絶対値がある程度の大きさを示し、Pの係数が1により近いほど差額地代化の序列を示すことになるのであるが、上記の動向は、地代現象として、明治初年のほうがより比例地代的、戦時期のほうがより差額地代

表6　上閉伊郡附馬牛村
単位：石

等級	実収高	小作料	小作料率
1等級	2.25	1.07	47.6%
2等級	2.00	0.84	42.0%
3等級	1.60	0.67	41.9%
4等級	1.20	0.48	40.0%
5等級	1.00	0.40	40.0%
6等級	0.70	0.27	38.6%
7等級	0.50	0.19	38.0%

出典：『岩手県報』号外、1943年11月27日

表7　気仙郡下有住村
単位：石

収穫高	小作料	小作料率
3.75	1.50	40.0%
3.50	1.40	40.0%
3.00	1.20	40.0%
2.50	1.00	40.0%
2.00	0.80	40.0%

出典：『岩手県報』号外、1944年1月29日

的であったことを示している[51]。

　以上から、明治初期には比例地代的序列であった小作料が、明治以降次第に、より差額地代的序列に再編されていったのではないかと考えられるのである。この差額地代化の過程が同時に「普通小作」化の過程でもあった地域が少なくなかったのではなかろうか、ということである。

　なお、刈分小作との関係で、いま一つ事例を検討しておきたい。戦時期の小作料適正化事業では、刈分小作の定額小作化が推進された。小作料適正化事業は公報に告示されることになっていたが、場合によっては等級別小作料表が掲載される場合がある。『岩手県報』に掲載された小作料適正化事業のうち、等級別小作料表が掲載され、かつその村が刈分地帯であった村が2村あった（上閉伊郡附馬牛村、気仙郡下有住村）[52]。表6、表7が、その等級別小作料表である。回帰直線をもとめると、附馬牛村 R＝－0.075＋0.481P、下有住村 R＝－0.000＋0.400P となる。ともに切片が原点に極めて近く、原点のごく近くを通る直線であることが分かる。このことは、定額小作料への改訂とはいっても改訂前の刈分小作を色濃く残した改訂となっていることを示している。特に、下有住村の場合は刈分小作をそのまま定額に改めただけと思われる。またこのことは、刈分小作が比例地代的であったことを示唆している。

(3)「普通小作」化と日本的「村」

　さて、農林省農務局『本邦ニ於ケル刈分小作』（1934年）によると、農林省は、わが国の小作制度を、小作料額の決定方法を基準に、「普通小作」と特殊

小作慣行としての刈分小作に分けて把握していた。農林省は、わが国の刈分小作は分益小作制に分類できるが、ただ地主による経営資本の提供や経営方法に関する指揮・関与がみられない点に特徴をみていた。一方、わが国の「普通小作」については、定額小作ではあるが、「其ノ定額タルヤ所謂最高小作料ノ約定ニ過ギズシテ、而モ実納小作料ト定額小作料トノ間ニハ常ニ相当ノ開キヲ存シ凶作ノ際ニハ多クハ小作料減免ノ慣行アルノミナラズ且又小作料ハ殆ド大部分現物納ナルガ故ニ多分ニ分益小作ノ色彩ヲ帯ビテ居ルモノト言ハナケレバナラヌ」とし、「斯ノ如ク本邦ニ於ケル普通小作ト刈分小作トハ共通的ノ性格ヲ多分ニ持ツテ居ルノデアル」と捉えていた[53]。これが戦前期農林省のわが国小作制度理解に関する到達点であった。

では、このような「普通小作」（減免付定額小作制度）はいつ頃から形成されてきたのであろうか。中村哲氏の研究によると、最先進地域であった大阪周辺地域では、18世紀末から19世紀になると宛米の固定化がみられ、年々の小作料減免が行われるようになり、それも明治に入ると作物別の一律の減免から土地等級などにより減免率に段階が設けられるようになったという[54]。最先進地域とみられていた大阪周辺地域でさえ、19世紀になりようやく減免付定額小作制度が拡がりつつあったのである。全国的には、幕末・維新期でも「普通小作」（減免付定額小作制度）はそれほど一般的でなかったかもしれない[55]。このことは、先に回帰直線により検討した明治初年の地代現象で、明治初年はかなりの程度比例地代的であること（つまりこのことは、少なからず刈分小作的であったことを含意している）と符合するものであろう。

周知のように『明治十八年小作慣行調査』では、直小作など18種類の小作形態が羅列されており、「普通小作」と刈分小作などの「特殊小作」とが区別されてはいない[56]。つまり、この段階では「普通」と「特殊」（特種）という農商務省による価値判断がなされていなかったのである。刈分小作などが「特種ノ小作方法」とされるのは、『大正元年小作慣行調査』からである。『大正元年小作慣行調査』では、減免付定額小作制度を「普通小作」とし、それ以外を「特種小作」としたのである[57]。

以上のことを総合すると、幕末・維新期まで地代現象として多分に刈分的色彩を帯びていた小作制度が、おそらく村請制廃止を契機にして、明治中後期までに、よりいっそう「普通小作」へと再編されていったことが考えられる。つまり、明治中後期までに減免付定額小作制度の拡大＝「普通小作」化がかなりの地域でよりいっそう進行したのではなかろうか、ということである。と同時にこの過程は、地代現象でいうと、比例地代的序列（つまり多分に刈分的色彩を帯びていた状況）から、差額地代的序列への進展でもあったのである。

　では、明治期にこのような減免付定額小作制度の拡大＝「普通小作」化をもたらしたのは、どのような事情によるものだったのであろうか。基本的な事情としては、減免付定額小作制度がわが国で定着しえた条件が当然に考えられる。減免にともなう取引費用を抑制することが出来た条件、つまり日本的「村」の存在、それを基盤にした地縁的信頼関係の存在である。まず、これが基本的な前提条件であることは、2で述べた減免付定額小作制度の成立・存続の検討からも明らかであろう。しかし、これのみでは明治以降何故に減免付定額小作制度の拡大＝「普通小作」化が進んだのかは説明できない。明治以降変化した条件を付け加えなければならない。この点に関して有本・岡崎・中林前掲「小作契約の選択と共同体」は、戦前期岩手県の定量分析を踏まえ、収量の上昇・安定化と農外雇用機会の拡大も含めた農家所得増大による農業生産リスクへの耐性の強化である点を指摘している[58]。これを援用するなら、明治以降の農業生産力の上昇・安定化と稲作以外の商業的農業部門の拡大や経営内部における非農業部門の拡大、あるいは農外就業の拡大による農家所得の向上という事態が全国的に「普通小作」化を進行せしめたのではなかと考えられる。ただし、現在の実証レベルでは、近世期から明治期における「普通小作」化の進展は具体的に明らかにはなってはいない。この点を実証的に検討していくことが今後の課題となろう。

　　註
　1）　加用信文「農業センサスにおける農家の定義」（『農業総合研究』9-1、1955

年）2頁。
2）　もっとも、齋藤仁氏の「自治村落論」（齋藤仁『農業問題の展開と自治村落』日本経済評論社、1989年）など、例外もあった。
3）　斎藤修『比較史の遠近法』（NTT出版、1997年）36頁。
4）　坂根嘉弘『分割相続と農村社会』（九州大学出版会、1996年）。この『分割相続と農村社会』は、家族・村落のあり方の相違が経済発展に如何にかかわるのかという点を、分割相続地帯で日本的「家」や日本的「村」が不成立であった鹿児島地方を事例に検討したものである。基本的な視点は、日本的な「家」「村」のもとにある日本社会とそれらが不成立であった鹿児島地方との比較と鹿児島地方の族制や村社会の東南アジア社会との共通性である。
5）　中村哲「小農経営の比較史的検討」（堀和生・中村哲編著『日本資本主義と朝鮮・台湾』京都大学学術出版会、2004年）、中村哲「東アジア資本主義形成史序説」（中村哲編『東アジア近代経済の形成と発展　東アジア資本主義形成史Ⅰ』日本評論社、2005年）、中村哲「序論　東アジア（中国・日本・朝鮮）経済の近世と近代（1600～1900年）」（中村哲編『近代東アジア経済の史的構造　東アジア資本主義形成史Ⅲ』日本評論社、2007年）など。なお、中村氏の小農社会論の前提になっているのが、宮嶋博史「東アジア小農社会の形成」（溝口雄三他編『アジアから考える6　長期社会変動』東京大学出版会、1994年）である。あわせて、宮嶋博史「東アジア世界における日本の「近世化」――日本史研究批判」（『歴史学研究』821号、2006年）参照。
6）　ちなみに、中村氏は、農業経営を行わない農業労働者の割合を、小農経営の発達度を示す指標としているが（中村前掲「小農経営の比較史的検討」78-80頁、中村前掲「序論　東アジア（中国・日本・朝鮮）経済の近世と近代（1600～1900年）」9頁）、その他の点では小農経営の成立をどのような指標でみるのかは明確ではないように思われる。また、近代移行期における商人資本・商業資本の役割の大きさが、金融面、流通面、生産組織面などにおいて近年明かにされており（石井寛治『経済発展と両替商金融』有斐閣、2007年、松本貴典「近代日本における上層商人の実像」『成蹊大学経済学部論集』33-2、2003年、谷本雅之『日本における在来的経済発展と織物業』名古屋大学出版会、1998年、内田星美「商人の生産的機能について」『大阪商業大学商業史博物館紀要』2、2002年、佐々木淳『アジアの工業化と日本』晃洋書房、2006年など）、かかる視点からの比較史分析も要請されているのではなかろうか。なお、中村氏が、「一組の夫婦とその子供を基本的構成要素とする小家族による小規模な農業経

営は、原始社会の末期に定着農業が生産の中心になった時から世界で一般的に存在してきた」(中村前掲「序論 東アジア(中国・日本・朝鮮)経済の近世と近代(1600～1900年)」2頁)としているのは、妥当である。前近代社会とはいえ、隷属民あるいは血縁を基礎にした家父長的大経営や大家族経営、複合家族経営などを主流と想定するのは誤謬であろう。

7)「家」制度や相続について、あるいはアジアの家族・村落について、中根千枝『家族の構造』(東京大学出版会、1970年)、滝川勉編『東南アジアの農業・農民問題』(亜紀書房、1971年)、水野浩一『タイ農村の社会組織』(創文社、1981年)、大竹秀男『封建社会の農民家族』(創文社、1982年)、水林彪『封建制の再編と日本的社会の確立』(山川出版社、1987年)、中根千枝『社会人類学』(東京大学出版会、1987年)、田坂敏雄『タイ農民層分解の研究』(御茶の水書房、1991年)、東南アジア研究会編『社会科学と東南アジア』(勁草書房、1987年)、北原淳編『タイ農村の構造と変動』(勁草書房、1987年)、北原淳編『東南アジアの社会学』(世界思想社、1989年)など多くの文献を参照した(坂根前掲書を参照いただきたい)。ちなみに、家族形態でいうと、日本の「家」制度は直系家族形態をとり、双方社会的な分割相続地帯では核家族形態をとることが多い。日本史や日本経済史では、伝統的に「単婚小家族」なる用語を使用するが(たとえば、中村哲「東アジア資本主義形成史論」『講座東アジア近現代史1 現代からみた東アジア近現代史』青木書店、2001年、20頁)、家族概念上は不適当である(その他、日本史や日本経済史における家族概念の混乱を含めて、中根前掲『家族の構造』119頁、明石一紀『日本古代の親族構造』吉川弘文館、1990年、49-53頁、坂根前掲書、20頁を参照)。また、日本の「家」を説くとき、「血のつながり」を強調することは、中国など父系血縁組織との違いをわかりにくくする原因となる。日本の「家」の特色は、族外婚制(同姓不婚・異姓不養)の欠如にあり、非血縁養子をいとわない点、つまり「血のつながり」が曖昧な点にあったことを確認しておくべきであろう。中村哲氏は日本と中国の親族集団をともに同族集団としているが(中村哲「世界史をどう捉えるか」『唯物論と現代』31、2003年など)、日本の同族集団と中国や韓国の父系血縁組織とは上記の族外婚制の有無にもみられるように、まったく別物である。この点を認識しておくことは相続形態や中間団体の相違を理解する上で重要である。

8) 戦前の農家戸数550万戸、農業就業人口1400万人は、日本農業の特徴の一つとして戦前から一般的に指摘されてきた(特に、農地面積600万町歩を加えた

不変の三大基本数字を横井時敬が強調。たとえば東畑精一「農業人口の今日と明日」有沢広巳他編『世界経済と日本経済』岩波書店、1956年、西山武一「序」西山武一・大橋育英編『農業構造と農民層分解』御茶の水書房、1969年など）。

9）　労働生産性、土地生産性、土地装備率の恒等式については、速水佑次郎『農業経済論』（岩波書店、1986年）参照。言うまでもなく、この土地生産性ののびをささえたのが「土地節約的技術進歩」であった（速水前掲書、92頁）。本稿では、人口増加（農業就業者増加）の視点から土地人口比率（土地装備率）の動向を問題にしている。小作料増徴＝土地生産性重視（労働生産性軽視）の視点から「地主制」批判を展開してきた旧講座派の枠組みは完全な謬論である。

10）　第1次大戦を画期とした均衡的発展から不均衡的発展については、中村隆英『戦前期日本経済成長の分析』（岩波書店、1971年）、速水佑次郎『日本農業の成長過程』（創文社、1973年）を参照。

11）　以上、加用信文監修『都道府県農業基礎統計』（農林統計協会、1983年）。

12）　渡辺利夫『開発経済学――経済学と現代アジア』（日本評論社、1986年）、渡辺利夫『アジア経済をどう捉えるか』（日本放送出版協会、1989年）を参照。

13）　その農地はかなり小さいのが一般的であり、経営は必ずしも安定的ではない。そのため、その相続した農地を売却したり兄弟に預けて京阪神や九州北部などへ他出する場合が多い。親族などに預ける場合に土地利用面での調整が必要になる。鹿児島地方や沖縄などの分割相続地帯でみられる「預け預かり」慣行である。杉原たまえ『家族制農業の推転過程』（日本経済評論社、1994年）、仲地宗俊「沖縄における農地の所有と利用の構造に関する研究」（『琉球大学農学部学術報告』41、1994年）を参照。その他、沖縄農業の特徴については、来間泰男『沖縄経済の幻想と現実』（日本経済評論社、1998年）の「第2章　沖縄経済の特質」が簡便である。

14）　川口諦「鹿児島農村の家族形態と土地所有」（『村落社会研究』1、1965年）を参照。

15）　宮田育郎「後進地域農業の商品生産の展開」西山・大橋編前掲書。畑地以外にも分割された資産はあったが、長くなるのでここでは省略している。ちなみに、明治期の鹿児島地方を対象とした本富安四郎『薩摩見聞記』（東陽堂支店、1898年）は、「貧富の度は互に相近くして、他国の如く甚だしき隔たりなし。一体に豪商豪農など大なる財産家あることなし。……貧富の差甚しからず、活計易く生存競争の事未だ烈しからざれば、人気随て穏かに風俗淳朴なり」（宮

本常一他編『日本庶民生活史料集成』12、三一書房、1971年、389頁）としている。鹿児島地方の分割相続は日本の他地域と比べると比較的均質的な社会構成をもたらしたと思われる。これは分割相続地帯に一般的にみられる傾向であった。

16) 任大川「梭子村曽氏一家の衰退史からみた戦前中国地主のプロファイル」（『三田商学研究』45-4、2002年）。この論文では、分割相続による世代ごとの財産分散とそれによる経済発展の停滞を説いている。朝鮮の地主経営については、たとえば、江華金氏家、羅州李氏家、古阜金氏家の財産分割について、金容燮『韓国近現代農業史研究』（鶴園裕訳、法政大学出版局、2002年、71頁、163頁、171頁、181頁）を参照。

17) 本文で指摘したこと以外にも、双方社会的な分割相続地帯では農家・農業経営をどの範囲で区切るのか、つまり一つの農家・農業経営をどの範囲で区切るのかという固有の困難さを伴う（東南アジアについては、口羽益生「東南アジアにおける村落の構造」『東南アジア研究』12-4、1975年、坪内良博「「圏」の概念」矢野暢編『講座東南アジア学』1、弘文堂、1990年、高橋明善「ジャワ農村調査ノート」『人間と社会』創刊号、1990年など）。「家」制度のもとでは、この種の困難さは生じることはない。

18) この点は、杉原たまえ氏が分割相続地帯の沖縄農業を対象とし、本土農業と比較するなかで具体的に指摘している（杉原前掲書、233頁）。

19) 鹿児島では簡易な暗渠排水工事は広範に展開したものの、長期的農業基盤に対する投資はなかなか困難であった（坂根前掲書、195頁）。分割相続地帯特有の農家・農地の流動性の高さや分割相続や門割制度による複雑な土地所有関係も阻害要因であったと思われる。門割制度に起因する後者の点については、矢野達雄「門割制度に由来する共有名義の整理解消について」（『愛媛法学会雑誌』22-3・4合併号、1996年）が具体的に示している。

20) 「土地を所有せぬ者は農民たる資格がない、損得に拘らず土地を購入し一つは世間体をよくし、一つは農業に丹精したい」という農民の叫び（鎌田正忠『農民心理の研究』明文堂、1932年、139頁）によく表現されている。農民が採算価格を超えても土地購入に走ることはよく指摘されるところである。たとえば、近世期については中村哲『明治維新の基礎構造』（未来社、1968年、354頁）など、近代については「土地政策に対する地方小作官の意見」（『帝国農会報』27-6、1937年）の福井県、広島県の事例などを参照。

21) 農本主義の代表的論文である、奥谷松治「日本における農本主義思想の流

れ」(『思想』407号、1958年)、桜井武雄「昭和の農本主義」(『思想』407号、1958年)、安達生恒「農本主義論の再検討」(『思想』423号、1959年)をみても、「家」思想との関連で農本主義を把握する視点はみられない。奥谷・桜井両氏はもっぱら体制擁護イデオロギーの視点から説いているし、安達氏は郷土主義の視点を打ち出しているが、「家」規範への言及はない。

22) 従来の農民の「勤労の精神」についての論稿でも、なぜか「家」規範との関連では議論されていない場合が多い(たとえば、鈴木忠和「所謂『勤労の精神』と日本農村(一)(二)」『農業経済研究』21-4、22-1、1950年など)。近年の東敏雄『勤労農民的経営と国家主義運動』(御茶の水書房、1987年)も同断である。しかしながら、民衆の自己形成・自己鍛錬や内面的エネルギーの基底を勤勉、倹約などの通俗道徳にもとめる安丸良夫氏の通俗道徳論は、その思想形成の現実的な課題の一つを「家」の没落においており、極めて妥当である(安丸良夫『日本の近代化と民衆思想』青木書店、1974年)。また、中村哲氏は「家」成立による勤労倫理を、速水融氏の「勤勉革命」(速水融「近世日本の経済発展と Industrious Revolution」新保博・安場保吉編『数量経済史論集2 近代移行期の日本経済』日本経済新聞社、1979年)との関連で指摘しているが(中村前掲「東アジア資本主義形成史論」43頁)、妥当である。日本的「家」の形成が日本独特の通俗道徳、「勤勉革命」を生み出したことは間違いない。

23) 坂根前掲書、97頁、175頁参照。

24) たとえば、関本照夫「二者関係と経済取引」『国立民族学博物館研究報告』5-2、1980年など。ちなみに、この関本論文では、中部ジャワを事例に、第3で述べた生産活動における親子間の非連続性も強調されている。

25) 日本的「家」の形成は、中世後期にもとめる見方もあるが(たとえば坂田聡『日本中世の氏・家・村』校倉書房、1997年など)、あるいは東北地方では18世紀中・後期以降になるようであるが(大藤修『近世農民と家・村・国家』吉川弘文館、1996年)、一般的には、おおよそ17世紀後半から18世紀にかけてとみていいであろう。

26) 中村哲氏の「小農社会」論との関係で言及すると、中村氏が日本的「家」とパラレルに小農成立を把握されるのは、上述したような「家」成立(長男単独相続)による財産・資本・技術などの単独相続や「家」存続をめざした独特の勤労主義との関連で極めて妥当である。しかし、分割相続地帯である中国、朝鮮・韓国、台湾の場合は、分割相続に伴う世代交代ごとの財産分割、経営技術の継承の困難性、農民層の流動性の高さなどから、小農の成熟にはかなり困難

な側面が伴ったはずである。また、中村氏は、農業労働者の割合が少ないほど小農経営が発達しているとの立場であるが、分割相続地帯では農外労働市場が大きく開いているか、耕地の外延的拡大が可能であるか、でない限り、通常は落層的分解の傾向を強くしめし、農業労働者（土地なし層）や零細経営が多く滞留する傾向を強くもっている。朝鮮や台湾で農業労働者構成が高くなっているのは（中村前掲「小農経営の比較史的検討」）、この影響があるのではなかろうか。要するに、中村「小農社会」論に対する本稿の立場は、相続形態の相違を論理のなかに組み込む必要があるのではないかということである。もっとも、日本の場合、日本的「家」成立以後の人口増加が幕末まで極めて緩やかであったということが、小農経営の形成と成熟に適合的であったという側面を無視できない。近世中後期の人口調節として、低い出生率と高い死亡率の都市（そのような都市への農村からの人口流入）、人為的人口制限、晩婚化などが指摘されているが（鬼頭宏『人口から読む日本の歴史』講談社学術文庫、2000年など）、基本的な背景としては日本的「家」制度による人口抑制機能（農家戸数の増加抑制機能）が強く働いていた点を重視すべきではなかろうか。

　経営資本や技術の継承の世代間における困難性は、農業部面に限らず、商工業一般にもみられた現象であった。分割相続地帯では世代ごとに経営の断絶が生じるため、商工業の発展には少なくともプラスにはならなかったはずである（同様の問題は、文化的伝承や伝統的芸能の継承でも生じていた）。ちなみに、石井淳蔵氏が、戦後のデータをもとに、日本の小売業の「廃業率」の低さ（約３％）を、家業意識・家族従業制度をもたないアメリカの高さ（約15％）との関連で述べているのは、「家」制度のもとにある日本の小売経営の長期性を示すものとして興味深い（石井淳蔵『商人家族と市場社会』有斐閣、1996年、第６章）。

27）「村」の機能については、坂根嘉弘「近代的土地所有の概観と特質」（渡辺尚志・五味文彦編『新体系日本史3　土地所有史』山川出版社、2002年）で述べている。これには、渡辺兵力編著『農業集落論』（龍渓書舎、1978年）、福田アジオ『日本村落の民俗的構造』（弘文堂、1982年）、川本彰『むらの領域と農業』（家の光協会、1983年）、齋藤仁前掲書、大鎌邦雄『行政村の執行体制と集落』（日本経済評論社、1994年）など、多くの先行研究を参照している。なお、日本的「村」が産業組合等の組織的基盤になった点については、齋藤仁前掲書、坂根前掲書を参照。この点については、本稿では触れない。

28）市場の失敗に対する共同体の役割については、速水佑次郎『開発経済学

(創文社、1995年）参照。同様の問題関心から綿織物産地の相互信頼を地域的公共財と把握した研究に、佐々木前掲書がある。この研究史的意義については、谷本雅之「在来的発展の制度的基盤」（社会経済史学会編『社会経済史学の課題と展望』有斐閣、2002年）が的確である。

29) 以上については、藤田幸一『バングラデシュ農業発展論序説』（農業総合研究所、1993年）参照。

30) たとえば、中村哲氏は、近世和泉北部の分析のなかで、利子率による土地の資本還元価格の成立や買手の多様化を示し、19世紀中期における土地市場の成熟を説いている（中村前掲書、351頁）。また、関順也氏は、丹波勝林島村の分析で、土地買入代金1円に対し小作米が何合になるかを示す「合歩」なる慣用語があること、「何合歩」の土地ということで土地買入価格に対する利回りを表現してきたことを紹介している（関順也「地租改正を中心とする一農村の変遷過程」『山口経済学雑誌』8-2、1957年）。このことは土地価格が米価、小作料、利回（利子率）の関数であること、土地が投資対象として利回計算のなかで取引されていることを示している。その他にも、竹安繁治『近世封建制の土地構造』（御茶の水書房、1966年）、植村正治『近世農村における市場経済の展開』（同文館、1986年）などに農地価格算定の経済合理性が示されている。地域的な差異は当然存在したであろうが（阪本楠彦『土地価格法則の研究』未来社、1958年）、土地売買・賃借市場がかなり高い成熟段階にあったことは確認できよう。

31) 岡山県での調査によると、小作期間が30年以上は37％、3年未満は2％に過ぎない（太田敏兄『農民経済の発展構造』明治大学出版部、1958年、186頁）。小作期間の分析は従来の研究ではまったくといっていいほどなされていない。そのなかで、中村前掲書（494-496頁）は1875年前後の小作期間を階層別に分析しており、異彩を放っている。また、独自の家産を持たない無高百姓の場合、小作地を実質的に「家産」化していたことが言われているが（大藤前掲書、271頁）、このことも地主小作関係の長期性・安定性の証左となろう。

32) たとえば、竹安前掲書第4章、関順也「地主制の形成過程」（山雪会編『現代農業と小農問題』1972年）など。

33) 近世については、和泉赤畑村で中村前掲書（459頁）にその存在が示されている。近代については、京都府南桑田郡馬路村（坂根嘉弘『戦間期農地政策史研究』九州大学出版会、1990年、65頁）で、山形県東田川郡八栄里村（大場正巳「『庄内地方米作農村調査』の問題点」『農業総合研究』21-3、1967年、177

頁）で明らかになっている。地主自小作形態の経営が成立するには、「村」内のすべての耕地が商品として客観化していることが必要となるが、日本の土地市場は、近世期にすでにその段階にまで進んでいたのである。ちなみに、玉真之介氏は、旧来の「地主制」モデル（旧講座派モデル）を批判する事例として地主自小作・地主自作両形態を特筆している（Tama, Shinnosuke, and Carpenter, VictorLee : Japanese Agriculture from A Historical Perspective, Tsukuba Shobo, Tokyo, 2007）。事例として、上記の馬路村・八栄里村を示している。貸付地と小作地を同時にもつ理由を、ドーア（Dore, R. P. : Land Reform in Japan, Oxford University Press, 1959）を引用しつつ、遠方の所有地を貸し出し、近くの小作地を借り入れるとしているが（交換分合の意味を持つ）、妥当であろう。この点は大場氏も指摘している。馬路村の事例からは、それに加えて、生産性の高い農地を集めようとしたことも推測できる。

34) 以上、南アジアの農業や土地貸借市場については、藤田前掲書、藤田幸一「南アジアの農村社会構造と農業集約化――「東アジア小農社会」との対比で」『現代アジア研究』5、近刊を参照。

35) 梶井功『農業生産力の展開構造』（梶井功著作集第一巻、筑波書房）38-43頁。1922〜1924年の『米生産費調査』（帝国農会）の解説（帝国農会『米生産費調査資料』1926年、16頁）で、1922〜1924年の平均で、自作農2.450石、自小作農2.414石、小作農2.489石を示し、自作者が小作者より優位にたっていたのは「遠キ以前ノコト」としているのが印象的である（梶井前掲書、42頁）。加えて川越俊彦氏は、同じ『米生産費調査』（帝国農会）を用い、小作農の玄米収量、租収益、労働生産性、平均可変費用、総平均費用が自作農と比べて格差がなく、むしろ上回っているとさえみえること、さらには個別農家レベルのデータ（山形県本楯村豊原、1927〜1930年）を用い、反収が自作農よりも自小作・小作農家の方が高いことを示し、自作農に比して小作農の非効率といった現象は観察されないことを指摘している（川越俊彦「戦後日本の農地改革――その経済的評価」『経済研究』46-3、1995年）。

36) これらの点は、坂根嘉弘「日本における地主小作関係の特質」（『農業史研究』33、1999年）で述べた。

37) 川越俊彦・大塚啓二郎「分益小作制度理論の再検討」『農業総合研究』63-3、1982年、大塚啓二郎「分益小作制度研究における理論と実証」『経済研究』36-1、1985年など。なお、以下の刈分小作と小作料の地代論的分析の部分は、坂根嘉弘「近代伊那地方における地主小作関係について」（『平成14年度〜16年度

科学研究費補助金研究成果報告書　地域特性の歴史的形成に関する基盤的研究』研究代表者：東京外国語大学吉田ゆり子、2005年）と一部重複している部分がある。

38) 大野昭彦「刈分契約と減免慣行——小作契約における危険分散」（『成蹊大学経済学部論集』19-2、1989年）。

39) 有本寛「小作料減免慣行と取引費用」（『農業史研究』39、2005年）。

40) その後の、有本寛・岡崎哲二・中林真幸「小作契約の選択と共同体」（澤田康幸・園部哲史編著『市場と経済発展』東洋経済新報社、2006年）は、小作契約選択問題をリスク・インセンティブ・取引費用の点からより完成された形で述べている。日本の岩手県における刈分小作を分析し、従来「特殊小作慣行」とされてきた刈分小作を普遍的に把握することに成功している。そのなかで、「当時の村が地主小作関係を慣習的に統治することで、取引費用を抑制したと考えられる」（108頁）としており、本稿の立場と相違するところはないと思われる。

41) 有本前掲論文、66頁、有本・岡崎・中林前掲論文、97頁。ただし、近代以降に「普通小作」と呼ばれる減免付定額小作制度が近世期においてどの程度一般的であったのかは、必ずしも明確ではない。近年の近世史研究は、近世期の地主小作関係は極めて複雑であり、地域的差異が大きいことを強調している。その要因として、①系譜の異なる地主小作関係が存立しているということ、②経済発展の地域的差異、③領主による農民支配方式・年貢徴収システムの差異、④共同体的土地所有の問題、⑤「近世法」の特質に由来する問題、があげられている（舟橋明宏『近世の地主制と地域社会』岩田書院、2004年、22-29頁）。

42) 注35）で述べた、土地生産性などで自作者が小作者より必ずしも優位に立っていなかったという事実は、小作人に増産インセンティブを常に与え続ける、この小作契約形態からも一半の説明が可能であろう。なお、中村哲氏は、小作人の経営的自立度の視点から小作契約形態を議論している。小作契約を、減免なし定額小作制、減免付定額小作制、分益制（刈分制度）にわけ、かつ小作料を現物と金納とにわけて、小作人の自立度からすると、定額貨幣納が小作人の経営的自立度が最も高い、としている（中村前掲「小農経営の比較史的検討」92頁）。その論理を敷衍すると（小作人の経営的自立度の高さを基準にすると）、減免なし定額小作制→減免つき定額小作制→分益制（刈分制度）の順となろう。しかしながら、小作契約選択がそれぞれの地域の歴史・経済・社会・自然環境に依存することは、上記の大野氏や有本氏の議論で明らかである。たとえば、

小農経営の自立度が同程度であっても、減免費用の大小によって、減免付定額小作と刈分小作に分岐することがありうるからである。朝鮮・台湾で分益・刈分形態が多いのは、減免の取引費用を抑制する条件が弱かったこと（日本のようには地縁的信頼関係が強くなかったこと）が一因ではないかと考えられる。このことは、朝鮮における小作争議調停者に地方有力者調停が少ない（ほぼ皆無である）ことの要因（「村」形成の弱さ）と関連していよう（坂根前掲『分割相続と農村社会』160-161頁）。

43) 友部謙一「土地制度」（西川俊作、尾高煌之助、斎藤修編著『日本経済の200年』日本評論社、1996年）141、148、149頁。この論文は、友部謙一『前工業化期日本の農家経済——主体均衡と市場経済』（有斐閣、2007年）に収録されているが、加筆されていないと思われるため、引用は前掲論文から行う。なお、友部氏は「事実上の」定率小作であった点を主張しているが、もともとの小作料データとの関係で年々の小作料率が検討できているわけではない。厳密な実証手続きとしては、年々の小作料率（できれば、同一地片）を長期的に検討して初めて定率的であるかどうかが確認できるのではなかろうか。

44) 近世期小作料率の算出方法についての基本的な疑問は、播磨のデータが得られないという苦肉の策であることは理解できるが、播磨一農村の小作料を分子に甲斐浅尾村の反収を分母に算出している点である。甲斐国から浅尾村が選ばれたのは、播磨と甲斐では反収は播磨が高いと考えるのが普通であるから、甲斐で採ることが出来る反収系列でも高い値をとる浅尾村を採用したということである。その結果、反収3石台という、近世では超最高水準の反収系列が採用されている（友部前掲論文、139頁）。これに関しては、加えて、籾から玄米への籾摺換算率を80％としている点も問題である。籾摺は、地域により異なるのではあるが、通法は五合摺である（たとえば、『地方凡例録』上巻、近藤出版社、1969年、参照）。

　次に、近代の小作制度の実態理解に関する点については2点ある。1点目は、近世の小作料には地主作徳、年貢、諸入用が含まれていたが、近代の小作料には地租部分が含まれていないとして、近世と比較するために近代の小作料率を、地租部分を上乗せして71.5％（1885年）と計算している点である（友部前掲論文、140頁）。近代の小作料にも、地主取分のほかに、地租部分やその付加税分などと水利費・農会費など土地にかかる諸経費分が含まれていると思うが、いかがであろうか。2点目は、近世と比べて大きく変わった点として、近代の地主小作関係が「口約束ではなく、小作証書をつうじた契約的関係に移行した」、

あるいは「小作期間も東北を除いて1年間というのが一般的になった」(友部前掲論文、142頁) としている点である。新保博『近代日本経済史』(創文社、1995年、154-155頁) にも類似の記述があり、以前から気になっていたが、実態はいずれもそうではないであろう。たとえば、司法省『全国民事慣例類集』(1880年、552頁) に「小作ハ証書アル法ナレ圧皆相対口約束ニテ年期ノ定ナク何十年続耕スル圧地主ニ於テ取戻スノ権アリ」とあり、『大正元年小作慣行調査』に、小作期間については「一般ニ期限ヲ定メス小作人ニ於テ不都合ノ行為無キ限リ年々継続小作セシムルヲ普通トス」「小作契約ハ各地共ニ概ネ口約ニテ成立シ」(『農地制度資料集成』第1巻、御茶の水書房、1970年、1、77頁) とある(『大正十年小作慣行調査』や『昭和十一年小作事情調査』でも同じである)。小作期間を、たとえば一年間としているのは、地主側が一年ごとに小作人を確認し、不都合があればそれを機に小作地の引上げが可能であることを意味しているだけで、特に地主にとって不都合がない限り毎年継続していたのであろう。在地資料をみている感触からも「一般ニ期限ヲ定メス」「概ネ口約」が妥当と思われる。そもそも1年ごとに小作人を変更していたのでは、それのみに膨大な費用が必要とされたであろう。

45) 友部前掲論文、142頁。農林省農務局『本邦ニ於ケル刈分小作』(1934年) も、「普通ノ小作ニ在リテハ定額小作料ナルニ刈分小作ノ場合ハ定率小作料デアル」としていた(『農地制度資料集成』補巻1、御茶の水書房、1973年、340頁)。同様の表現は『大正十年小作慣行調査』にもある(前掲『農地制度資料集成』第1巻、354頁)。

46) 地代論については、阪本楠彦『地代論講義』(東京大学出版会、1978年) 参照。なお、この刈分小作と比例地代の論理的整理については、有本寛氏から示唆を得た。

47) ただし、平年作の3分作以下、あるいは4分作以下の場合には全免となる場合が多く、またある程度の不作の場合には(どの程度かの表示はない)不作歩合に応じて減免されたようである(『昭和十一年小作事情調査』原票、東京大学農学生命科学図書館所蔵)。なお、前掲『本邦ニ於ケル刈分小作』は、「小作料ハ小作地ノ自然的条件即チ地味ノ良否、位置ノ便否等ニヨリ異ルベキモノデアツテ、従ツテ分配率モ土地等級ニ従ツテ異ニスベキガ当然ノ理デアルニモ拘ラズ刈分小作ノ実際慣行ヲ見ルニ土地等級ノ上中下ニヨリテ分配率ヲ異ニスル地方モアルガ其ノ区別ハ精細ヲ欠クノミナラズ地方ニ依リテハ旧慣ニ従ヒテ土地等級ノ上下ヲ問ハズ一率ノ分配ヲナシテ居ルモノモ少クナイ状態デアル」

（前掲『農地制度資料集成』補巻1、376頁）としている。
48)　坂根嘉弘「小作料統制令の歴史的意義」(『社会経済史学』69-1、2003年)。
49)　下伊那農地改革史編纂委員会編『下伊那地方に於ける農地改革』(下伊那農地改革協議会、1950年) 54頁。紙数の関係で再掲はしない。なお、以下、相関係数は省略しているが、いずれの事例もきわめて高い。
50)　関前掲「地主制の形成過程」(17頁)の第1表による。紙数の関係で再掲はしない。なお、町村レベルあるいは個別地主レベルで、収穫高とそれに対応する小作料のデータを得ることはそれほど容易ではない。戦時期の小作料適正化事業のデータを除くと、収穫高と小作料の対応関係を示すデータを得ることは難しく、ほとんど得られないといってもいいぐらいである。一般に小作料額は土地等級(品位・品等)別に表示され、地主も、通常、小作地の等級(あるいはある時点で決めた小作料額)にしたがって毎年の小作料を徴収していたためである。つまり、その小作地の反収や収穫高が記載されていないのである。このことが示唆するのは、おそらく地主は所有している個々の小作地の生産力上昇分を充分に把握出来ていなかったであろうことである。現実の田畑生産力と帳簿上とのズレは年月を経るにしたがって大きくなっていったと思われる。近世では、地主が手作地を次々と変更することによって宛米の適正化を図った事例が紹介されているが(竹安繁治『近世小作料の構造』御茶の水書房、1968年、142-143頁)、近代ではそのような地主の努力を聞いたことがない。たとえば、耕地整理事業では小作料が引上げられるのが普通であったが、事業による増収見込分や縄延びなどの要因もあろうが、それまで地主が把握しきれていなかった実際の生産力上昇分を加味して小作料を調整するという意味をもっていたのではなかろうか。
51)　たとえば、明治18年の小作慣行調査では、小作料調査項目を「小作米金ノ割合」として地主小作の取分割合を要求しているが(土屋喬雄『明治前期経済史研究』第1巻、日本評論社、1944年の「第4章　明治十八年小作慣行調査資料」を参照)、前掲『大正元年小作慣行調査』以降の『小作慣行調査』では、反当小作料として、上田・中田・下田別(普通・高・低別)に、絶対額(石)で表すように変化している。つまり、明治18年の小作慣行調査の段階では未だ比例地代的・刈分地代的色彩が感じられる調査項目となっているが、『大正元年小作慣行調査』以降は明確に定額小作を前提にした調査となっている。ここにも、この間の比例地代・刈分地代的色彩を帯びたものから「普通小作」への転換が読み取れる。

52) この2村が刈分地帯であることは、岩手県内務部『岩手県に於ける特殊小作慣行名子制度刈分小作の実情』(1932年) の「刈分小作分布地域」により確認した。

53) 前掲『本邦ニ於ケル刈分小作』前掲『農地制度資料集成』補巻1、339頁。研究者もだいたいこの農林省の見解に沿った理解をしていた。たとえば大内力氏は、わが国の小作料減免慣行について「このように年々の豊凶により減免率はいろいろであるけれども、ともかくも地主が農業経営の危険を一部分負担していたわけである。このいみで日本の小作料は定額小作料がふつうであったけれども、なお「刈分け」の色彩がかなり強かったといえるであろう」「ただ、かかる減免慣行によって、小作関係が純粋の貸借関係でない、あるいみで地主小作人の共同経営に近い関係のものとなり、それだけに小作人の地主にたいする従属性が強くなっていたことは事実である」(大内力『日本資本主義の農業問題』東京大学出版会、1952年、23頁) としていたし、東畑精一氏は「日本の [伝統的] 物納小作料は、定額の小作料を常に支払うもの (定免制) ではなかった。契約若しくは口約束された小作料は実は最高小作料であって、収穫のいかんに従って減額するところの一種の定率制小作料 (減免制) の性質を多分にもっていた」、すなわち地主と小作人とは「この意味で生産についてのコパートナーの関係にあった」(東畑精一『日本資本主義の形成者』岩波書店、1964年、135頁。友部前掲論文、141頁よりの再引用) としていた (東畑氏は『農村問題の諸相』岩波書店、1938年などでも同様のことを述べている)。岩片磯雄氏も「減免の慣行が一般に存在するところの定額物納小作料は、云わば刈分小作の残存的関係であって、前者に於ては既に種子・肥料等地主による経営への直接の参加は見られないとしても、猶間接に幾多の関与は必然なのである」(岩片磯雄「日本稲作とその北進過程」『帝国農会報』32-5、1942年5月、8頁) としていた。これらにみられる共通の理解は、わが国の普通小作を減免慣行の存在ゆえに、かなり刈分的色彩が強いもの、分益的な要素が強いものとみていた点である。「地主小作人の共同経営」(大内氏) や「コパートナーの関係」(東畑氏) とまで言っている。

54) 中村前掲書、388-396、500-501頁。

55) 減免制と定額制のうち、一般に減免制は、近世における年貢の定免制・検見制との関連で小作料減免慣行が形成されていたとされている (田邊勝正「我国小作料の減免慣行に就いて」『法律時報』11-3、1939年 (のち、田邊勝正『日本小作料論』嚴松堂、1940年所収)、小林平左衛門「小作料減免慣習の史的考

察」『農業経済研究』3-4、1927年（のち、小林平左衛門『日本農業史の研究』日本農業研究所、1971年所収））。なお、明治以降の小作料減免慣行については、帝国農会『小作料の減免に関する慣行調査』（1927年）が詳しい。ただし、地代論的に分析できるデータは掲載されていない。

56) 『明治十八年小作慣行調査』（前掲『農地制度資料集成』第1巻）。ちなみに、前掲『地方凡例録』上巻（214-216頁）でも、直小作など6種の小作が羅列されており、小野武夫『農村社会史論講』（厳松堂、1927年、146-159頁）でも、近世小作制度を4品10種に分類し、名田小作など31の種類を羅列している。近世期において、定額小作制度や減免制度がどの程度一般的であったのかは不分明である。

57) 明治後期における刈分小作の「特殊」視化を指摘したのは、友部氏である（友部前掲論文、146頁）。なお、簡単に小作慣行調査における変遷を追っておくと、『大正元年小作慣行調査』では、「普通小作」に対し、「第十三項　特種ノ小作方法」として、（一）刈分小作、（二）見取小作、（三）永小作、（四）株小作、（五）作り子、（六）又小作、（七）共同小作が一括されている。『大正十年小作慣行調査』では、さらに整理が進み、『大正元年小作慣行調査』の7つの項目は、刈分小作が「第一節　刈分小作」として大きく独立し、「（二）見取小作」「（四）株小作」「（五）作リ子」「（七）共同小作」は「第二節　従属小作」にくくられている。「（三）永小作」は「第十六章　永小作」として独立した（「（六）又小作」は消滅）。さらに、『昭和十一年小作事情調査』では、「特殊小作」の項目が消滅した。戦時体制期には、小作料適正化事業などで刈分小作の「普通小作」化が政策的に推進されることになる。

58) 有本・岡崎・中林前掲論文、120-121頁。

第4章　近代日本における中小工業の成長条件
── 研究史の論点整理を中心に

黄　完晟

はじめに

　本稿の課題は、近代日本における中小工業の成長条件を再検討するという狙いから研究史を整理し、さらに「中小工業経営者」の視点を取り入れて中小工業の新たな位置づけを試みるところにある。

　本稿の問題意識は、近代日本における中小工業の全体像を描く上で、その成長の客観的条件の究明を中心にみて良いのかという点にある。つまり、従来の研究成果によって近代日本における膨大な中小工業の形成とその成長・発展が続いたことについては、研究者間の共通認識が生まれていると思われる。さらに、その成長の客観的条件（問屋制、市場・輸出、技術・機械改良、低賃金労働力、原材料等）は個別実証研究の整理を通じて究明されてきた[1]。その客観的条件は、内容的に日本の中小工業の歴史的成長のプラス面を強調している。そのイメージからは、中小工業の量的成長・質的発展の程度を拡大解釈されかねない。しかし、歴史的には、中小工業の量的成長・質的発展を制約する条件も働いて、相互の諸条件の拮抗する中で均衡が取れてきたはずであろう。すると、両方の立場を検証してみてこそ、中小工業の具体的な数字の膨大さの合理的な理解が得られよう。つまり、客観的条件に対比される「主観的な条件」・経営者の立場・リスクの検討も重要だと思われる。従来の研究では、その点について等閑にふされてきた[2]。ここでは、中小工業の経営者の立場・リスクの

要素を取り入れて近代日本の中小工業の全体像を考えてみることにしよう。

　研究史整理の視角は、「市場からの要求」という点から検討する。従来の中小工業の捉え方は、大工業の発展という視角から見ており、大工業と中小工業との競争関係で見て、中小工業の衰退を予測するか、あるいは中小工業は大工業の発展の足かせとなっていたというものであった[3]。それは、日本資本主義の確立・発展という課題に対し、輸入増加・国内産業の衰退・国際競争の激化・危機意識をベースにし、政策主導的な性格の強い発展過程の理解であったといえよう。それに対し、ここでは、資本主義＝市場経済という命題に基づく論点をベースにし、日本資本主義の成立期における市場（最終消費財）は主に中小工業によって担われていたという歴史的な事実認識に立脚し[4]、「市場からの要求」と中小工業の対応・成長との関連で見ることにする。

　本稿での論旨の展開において、所謂「日本資本主義論争」に関わる歴史的研究の整理は先行の研究史整理に譲り[5]、ここでは中小工業の具体的な研究に関わる研究を①統計的研究、②中小工業の成長の客観的条件、③位置付けの論点の３つに分けて検討していくことにする。一方、用語の問題として、歴史的には在来産業、固有工業、小工業という用語が使われていたが、ここでは中小工業という用語で捉えることにする。中小工業を用いるのは、在来産業論の業種別の伝統的形成史的特性より「規模の特性」を重要視しているからである。なぜなら、従来の在来産業の捉え方が10人あるいは５人以下で、かつ近代工場制を11人あるいは６人以上と想定しているとすれば[6]、実際は巨大規模の近代大工業との対比を念頭に置いているとすれば、その中間規模の企業の位置・役割が曖昧になるからである。ここでの中小工業とは、在来産業（10人以下）を含む従業員数100人までの企業を念頭に置いたものである[7]。なお、本稿では、日本資本主義の形成・成立期である明治中期から第一次大戦期までを検討対象の期間とする。

I 統計的研究

　ここでは、数量的統計的な研究が在来産業論の概念・立場で行われているので、その論旨に沿って検討することにする。統計的研究では、古島敏雄氏の研究が従業員10人以下の厖大な零細企業数を取り上げて在来産業の位置を問題提起したとすれば[8]、中村隆英氏の研究は在来産業の量的規模・歴史的推移を確定したといえよう[9]。両者の研究については、従来の多くの研究が評価・批判してきたので、ここでは、詳細な検討は留保し、その量的位置を巡って最近の多様な研究動向を中心にコメントすることにしよう。

　中村隆英氏の研究については、周知の通り、積極的な評価と共に批判も多い。その批判点は主に在来産業の概念に関するものが多いが[10]、その点を考慮すれば、数量的な位置が異なることも予想される。問題は、その研究が発表されてから長い年月が流れているにも関わらず、批判に対する修正の動向や新しい研究が出てこなかったことであろう。というのは、その批判を織り込んだ上でも、その研究の意義は十分役割を果たしていると見なしているのだろう。

　その後の在来産業・中小工業の研究において、国際比較を通じて日本中小工業の量的な特質を浮き彫りにしようとする問題意識も広がっている。例えば、中村哲氏の研究は、中小工業の数量的な位置付けについて国際的な比較（メキシコ、韓国等）を試みて、戦後に近代化・工業化している国より、近代日本の方が中小工業のウェイトが高く、その結果、都市の貧困層のウェイトが相対的に低いという点を指摘している[11]。あるいは、谷本雅之氏の研究では、主に5人以下の在来産業・自営業者に着目して、主な欧米諸国と比較して、日本の自営業者のウェイトが高いことを提示している[12]。要するに、近代日本における在来産業・中小工業の量的位置・比重は歴史的にも国際的にも特別な位置を占めていたことが窺われる。

　一方、在来産業の地域的編成についての数量的な研究が、在来産業の全国的な分布・動向の分析として営業税のデータを用いて研究が行われて、地域間

の分布・動向は西高東低などを主張している[13]。在来産業の地域的研究は、生産のみならず消費・市場の研究にも繋がることで、さらなる研究が要求される。さらに、生産性の論点が重要だと思われるが、その問題意識が従来の研究では不十分であるという点をも指摘できよう。

以上の検討では、多様な視角からの数量的統計的研究が要求されている中、在来産業に関する統計的研究の最近の動向が国際的な比較の上でも特徴的である点が確認されたことは興味深い。さらに、国内における在来産業・中小工業のさらなる実態分析を進めることも必要であるが、その一環として在来産業の地域的再編の研究が進んでいる点も評価すべきである。他方、在来産業・中小工業の展開のシステムが問屋制であるとすれば、中小工業の規模別編成との関連性についての研究が乏しい点も指摘しておかなければならないだろう。

II 中小工業の成長の客観的条件

ここでは、中小工業の存立・成長の「客観的条件」について個別業種の実証研究やそれらをまとめた研究をベースにして吟味してみることにする。例えば、業種別においては、綿織物業や生糸産業に関する膨大な研究の蓄積の他に花筵、貝釦等の農村工業や硝子、洋傘、メリヤス、マッチ、釦の他にメリヤス機械工業をはじめ様々な機械工業等の都市中小工業の研究がある[14]。なお小規模産地を形成してきた在来産業に関する研究も多くある[15]。さらに、ここで主たる検討対象である中小工業の成長条件をまとめた研究としては、多くのものがあげられるが[16]、その内、包括的な視野で明示的に提示しているのは中村哲氏の研究である。つまり、中村氏の研究は、膨大な中小工業の成長条件として、技術導入・改良、相対的過剰人口・低賃金、内燃機関・動力、新素材、重層的市場、問屋の役割、組合等をまとめた上で、その位置付けとして近代日本資本主義の重層的な発展の構図を描いている[17]。ここでは、その論旨を中心に据えて、①市場（国内市場と輸出）の成長、②原材料の調達、③技術の開発・進歩、④低賃金労働力、⑤問屋制・問屋の役割を検討することにしよう。

1 市場（国内市場と輸出）の成長と中小工業

　中小工業の成長における重要な要素として市場を挙げている研究が多いが、それは確かな見方だと思われる。例えば、中村隆英氏、中村哲氏、竹内常善氏、谷本雅之氏、西成田豊氏等の研究でも、厖大な中小工業の存立・成長には基本的に国内市場と輸出市場の成長を挙げている[18]。その内、中村哲氏は、重層的生産・市場・消費構造の形成という見出しで、市場の階層的・地域的な構造を踏まえて、供給側の市場について「輸入品や移植大工業の生産する消費財は低所得・低賃金の民衆には高価すぎることが多かった、そこで民衆の要求に適合しており、品質は悪くても安価な中小零細工業の製品が消費財においては需要の大きな割合を占めていた」[19]との見解を示している。他方、氏は、国内市場の需要側の成長要因としては、「その市場は人口の増大、消費水準の向上、都市の発達、農村への商品経済の浸透とともに拡大していた」[20]ことを挙げている。要するに、需要側と供給側の諸条件が市場で噛み合っていたところに、中小工業は成長することができたという見解である。氏の見解は、バランスの取れた理解であり、かつ従来の多くの研究もこのような論旨であったと考えられる。

　それに対し、私のコメントを幾つか述べることにしよう。中村哲氏をはじめ多くの研究者が市場の成長について、特に都市需要の成長を重視してきた[21]。その指摘は正しいと思うが、しかし地方の市場規模や変化動向も評価すべきであろう。なぜならば、営業税や資産家（上層及び中間層）の分布で地方のウェイトも高いことから見れば[22]、都市経済のみを重要視するのも釣り合わないと思われる。かつ地方の経済規模も分散的ではあれ、相対的小さい地域間格差の下で、当時期の交通発達は地域経済の規模・消費市場の規模が関係していることからも、地域市場の位置を確かめる必要があるのではなかろうか。

　また、この時期における市場の具体的なあり方が問屋制を温存させるようなものであったのかどうか、という点が論点になろう。それは、一方で問屋制家内工業が展開されており、他方で中小・中堅工業の成長が行われていたからである。また、後述するように、輸出・アジア市場の影響が大きい産業分野では、アジア市場からの日本の中小工業の生産形態（問屋制）を規定する側面も考え

られるが、それの具体的な検討は乏しいのではないかと考えられる。

　なお、国内市場の問題で、舶来品などの輸入品が入ってくることは承知の上で、国内市場への影響（デザイン、質、製造方法等々）、競争関係等も分析すべきではなかろうか。時代が新しくなるにつれ、製品によって輸入量は低下して行くが、国内における輸入品市場の分析が進んでこそ、国内市場の分析もさらにすすむであろう。

　次に、輸出市場についてみれば、近代日本の中小工業の成長過程において輸出が多かったことは、産業化の初期段階という点からも大きな特徴であろう。例えば、輸出のウェイトは、製品と産地によっては当該生産額の30〜60％以上を占めるところも多くあった[23]。そのような事実に基づいて中村哲氏は次のようにみている。つまり、「19世紀末から1910年代にかけて、中小零細工業のかなりの部門が輸出工業化していった。この時期に輸出工業化した中小零細工業の多くは消費財部門であったが、その輸出先をみると伝統部門は主として欧米であり、移植新興部門は主として東アジア、インドであって、後者が量的に多く伸びも大きかった」[24]。また、氏は、「日本の中小零細工業が東アジアにおける先発性の利益を生かしたのに対して、中国、朝鮮、東南アジアは日本の中小零細工業の発展と輸出によって日本より一層不利な立場に立たされたのである」[25]という点も指摘している。要するに、輸出市場とは、生糸や花筵、貝鈕などの一部の製品を除けば、ほとんどはアジア（中国、朝鮮、台湾、香港、東南アジア、インド）へ輸出された。そのアジア市場には、移植技術による製品の場合、欧米の製品が高級品として展開されていて、低価格製品としては現地の製造品が展開されていた。そこに、日本の製品は低価格・より高い生産性・海外現地の市場調査等の活動・商法で臨んだ[26]。

　輸出市場の研究史上での論点としては、次のようなことがあげられる。つまり、最近アジア間貿易の重要性が論じられている中で、輸出市場・アジア市場は日本の中小工業の成長に大きな役割を果たしていたのに対し、中村哲氏も指摘しているように、その事実はアジアにおける中小工業の発展を制約する要因として作用していたことも容易に考えられる。他方、そこで論点は、アジア市

場の特性(低価格品の要求)は日本の中小工業の生産形態に如何なる影響(低賃金、問屋制家内工業、低生産性の技術等々)を及ぼしていた・規定していたかにあると考えられる。

　要するに、日本資本主義と市場の問題は、非常に重要な問題であり、多くの関心を引いた論点であって、所謂国内市場の構造的狭隘説と量的成長説が共存する中で[27]、その問題の本質の追究が続いているともいえる。さらに、中小工業の成長においても重要な論点であるが、しかし、国内市場については都市成長の要素を中心に挙げる余り地域市場分析が不十分な点、輸出市場を重要視する余り輸入品市場の意義を軽視している点が指摘できよう。全般的にみて、需要側の市場と供給側の市場とを有機的関連性の上で研究を深める余地があるのではなかろうか。

2　原材料の調達と中小工業

　中小工業の成長と関連して原材料の要素を取り上げるのは、大工業との関係での補完関係という論点の他に、イノベーションの重要な機能を果たしていたからである。中小工業における原材料の質とは、製品の質・価格・ブランド等に直接的に結びつくもので、所謂先進国の製品と後進国の製品の根本的な違いに繋がりかねないといえるほど重要である。それだけに、多くの研究者がこの問題に言及している。その内、中村哲氏は、中小工業の成長に「移植大工業や輸入によって供給される新素材の使用が大きな役割を果たしている。……欧米における重化学工業の技術革新によって新素材や新しい中間製品、たとえば、ソーダ灰、硫酸、染料などの化学工業製品、各種圧延鋼材、機械部品などの鉄鋼製品が比較的安価にえられるようになった。それによって中小零細工業の製品が改善されたり、新製品の生産が可能になったのである」[28]。また、中村哲氏は、大工業と中小工業との関係については、製品の物的な関連性・補完関係という点から、大工業における生産有無と中小工業の使用という点から相互関係によって四つのタイプに類型化し、その結果大工業と中小工業との関連性が薄く、中小工業は輸入品や中小工業が生産した素材を用いているので、中小工

業と大工業との関連性・補完性は密ではないという見解を示している[29]。氏のこの論点は、産業・業種の数を念頭に置いての見解であると思われる。つまり、量的な比重（労働者数・生産額・工場数など）を基準としてみれば、繊維工業・金属機械工業・化学工業等では中小工業の数も多く（1909年の場合：全工業企業数の約80％）[30]、かつ大工業による原材料がかなり提供されていたことから大工業と中小工業との関連性は深いと思われる。それに対し、都市で主に展開されていた移植雑貨工業の場合は、製品（製品の概念）そのものが移植されたということもあって、その原材料を大工業で生産できず、輸入の原材料を使用する場合が多かったので、両者の関係は相対的に薄かったと思われる。

　敷衍すれば、中小工業の原材料の調達先は大工業、中小工業、輸入となるが、大工業との関連では、中小工業の成長を助ける側面と制約する側面がある。プラスの側面では、綿糸、鉄、染料などの化学製品のように、輸入の原材料より低コストで中小工業へ提供したという点であり、マイナスの側面では多くの中小工業で使う原材料を大工業が製造できず輸入せざるを得なかったことである。例えば、メリヤスの原料・糸、洋傘の原料・鉄、ブリキ等の輸入が挙げられる[31]。その後の原材料の展開を見れば、大工業の製品の多様化・高品質化が行われていたし、輸入品の構成も多様化していたことは中小工業の製品を多様化・応用化へ道を開いていたと考えられる。

　中小工業の原材料に関する論点としては、中小工業が生産していた原材料や輸入の原材料を大工業が生産し出した場合、中小工業の展開はどのような具体的変化を示していたのかという点が考えられる。従来の研究では、個々の業種における原材料を論じてきたが、産業・中小工業の横断的な問題としての研究も中小工業のある種の本質を究明する上で重要であると考えられる。なぜならば、中小工業の原材料の調達先の問題や原材料の質の問題の検討は中小工業の構造的変化の究明に繋がるからである。

　要するに、市場からの要求という点から中小工業の原材料調達・大企業と関連性をみれば、その補完関係が強いほど中小工業の成長・発展に繋がっていたとも考えられる。逆にその関連性が弱いと、輸入から大工業への生産（質の向

上) の圧力がより強く加わり、結局のところ、中小工業の発展が大工業の発展を促していたことにも考えられる。

3 技術進歩・機械改良と中小工業

中小工業の発展過程における最も重要な特徴は、様々な面においてイノベーションが行われていたことである。特に生産手段の面においても機械（輸入機械の模造・改良）や道具が生産されて製品生産の現場へ導入されたことは、中小工業のイノベーションの中心的なものであった。それについて中村哲氏のまとめによると、中小工業における機械改良・模造などの技術進歩のあり方は、近代大工業の場合と大きく異なり、政策的な支援や大機械工業との深い関連性もなく、在来技術をベースとして中小機械工業による応用的に行われていたことが特徴であるとまとめている[32]。また、氏は、多くの事例があるが、代表的なものとして、綿織物工業、製糸工業、様々な種類の都市雑貨工業の事例を挙げている。例えば、製糸業では、「富岡製糸場（300釜）の建設費は約20万円であるのに対し、1874年に富岡製糸場をまねてつくられた松代の西条村製糸場（のちの六工社）（50釜）の建設費は2950円、1釜当たりの建設費は約11分の1にすぎない」[33]。綿織物工業では輸入広幅力織機の価格が1台約300～400円であったのに対し国産小幅力織機は白木綿で15～40円程度であり、地機2～3円、高機10～15円であったから、在来機業地の中小零細業者でも十分購入可能であった[34]。さらに、都市雑貨中小工業（例えば、メリヤス機械、貝釦機械、硝子製造のるつぼ、等々で機械・器具の改良・模造生産）では国産機械は輸入機械の1/3～1/4の低価格（メリヤスの国産模造機械は約40～60円、輸入機械は約200円前後）であった[35]。

他方で、氏は中小工業の技術進歩の意義について、「小資本で低賃金、低所得労働力が豊富に存在するという条件の下では、外国から輸入する高価な生産設備は不向きであった。それを簡易化、小型化し、或いは在来技術と折衷した、輸入機械より生産性は低く品質の悪い製品しか生産できないが、はるかに安価な国産機械（しばしば手動機械であった）や場合によると改良された道具を使

用し、低賃金労働力を雇用したり、家族労働力をフルに動員する方が有利であった」[36]とみている。

なぜ、日本では、このような技術進歩ができたのかについて、中村哲氏は、在来的な機械・金属産業の発展、大規模の官営企業の技術移転、一部の近代的な機械工業の存在の影響が大きい点を指摘している[37]。その他に、特許制度実施の影響[38]、競争の実態がイノベーションを促進させたことなどが挙げられる。また、模造機械・改良機械の作り方は、輸入機械に比べ小型で、真鍮・鉄混合あるいは木鉄混合の材料、在来の技術をベースとすることで低生産性、低価格であった[39]。機械製造の担い手は、基本的に中小機械工業であるが、そのアイデアやきっかけを問屋（工場経営の場合が多い）が提供する場合も多くあるという点も興味深い事実であろう[40]。

以上のような論点・まとめに対し、コメントしておくことに留めよう。

当時期に中小工業で使用する機械は、完成品としての輸入機械、輸入核心部品の取付機械、模造国産機械が使われていたことが考えられる。それは、完成品機械や同部品の輸入が続いていた点から推量されよう。例えば、メリヤスの機械や機械部品の輸入は、1904年約2万円、1913年約13万円程度であるが、その後も輸入額は増えている[41]。しかし、模造国産機械の製造やそれを使用する中小工業も増加し、さらに高性能機械生産へと発展していった。

この時期における改良機械が輸入機械より安価であったことは、中小工業の成長にとって2つの点で大きな意義を持つ。一つ目は、中村哲氏も指摘しているように、安価な機械によって中小工業の創業が低資本で可能となり、中小工業拡大の条件となった点に意義がある。つまり、高価な輸入機械にもっぱら頼るなら、中小工業にとって資本調達の問題・創業資本の問題をクリアしなければならない。言い換えれば、高性能の高価な機械より安価で低性能の機械が中小工業の量的な展開に適合的であったといえる。それに対し、中国の事例で見れば[42]、高価な機械を輸入したので、中小工業は大きく伸びず、日本からの中小工業製品の輸入が多かった点、日本からの機械輸入を試みた点等からも、日本における中小工業向けの技術進歩の意義が推量される。

二つ目は、安価な機械は、低賃金労働力をより多く雇うことができ、さらに低賃金労働力に国際競争力を持たせていた点に大きな意義がある[43]。つまり、それは、インフォーマル・セクターの労働力をより多く雇用することが出来るきっかけとなった点である。その結果、競争力のある機械を持つ生産者が増えれば、問屋や輸出業者の競争力もアップする。兎も角も、日本の中小工業の発展過程における最も大きな競争力は、この点であったといえる。

　要するに、機械の模造・改良等の技術進歩は広範囲の産業分野にかけて長期間にわたって行われていたことが確認できる。例えば、明治初期・中期には試作品的な機械模造が行われ、そして明治後期には一部の小型機械の量産が実施され、1910・20年代には多様かつより高性能の機械へと進んできた。その事実は、中小工業の成長過程においてイノベーションが進化的な形（Evolutionary）で行われていたことになろう。

　なお、中小規模・中堅規模の機械化が進み、その生産性が高められたとはいえ（例えば、高生産性と規模拡大による生産力の増大による問屋制解体を考える場合）、当時の機械改良の水準は、問屋制を解体できるまでの生産性を上げる機械ではなかったところに限界を感じる。

4　低賃金労働力と中小工業

　低賃金労働力の論点は、従来の研究では彪大な低賃金労働力の形成過程の特質を挙げ、それが国際競争力の形成に貢献したというところにあった。そのような点の究明は、供給側の要因を明らかにするという点で重要であるが、他方で需要側（中小企業側）の論点がそれほどクリアではないという点は研究上の盲点でったと思われる[44]。

　低賃金労働力は、中村哲氏の捉え方によると、相対的過剰人口の蓄積と豊富な低所得・低賃金労働力の形成という見出しで、「幕末開港以降の欧米工業製品流入のため、在来産業が破壊され衰退することによって、相対的過剰人口とそれを基盤とする低所得・低賃金労働力が形成されていった。……開港以前に初期資本主義的発展をとげていたために相対的過剰人口、低所得・低賃金労働

力の形成は一層急速であったのである。また、国内における国家資本、民間大資本による移植大工業の成立・発展はそれを一層促進することになった」[45]。
「日本は19世紀後半～20世紀初めの時期には、恐らく世界的にみて相対的過剰人口、低所得・低賃金労働力が最も急速・大量に形成された国であると思われるが、その労働力の多くが中小零細工業に吸収された点が大きな特徴であり、現代の低開発国とは非常に異なる点である」と指摘している[46]。

　ここで、低賃金労働力については、経済的な側面と社会的な側面の2つの点で検討する。1つは経済的な側面であり、企業経営から見て経営の効率性（低賃金によるコスト削減効果）、低価格による競争力のアップのプラスの側面と機械化の遅れを招く要因、さらにマクロ的に所得・市場需要の低位によるマイナスの側面があると言うことは、周知の通りである。その中でも、中小工業で労働力を論じる場合、労働力の需要側の立場から低賃金と生産性を同時に論ずる必要があるが、従来の研究では、中小工業の低賃金労働力の供給構造（低賃金労働力、相対的な過剰人口の下で供給、女性労働力、丁稚、幼児労働力、家族労働力等々の構造問題）を中心に論じ、要するに問屋制から見た低賃金労働力を論じてきた。それに対し、中小工業経営者から見た低賃金労働力・生産過程の労働力として研究は乏しい。つまり、機能・技術形成、生産性増大・熟練の形成などの議論にはなっていない。要するに、低賃金労働力は、大工業、中小工業、都市工業、地方工業にも役に立ったという立場であり、それによって二重構造の形成の前の段階における中小工業の生産性と労働力との関係が曖昧になっていると思われる。それは、従来の研究が主に問屋制との関連で捉え、中小工業の立場・規模等に力点を置かなかったからであろう。

　2つ目は、社会的な側面であり、資本主義の成立過程では共通した現象として、特に都市のインフォーマル・セクターの形成が問題となる。それは、経済の発展過程で社会不安の要因となり、時の政治・政権はこの問題に取り組むことが常である。日本資本主義の成立過程で都市のインフォーマル・セクターによる社会不安は大きな問題にはならなかった。それは、この層・インフォーマル・セクターに中小工業や雑業という形で仕事・労働の対象が与えられていた

からではなかったのだろうか。低賃金であるが故に、中小工業の国際競争力が維持されてきた部分があると思われる。なお、都市化が進んだ1930年代の中小工業の研究では[47]、過剰人口・過剰労働力・失業のことやインフォーマル・セクターの都市雑業層の問題として「人口問題である」という社会問題の提起が行われていたことも、周知の通りである。

　また、低賃金労働力の構造が長く続いていたが、それはアジアとの関連でみる必要があるのではないかと思われる。つまり、日本の中小工業の国際競争は、アジア間競争（アジアの市場での競争やアジア製品との競争）での展開であるとすれば、アジア市場からの日本中小工業に対する低価格品の要求、それに対応する形で低賃金を強要する要因はなかったのかが問われる。このことは、低賃金の国内的な要因のみならず、アジア間競争からも大きな影響を受けた結果、低賃金が長く維持されていたと考えられる。

　以上の検討から、日本資本主義の成立過程でインフォーマル・セクターの低賃金労働力が中小工業によって雇用されていた事実、それができる条件（主に客観的条件）を形成していたことが特徴的であろう。なお、日本資本主義の発展の貢献度から、低賃金労働力は常に重要な位置を占めてきたとはいえ、労働力の構造的な違いはあるものの、大工業の成長にも、中小工業の成長にも、都市工業や地方工業の成長にも、貢献していたとするのも、何かを考えさせられる。

5　問屋の役割と中小工業

　近代日本の中小工業においては、問屋はもう一つの担い手であるという見方をする中村哲氏の研究によれば、商業資本の大きな役割という小見出しで、「従来、商業資本の中小零細工業に対する関係については、前貸し、買い占めなどによって中小零細工業を支配し、搾取する側面が強調され、その結果中小零細工業の発展が阻止・歪曲されたとする評価が多かった。しかし、これは一面的な見方である」[48]。つまり、明治中・後期における中小工業・在来産業の展開は、周知の通り問屋制であった。問屋制については、問屋資本による在来

産業・中小工業の搾取が提示されてきた。しかし、その議論は、具体的な議論というより理論的・観念的・抽象的なものであったために、具体的な実証研究が進むに連れ、つまり中小工業の量的増加という歴史的な現実から疑問を感じるようになった。他方、国際的な比較を念頭に置いた研究から、問屋は取引実績のみならず、その他の様々な役割（組織者、前貸し、デザイン、技術、新製品、市場開拓等）を演じていたことが浮き彫りとなった[49]。その結果、従来の問屋による在来産業・中小工業の搾取論からみる問屋のイメージとは正反対のイメージ、つまり中小工業の発展の主役で描かれている向きも否定できない。

　しかし、それでよいのかという疑問は依然として残る。つまり、問屋の立場から考えると、問屋は自身のビジネスについて如何なる姿勢で臨んだのだろうか、あるいは、問屋は、自分が背負っているリスク・在庫の問題等をいかにして回避してきたのか等である。問屋制は、中小工業側と問屋側の相互の経済的利害関係が折り合うところで成り立つとすれば、中小工業側としては販売のリスクを負わないだけに生産活動がリスクなしでできる反面、問屋側では販売（金融問題も含む）のリスクを負う反面、ビジネス・事業の拡大に繋がる点であろうが、そのような点を考慮すると、取引先への何らかのしわ寄せ（値引き・買い叩き等）も考えられないことはない。その上で、問屋の存在・活動自体が日本の中小工業の成長に繋がった点は評価すべきであろう。なぜならば、例えば、韓国の場合[50]、日本の問屋制のような制度がないために、中小工業の展開が遅れ、かつそのあり方が景気変動に左右されやすく、大量創業大量廃業が繰り返されていた点を考えれば、理解しやすい。また、中国の場合、取引を中心とする卸売業は存在しても、日本のような生産に深く関係するような問屋・商業資本は存在しなかったという[51]。それだけに、日本の問屋・商業資本は独特な側面を持っていたことが考えられる。

　次に、中村氏は、竹内常善氏の研究に頼りつつ、商業資本のあり方について二つの形態を紹介している。つまり、それは、各種の部分工程に専門化した零細製造業者を組織して製品を生産させる製造家＝製造問屋制と製造問屋に注文を出す卸問屋であり、後者は資本規模も製造家よりはるかに大きく、その部門

の頂点に立つ商業資本であるという[52]。つまり、都市中小工業（メリヤス、貝釦等）における製造問屋（制）という命題が竹内常善氏によって研究されているが[53]、それは、規模の問題・中規模工業との関係では製造問屋の位置付けが曖昧であるという点を指摘しておきたい。つまり、メリヤス工業等で製造問屋という存在が零細規模の経営者間で活躍していたという事実の発掘は、大変重要な研究業績であるに違いない。しかし、大阪市のメリヤス工業の場合、1906年に工場数では零細企業数（10人未満企業数117戸、50人以上企業数7戸）が圧倒的に多いけれども、従業員数では50人以上規模の従業員数（788人）と10人未満企業の従業員数（495人）を比べれば、前者の方がはるかに多いという事実をも考慮すべきである[54]。さらに、工場数で勝る10人以下の生産形態を中心に見れば製造問屋制をとるが、従業人数から見れば、そう簡単に製造問屋制一色で理解できない。要するに、10人以上企業のウェイトが大きくなっていく中で、中規模工場の生産性と生産システム・競争関係などを無視してメリヤス工業などの生産形態として製造問屋制のみで見ているのは歴史的な事実の一面のみを捉えているといえる。

　さらに、その指摘の背後には、問屋制の展開においては、中小工業の規模との関連性が深く、問屋制の範囲をどこまで認めるかという問題が潜在しているといえる。つまり、問屋制家内工業の場合は、定義・範囲が具体的で明確であるが、「問屋制マニュー」や「問屋制工場制」・「問屋制株式会社制」は、相当な規模で展開していることからみれば、その境界が曖昧である。なお、問屋制における問屋の様々な役割ということも資本主義の初期段階と成長・発展期とではかなり異なることが考えられる。

　なお、最近の問屋制の研究において、なぜ問屋制なのかという根本的な疑問に対し、その要因分析に関する研究が計量的な手法で進められてきたことも興味深い[55]。その分析結果は、市場の特殊性、技術・生産性、製品特性等で工場制より問屋制を選択するという分析を行っている。

　要するに、ここで問屋と中小工業との関係で、「搾取や貢献」の一段を吟味したものの、その実態としては問屋制の中小工業のもう一つの担い手（第二の

社長)の役割を果たしており、問屋制の全体像の究明へ向けた包括的研究が要求されているといえよう。

6 まとめ

中小工業成長の客観的条件をイノベーションと関連させて吟味してみれば、シュンペーターのイノベーションという意味が新原材料、新技術、新製品、新市場、新組織の導入であるとすれば、近代日本における中小工業の成長の客観的条件というのは、大工業と輸入による新材料の導入、輸入機械の模造・模倣・低コストの機械の改良、新製品の開発、輸入品の模造、輸出市場などの新市場の開拓、問屋制、工場制・会社制度などの展開などから、イノベーションの連続であったように見える。このようなことが展開されていて、中小工業の量的質的な成長へ繋がったと思われる。

また、市場からの要求という視点から、客観的諸条件をまとめてみたら、アジア間競争関係に基づくアジア市場からの要求が強く働き、その点から日本近代の中小工業の成長・発展の客観的諸条件(生産形態、低賃金労働力、技術の選択、原材料の調達、問屋の役割)を規定してくる側面が強かったという点も窺われる。国内市場からは、分散的分割的市場構造の中、問屋制の家内・零細企業と中規模企業の同時成長という相互の拮抗する環境の中で、客観的諸条件は変化しつつ展開されていたことと見通される。その過程で中規模企業の役割の究明が問われていると思われる。

ところで、客観的な条件のみでは限界がある。中小工業の量的な規定がなぜ、その水準なのかについて十分な説明が出来ない。その諸条件を制約する「主観的な条件」として企業家の立場・リスクの問題が浮びあがってくる。工業生産においての主体的な責任を負うのは経営者であるからである。

II 中小工業と経営者のリスク(主観的な条件)

中小企業は社長次第という言葉があるように、中小工業の成長・衰退にも経

営者である社長の活躍・戦略の力量・役割如何に左右されるとみるのが基本であろう。にもかかわらず、中小工業の歴史的な研究では企業経営者の位置付けが不十分であるといえる。もちろん、個別産業の中心的・先駆的な経営者を取り上げて紹介した研究はただある[56]。

　なぜ、中小工業の企業家を取り上げてこなかったのだろうか。それは、資料的な制約の上に、中小工業の経営者に対する見方に問題があろう。零細企業・在来産業のところでは個別の企業単位が家内工業と位置付けられているように、要するに取るに足りない存在であり、群としての中小零細工業は問屋制システムの一環をなしているものとして理解してきた。しかし、そこにも、契約の責任と生産のリスクということが存在することは確かであろう。他方、なぜ、中小工業の経営者の分析を取り上げなければならないのかという積極的な理由としては、はじめにで触れたように、客観的条件と拮抗する条件としての位置があるからである。

　膨大な中小工業の形成という論点が定着しているが、その理由・条件の分析において、先に吟味してきた「客観的条件」のみで十分理解できるのか、という問題が提起される。例えば、具体的な数字として中小工業が明治後期に約220万社が確認できるが[57]、なぜ、220万社なのか、なぜ250万社でもなく、180万社でもなかったのか。従来の解釈では市場規模に規定されていたという理解である。つまり、市場のあり方を含めた客観的条件が良かった結果であるという具合である。では、なぜ、零細企業・在来産業の数はそれほど多いのに対し、工場制や大工業・中堅規模の企業がそれほど少なかったのかという問題には、如何に理解すればよいのか。この問題を解決するためには、客観的条件を制約する要因を考えなければならないと思われる。その要因は、経営者の立場・リスクの問題であると考えている。そこで、中小工業の経営者の本質の問題が問われるのである。

　資本主義社会における企業経営では、利益創出とリスクとが付き物であるといえる。つまり、中小工業の自己責任・リスクの問題が客観的条件と拮抗する形で展開することは容易に推測できる。客観的条件がいくら良くても経営者の

図1　企業の規模とリスクとの関係

企業規模		リスク規模 (失敗負担／不確実性への挑戦)	
		大	小
利益規模	大	大工業ベンチャー	大規模の下請
	小	（官営企業）	中小工業

立場からみて生産・販売にリスクを感じる（損失が予想される）と経営活動は行えない。企業活動の報酬・利益とリスク・損失との関係を大工業と中小工業の立場から概略的に示せば、図1のようである。つまり、大工業（ベンチャー系企業）は量的に見て大きな利益と大きなリスクの世界、中小工業は小利益と小リスクの世界で存立する。それに対し、官営企業は大リスクと小利益の世界、比較的大きな下請企業は小リスクと大利益の世界といえよう。そこで、中小工業の経営者の本音としては、リスクは取りたくないが利益は得たいことであろう。

ここで、中小工業の歴史的展開の中で、量的に膨大な中小工業が形成されていたことは、中小工業・在来産業の経営者に生産のリスクは取らせていたものの販売のリスクは問屋が取っていたので、在来産業の経営者の本質を満たしている結果となっていたからであろう。それに対し、中堅規模の企業が少ないのは、その企業の生産力が大きくなる分、販売のリスクを経営者が取らなければならないので、企業経営者としての経営手腕が問われることで、その類の経営者が少なかったと思われる。当時の経営環境も、まだそのような企業が多く活動できる環境ではなかったかもしれない。

要するに、ここでの主張するところは、中小工業の量的拡大は経営者のリスクを排除する形で展開した反面、中規模・中堅企業の展開が少ないのは、その分リスクが大きいことが考えられる。中堅企業も問屋との取引き、問屋のリスクが多いことも重要な点である。そのような点をベースにして、日本資本主義

の展開における特質を考えてみれば、量的に圧倒的地位を占めている中小工業の性格の一面が見えてくるのではないだろうか。つまり、近代日本の資本主義的な経済社会が展開されるなか、中小工業の性格は、その経営者の性質から見て資本主義的な性格とはいえない。谷本雅之氏の場合[58]、労働者のあり方からみて在来的経済発展を主張するけれども、経営者のあり方からはとても幼稚な段階であるといえる。

最後に、中小工業の経営者がその経営活動によって成長し、その結果社会移動においてどのような地位上昇を見せていたかという点は、大変重要な研究テーマであると思われるが、従来の研究ではその点の具体的な追究が非常に不十分であることを指摘しておきたい。

III 中小工業の成長と日本資本主義

ここでは、以上の検討結果を踏まえて、日本資本主義の展開過程における中小工業の位置付けについて考えてみることにしよう。

①日本資本主義の展開過程において中小工業・在来産業の位置付けに関連して、一番高い次元からの問いかけは、武田晴人氏の指摘であろう。つまり、主に谷本雅之氏の研究を取り上げて、「新しい在来産業研究は、それまで産業革命研究が明らかにしてきた資本主義経済体制が如何に成立してきたのかという論点に関して、新たな全体像を提示するまでには至っていない。……「在来的経済発展」を近代的移植産業中心の産業発展とは別の系譜として描くにとどまったことに、研究史の現段階が示されている。在来産業の実証的研究が目標とするところは、これまでとは異なる産業革命期のパラダイムであろう」[59]という指摘である。それに対し、中小工業のあり方と位置付けについて、中小工業の研究では、一方では主に量的な位置の重要さを強調するが、他方で中小工業・在来産業の歴史的先細り的な見通しの上で[60]、その質的な要因・生産性、資本主義経済の主導性などからは必ずしも高い評価が得られない。そのような問題は、今日においても同じである。中小工業の企業数・従業員・出荷額・付

加価値額等のウェイトが大工業より高いにもかかわらず[61]、日本経済の主導的な役割を演じているという評価は少ない。その背景には、企業経営のあり方が違い、存立条件も異なっているからであろう。同然のことながら、近代日本においても同じで、量的な大きさのみではその位置付けが主導的になれない点も考えるべきであろう。

②日本資本主義の展開過程の上で、中小工業の位置付けとしては2つの明示的な見解がある。1つは、大工業との関係で重層的だという見解[62]、2つは近代大工業と在来産業の2つのパターンであるという見解である[63]。前者では、近代大工業の役目を重要視し、中小工業を従として見なし、両者の資本主義の発展へのあり方から重層的と表現している。それに対し、後者では、在来産業の主なところを5人以下の非工場制の労働力による生産形態に力点をおいて、特に量的な厖大さや多様な業種での展開を在来的経済発展と捉え、近代大企業を相対化する立場から車の両輪の一方を担っているものとしている。この主張では、中小工業の客観的条件に力点を置かず、問屋制と労働力の編成のあり方に力点を置いていることも特徴である。これらの議論で、中規模企業の位置付けに問題があろう。

③補完関係という視角から中小工業と大工業との関係をまとめてみれば、中小工業は多様な製品で展開しているので、大工業の発展の遅れが中小工業の発展を規定している側面すらあった。もちろん、資本主義の発展の視角から見て、中小工業は厖大な非効率的な生産性の側面を抱えていたということになる。しかし歴史的な現実を読む場合、そのような弱点をもつ中小工業こそが客観的条件をもって国際競争力を付けていた点については評価すべきであろう。中でも中小工業の客観的条件を作り出す、与えられたということが重要である。

④他方で、中小工業の経営者の評価では、資本主義的とはほど遠い次元での活動であり、その条件の下で営まれていた中小工業は日本資本主義の発展を遅らせていたと考えられる。特に多様な製品特性や市場のあり方にも規定されると思われるが、その経営者はリスクなしの経営であることが中小工業・特に零細工業・在来産業の拡大にも繋がったという点は、非資本主義的なあり方が資

本主義の発展に役に立ったという点に歴史的な意義があり、かつ韓国や中国とも異なり、近代日本における中小工業展開の特徴といえるだろう。

⑤日本資本主義の展開の特徴は産業革命と帝国主義の同時進行が言われているが、輸出、（アジアと植民地への輸出）は、そのほとんどが産業革命の主役の製品・大工業製品ではなく、中小工業の製品であることに気づく。この点は、外貨獲得・資本蓄積が中小工業に頼っていたことであり、日本資本主義の帝国主義的展開過程での特徴である。その点を深く読めば、日本の中小工業製品の輸出は、特に植民地の中小工業の成長・発展への影響が大きかったのではなかろうか。

　註
1) 中村哲「日本の資本主義化と中小工業——日本の資本主義形成の一特質」（後藤靖編『近代日本社会と思想』吉川弘文館、1992年）。
2) 竹内常善他編『近代日本における企業家の諸系譜』（大阪大学出版会、1996年）は、最近の代表的な研究といえるし、主な業種（醬油、機械、漆器、土木請負業）の先駆者的な企業家の研究であるが、中小工業企業家の包括的な研究とはいえない。
3) 尾城太郎丸「日本中小企業論史」（楫西光速・岩尾裕純・小林義雄・伊藤岱吉編集代表『講座 中小企業1　歴史と本質』有斐閣、1960年）。山崎広明「中小工業」（佐伯尚美・柴垣和夫編『日本経済研究入門』東京大学出版会、1972年）参照。
4) 中村隆英「在来産業の分析視角」（『日本の経済発展と在来産業』山川出版社、1997年）参照。
5) 周知のように、多くの研究蓄積があるが、最近の研究史整理としては、西成田豊「日本の産業革命と在来産業——論点の整理を中心に」（『一橋大学研究年報、社会学研究』第43巻、2005年）が挙げられる。
6) 谷本雅之「近代日本における"在来的"経済発展と"工業化"——商人・中小経営・名望家」（歴史科学協議会『歴史評論』、539号、1995年）、同「近代日本の「在来的経済発展」」（『中小商工業研究』第81号、2004年）、古島敏雄「産業資本の確立」（『岩波講座 日本歴史 17（近代4）』1962年）。
7) 楫西光速他編集代表前掲書、71頁、参照。

8）　古島敏雄「前掲論文」参照。
9）　中村隆英『戦前期日本経済成長の分析』（岩波書店、1971年）。同『明治大正期の経済』（東京大学出版会、1985年）参照。
10）　山口和雄・石井寛治編『日本近代の商品流通』（東京大学出版会、1986年）、4頁。西成田前掲論文、79頁より参照。
11）　中村哲「日本の資本主義化と中小工業——日本の資本主義形成の一特質」（後藤靖編『近代日本社会と思想』吉川弘文館、1992年）35-40頁参照。
12）　谷本前掲論文（2006年）参照。
13）　松本貴典・奥田都子「戦前期日本における在来産業の全国展開——営業税データーによる数量的分析」（中村隆英『日本の経済発展と在来産業』山川出版社、1997年）。
14）　竹内常善「都市型中小工業の問屋制的再編について」（広島大学『政経論叢』第25巻1号、2号、1975年）、同「我が国における問屋制解体の一局面」（福島大學『商経論集』第43巻3号、1975年）、同「都市型中小工業の農村工業化事例」（広島大学『経済論叢』第2巻3・4号、第3巻1号、1979年）、沢井実「1910年代における輸出雑貨工業の展開」（北星学園大学『北星論集』第24号、1986年）、同「1920年代の輸出雑貨工業」（北海学園大学『経済論集』第38巻2号、1990年。）、清川雪彦・牧野文夫「花筵産業における技術改良の意義——明治期農村工業品の輸出促進要因の検討」（一橋大学『経済研究』第49巻3号、1998年）、武知京三「我が国ボタン産業史の一齣」（国際連合大学、人間と社会の開発プログラム研究報告「技術の移転・変容・開発——日本の経験プロジェクト」1979年）、同「伝統産業における企業経営小史——奈良県製墨業の事例」（近畿大学労働問題研究所『労働問題研究』第29号、1989年）。綿織物、阿部武司『日本における産地織物業の展開』（東京大学出版会、1989年）、蚕糸・生糸、石井寛治『日本蚕糸業史分析』（東京大学出版社、1972年）、黄完晟『日本都市中小工業史』（臨川書店、1992年）等参照。
15）　武知京三の前掲論文等参照。
16）　中村哲前掲論文、谷本前掲論文（1995年、2004年）、西成田前掲論文、竹内編前掲書、黄前掲書参照。
17）　中村哲前掲論文参照。
18）　中村哲前掲論文、　中村隆英前掲論文、谷本前掲論文（2004年）、西成田前掲論文、竹内常善編前掲書参照。
19）　中村哲前掲論文、47頁。

20) 同前。
21) 中村隆英前掲論文参照。
22) 松本前掲論文 (1997年)。
23) 楫西光速他編集代表前掲書。綿織物業の場合の20年代の産地別の輸出は阿部前掲書、明治末期の大阪の都市移植雑貨工業の輸出比率は黄前掲書等参照。
24) 中村哲前掲論文、50-51頁。
25) 中村哲前掲論文、51頁。元の資料は、黄完晟「産業革命期における中小工業製品の輸出——大阪の硝子製品の輸出を中心に」(『社会経済史学』第55巻6号、1990年3月) である。また、山崎広明氏は「前掲論文」で日本の中小工業の輸出条件として先に工業化したという先発性や近隣の地域性などの要素を挙げている。
26) 黄前掲書、序章の3「日本資本主義成立期における都市中小工業の存立条件」、及び第4章「大阪の硝子中小工業製品の輸出」参照。
27) 石井寛治「国内市場の形成と展開」(山口・石井編前掲書)。
28) 中村哲前掲論文、46頁。
29) 中村哲前掲論文、58-59頁。
30) 古島前掲論文、第5・9表参照。
31) 黄前掲書、236頁。
32) 中村哲前掲論文、41-49頁。
33) 中村哲前掲論文、42頁。元の資料は、石井寛治「産業資本 (2) 絹業」(大石嘉一郎編『日本の産業革命』上、東京大学出版会、1975年)、173～175頁。竹内壮一「近代製糸業への移行」(『講座・日本技術の社会史　第3巻、紡織』日本評論社、1983年) 参照。
34) 中村哲「前掲論文」、49頁。元の資料は、石井正「繊維機械技術の発展過程」(中岡哲朗、石井正、内田星美『近代日本の技術と技術政策』東京大学出版会、1986年)、同氏「力織機製造技術の展開」(南亮進・清川編著『日本の工業化と技術発展』東洋経済新報社、1987年) である。
35) 黄前掲書、25頁の表序-2 (中小工業用機械の価格比較) 参照。
36) 中村哲前掲論文、47頁。
37) 中村哲前掲論文、40-44頁。鈴木淳『日本の近代機械工業』(ミネルヴァ書房、1997年) 参照。
38) 中岡哲朗「技術の経済学と歴史学の間で」(一橋大学『経済学研究』第39巻4号)、同『技術史』等参照。

39) 黄前掲書、第2章「大阪の中小機械工業とメリヤス機械工業の展開」参照。
40) 黄前掲書、序章（問屋の産業活動）参照。
41) 大蔵省編『大日本貿易年表』各年参照。
42) 中村哲前掲論文、43頁。元の資料は、清川雪彦「戦前中国の蚕糸業に関する若干の考察」（1）（『経済学研究』第26巻3号、1975年3月）。
43) 黄前掲書、序章（低賃金労働力を利用しうる条件）参照。
44) 低賃金の需要側・中小工業側の論点が乏しいのは、その生産過程の分析が欠如しているからだと思われる。
45) 中村哲前掲論文、44頁。元の資料は、中村哲『明治維新の基礎構造』（未来社、1968年）、第5章「世界資本主義と日本綿業の変革」、附論「日本における本源的蓄積の一特質」。中村哲『日本初期資本主義史論』（ミネルヴァ書房、1991年）参照。
46) 中村哲前掲論文、45頁。
47) 有沢広巳『日本工業統制論』（有斐閣、1937年）参照。
48) 中村哲前掲論文、56頁。
49) 黄前掲書、序章（問屋の産業活動）参照。
50) 韓国の中小工業は、日本の問屋のような存在が希で、中小工業の生産と販売が同企業によって営まれているので、景気変動・不況に特に弱く、大量倒産が起こりやすい体質となっている。
51) 中村哲前掲論文、中国と日本の問屋制の違い。
52) 中村哲前掲論文、57頁。
53) 竹内常善前掲論文（1975年）。
54) 大阪市編『大阪市統計書』（明治39年）参照。
55) 岡崎哲二編『生産組織の経済史』（東京大学出版会、2005年）。同編『取引制度の経済史』（東京大学出版会、2001年）参照。
56) 竹内常善他編前掲書。
57) 古島前掲論文。
58) 谷本前掲論文（1995年、2004年）。
59) 武田晴人「解説・近代の経済構造」（武田晴人・中林真幸編『近代の経済構造』東京堂出版、2000年）6頁。
60) なお、中村隆英氏も、大工業製品が市場を支配するようになって、問屋制の在来産業が解体するものと見ていることから、近代日本における中小工業による非効率的な市場の展開を暗示しているように見える。それは、また本稿でい

う川上的市場から川下的市場へと変化を意味するものと理解される。中村隆英前掲書、参照。
61) 『中小企業白書』(2007年)付録参照。
62) 中村哲、西成田前掲論文。
63) 谷本前掲論文。

第III部　国内植民地

第5章　帝国日本と国内植民地・北海道

今西　一

はじめに

　私の理解では、近年の韓国の植民地研究では、「植民地近代化」論と、それへの批判を含んだ議論（「植民近代性」論[1]）は盛んである。また現在の韓国経済の発展の起点を、戦前の植民地期に求めるか、戦後の朝鮮戦争・ベトナム戦争に求めるか、といった論争はあるが、戦前の植民地支配の「遺産」が、現在の韓国社会にどのような影を落としたのかという議論は、まだ本格的になされていない、と認識している[2]。日本の植民地研究は、「国内植民地」[3]である北海道・樺太・沖縄・小笠原などとの関連性が弱く、従来は、日本近代史研究でさえ、朝鮮近代史研究、中国近代史研究などと分断され、「タコ壺」的（丸山真男氏）に進められてきた。近年、アジアの植民地研究は活発化してきているが、それさえ北海道史研究との有機的な連環は弱い。今日、長い「内国植民地」論の蓄積を持つ北海道史の研究に注目することは、日本の植民地研究にとっても重要であると考えている。
　さて私は現在、日本の「国内植民地」である北海道に居住している。夕張など地方都市の破産、地域医療の解体、大学の倒産など、日々「新自由主義経済」政策の矛盾、極端な札幌一極集中などの「ポスト・コロニアリズム」状況に直面している。私はまだ、北海道史を本格的に勉強はしていないが、このような状況を、北海道史の研究者は、どう考えているのであろうか。現在の北海

道の状況を考えるためにも、「国内植民地」論は、非常に魅力的な議論だと考えている。日本中で〈豊かな自治体〉と〈貧しい自治体〉、〈豊かな自治体〉のなかでも、居住空間による格差はますます拡大しており、グローバリゼーションという名の〈植民地主義〉は、国の内外ともに拡大している。

また、私が側面から見ていても、いわゆる「北海道史」には、三つほどの問題点がある。ひとつは、先住民である「アイヌ」などの人びとと、「開拓史」という「本州」(北海道史では、四国・九州をいれるために「内地」と言う)から移民してきた人びととの歴史が断絶していることである。そして第二に、いわゆる「日本史」と北海道・樺太や沖縄・奄美などの歴史研究との断絶がある。これは「日本史」が一国の「国民史」として語られてきたという問題でもあり、台湾・樺太・朝鮮・中国・香港・東南アジアといった、かつて日本が植民地とした国々の歴史とも「日本史」は断絶している。そして、三つめに「前近代」といわれる伝統社会の研究に比べて、近現代史の研究が著しく弱いという問題がある。

しかし、これらの傾向は、名前だけをあげるが、小川正人、山田伸一、麓慎一、竹野学、塩出浩之氏らといった[4]、30～40代の新しい研究者らがでてきて、急速に克服されようとしている。しかし札幌大学などの私立大学では、アイヌ問題を授業で取り上げる所もあったが、北海道大学などの元国立大学(現独立行政法人)では、アイヌ史や北海道史の講座がなかった。昨年になって、やっと北大でも「アイヌ・先住民研究センター」が作られるようになった。私の所属する小樽商科大学でも、数年前からアイヌ問題の講義を、非常勤の先生にお願いするようになった。なぜアイヌ問題は、そこまで大学でタブー視されているのか、というところから話をはじめたい。

I アイヌと「日本人」研究者の対立

私が、小樽商科大学に赴任した16年ほど前でも、アイヌ研究は、うかつに手をだせない雰囲気があった。なぜかといえば、アイヌの人びとは、シャモ(和

人）の研究者に強い不信感をもっているからである。実にアイヌとシャモとの間には、研究面だけでも深い断絶があった。

 ひとつは、戦前から戦後にかけて、北海道帝国大学医学部教授の児玉作左衛門氏が、北海道各地のアイヌの墓を手当たり次第に掘り起こし、1,004体の人骨と副葬品を北大に持ち帰り、副葬品は「児玉コレクション」として、1万点以上が函館博物館に、そして935点が白老民族博物館に寄贈された。児玉氏は、アイヌの人びとに常々「墓を掘るのは国のためであり、アイヌが日本人だということを裏づけるためだ」と言って、返還を約束して人骨を持ち去ったそうである。この人骨は、1982年8月、北海道ウタリ（同胞）協会の返還要求で、返還希望地域に人骨を戻し、残りは北大校内に納骨堂を建てて供養した。ところが、この納骨堂の文部省向けの正式名称が、「北海道大学医学部標本保存庫」と言われている[5]。これは「政教分離」のために、しかたなく名づけたと弁解しているが、これでは言い訳にもならない。

 児玉氏の前にも、幕末にはアイヌ墓地のイギリス人盗掘事件があり、1888年から89年にかけて、東京帝国大学の解剖学教授小金井良精氏が北海道を調査して、160余のアイヌの人骨を持って帰ったのは有名である。しかし、児玉氏の調査は、日本学術振興会が民族衛生学会の主導のもとにすすめた国家的事業であり、藤野豊氏も指摘しているように[6]、「そこで実行されたアイヌ研究もまた優生学思想の支配下にあったことを意味」している[7]。

 北大というのは「植民地大学」であっただけに、実に人骨のよくでてくる所である。1995年7月26日にも、文学部古河講堂の1階から、ダンボールに入れられていた6体の頭骨が発見された。これには「オロッコ」（ウィルタ）が3体、「日本男子」が2体、「韓国東学党　首魁者の首級なりと云う」と書かれたものが一体でてきている。ウィルタというのも北方民族であるが、韓国の甲午農民戦争のリーダーの頭骨まで出てきて、韓国のMBC放送では特集番組が組まれた（「あなた様はどなた様でございますか」、1996年8月15日放送）。北大では文学部の井上勝生氏らが中心になって、『古河講堂「旧標本庫」人骨問題報告書』（1997年）という、北大の戦前の植民学を批判した優れた報告書を作成

している。井上氏の主張の一部は、東学農民革命記念事業会編『甲午農民戦争の東アジア的意味』(書景文化社、2002年、ハングル)でハングルに訳されている。また、同「札幌農学校と植民学の誕生」(酒井哲哉編『岩波講座 「帝国」日本の学知』第1巻、岩波書店、2006年) などでも展開されている。

しかしこの報告書で、人骨の入手に新渡戸稲造が関与していたと書いただけで、早速、北大の三島徳造氏の「北大人骨放置問題 新渡戸稲造関与説を批判する」(『新渡戸稲造研究』第7号、1998年) という反論がでるほど、北大には新渡戸ファンは根強く存在している。最近の日本では、新渡戸の『武士道』の翻訳が何冊かでて、なぜか「武士道」ブームさえ起こっている。

戦後、アイヌの研究者たちが、日本人研究者に大きな不信をもった最初の事件は、1953年8月24日に北海道大学医学部で行われた、「第8回日本人類学会・日本民族学協会連合大会」の席上で起きている。同会では、河野広道氏の「アイヌ民族人喰い説」への疑問が、アイヌ活動家の平野幸雄氏から出されながら、座長の岡正雄氏によって、討論が打ち切られてしまった。河野氏は、「貝塚人骨の謎とアイヌのイオマンテ」(『人類学雑誌』1935年4月) という論文のなかで、十勝アイヌの人喰いの習慣について書いている。そして、この論文の註のなかで、この話は若き日の北海道史研究者高倉新一郎氏から聞いたとしている。日本人研究者は、平野質問を同じアイヌ出身の言語学者知里真志保氏がさせた、と考えていたようである[8]。この事件は、武田泰淳氏の小説『ひかりごけ』や『森と湖のまつり』のなかでも描写されている。

この問題は現在も続いており、最も権威のある平凡社の『世界大百科事典』1 (1972年) でも、「アイヌ」の項目 (名取竹光氏執筆) には、「十勝アイヌはもっとも後年まで、人肉を食べたと伝えられているが明らかでない」(32頁) と書かれている。この記述は、同社の『大百科事典』(1984年) にも、そのまま踏襲されている。さすがに近年、北海道ウタリ協会の抗議もあって、一昨年には別刷を出し、昨年、全面的な書き換え版を出版した。

このように日本人研究者が、アイヌを「人喰い民族」として描くこと自体、アイヌ研究の「知的枠組みとして」、「植民地主義的な解釈者と情報提供者とい

う二項対立的な枠組みが解消できなかった」ことを物語っている[9]。

　戦後、アイヌへの差別事件は次々に起きているが、1977年7月10日の「北大の「アイヌ差別講義」問題」「機動隊出動、三学生逮捕」（新聞各紙）や1985年からの「アイヌ肖像裁判」などが有名である。前者は、北大経済学部教授の林善茂氏が、「北海道経済史」の講義のなかで行った、「和人が渡って来た時に、アイヌの娘と婚姻があった。先進民族にあこがれるのは、（戦後の）占領軍時代のパンパン（売春婦）と同じである」等々といった、アイヌ差別、女性差別発言に抗議した学生を、大学当局が逮捕させた事件である。その後、「和解」ということで終結している[10]。

　後者の「アイヌ肖像権裁判」は、「北海道100年」の記念事業として出版された『アイヌ民族誌』（第一法規出版、1969年）のなかで、更科源蔵氏を、チカップ（内藤）美恵子氏が無断で写真を使われたとして、肖像権の侵害で訴えた事件であるが、この本自体の差別性を鋭く追求している。毛深いアイヌや、入れ墨の写真が使われ、児玉・高倉・林氏らの記述は、いくら戦前の研究をベースにしているとはいっても、「滅びゆく民族」「未開・劣等な文化」といった、戦前の植民地主義の延長にある同化主義によって貫かれている。是非、この裁判の記録である、『アイヌ肖像権裁判・全記録』を読んでいただきたい。高倉氏らの北海道史研究の問題点がよくわかる。

II　北海道史の問題点——「内国植民地」論を中心に

　戦前の北海道研究では、むしろ「内国植民地」というのは、普通に使われている。植民学として北海道研究が始められたからである。戦前の日本の植民学は、札幌農学校で始められている。1890年、日本最初の植民学の講義を、佐藤昌介教授が始めている。その後、東北帝国大学に改組された1907年に、「農政学殖民学講座」という講座が開設されているが、これが日本で最初の植民学講座である。

　佐藤氏の弟子は高岡熊雄氏という農政学者で、その弟子が屯田兵研究で有名

な上原轍三郎氏と高倉新一郎氏である。高倉氏は、東京帝国大学時代の新渡戸稲造氏の弟子である矢内原忠雄氏の影響も受けている。高倉氏については、私は『国民国家とマイノリティ』（日本経済評論社、2000年）という本の第6章で紹介している。高倉氏は、日本の部落史の創始者である喜田貞吉氏の「アイヌ」論の影響も受けている。喜田氏は、最近の学会では高い評価を受けているが、彼は徹底的な同化論者で、「日韓同祖論」の提唱者のひとりでもある。

高倉氏は、1902年の生まれであるが、北海道帝国大学の学生時代、図書館の職員であった朝倉菊雄（作家島木健作）氏らと『資本論』の読書会を組織して逮捕されているが、不起訴になっている。これを「北大社研事件」と言う。若い日の高倉氏は、マルクス主義の影響を強く受けている。

しかし、氏の代表作『アイヌ政策史』（日本評論社、1942年）は、まず序章で、「原住民政策は、植民地における土地政策とならんで、植民政策の最も重大な部門を占める」として、この研究が植民学の立場から行われることを明言している。そこでフランスの経済学者ルロア・ボリュー（Leroy-Beaulieu, Paul, 1843-1916）氏[11]らの植民地論を借りて、①土人植民地＝商業植民地＝非同化政策、②混合植民地＝搾取植民地＝同化時代、③移住植民地＝居住植民地＝社会政策時代の3段階に区分して、北海道史に適応している。

高倉氏は、1514年から1789年の松前藩が支配していた時代は、「商業植民地」として、アイヌの自治は守られていた、とする。ところが1789年のクナシリ・メナシ地方のアイヌ反乱によって、江戸幕府の直轄地になり、漁業の場所請負制度が確立して、「搾取植民地時代」に入る。そして、松前、幕府と統治が変わるが、1868年の明治維新によって、「搾取もしくは投資植民地より移住植民地」に転換したとしている。高倉氏は、1869年の「場所請負制度」の廃止を、「アイヌの奴隷解放」としている。

しかし、田島佳也・岩崎奈緒子・谷本晃久氏[12]らによって、場所請負制下のアイヌが、自分たちの生産手段をもち、独自の漁業を行っている事例などが紹介されている。場所請負制を「奴隷制」としていたイメージは、大きく変貌している。それどころか、近代化の過程で、明治政府はアイヌに農業を奨励し、

入れ墨・耳飾りなどの固有の旧慣を禁止し、「和語」(日本語) を強制し、姓名改変を強制するなど、アイヌの「国民化」＝「同化」政策を実施している。

なぜアイヌの「国民化」を急がなければならなかったのだろうか。北海道は、松前藩の支配領域を除いては、近世では「蝦夷地」であり、「異域」でもあった。それを近代国民国家では、北海道を創設し、アイヌを国内に編成して、戸籍に編入する。またロシアとの間で国境を確定するために、1875年の樺太千島交換条約では、樺太アイヌを札幌に近いツイシカリ (対雁) に集団移住させる。そして翌年に、全員を強制移住させるが、85年、コレラと天然痘が発生して、移住者の約半数385人が死亡している。また従来、夷人、蝦夷、土人などと呼ばれていたアイヌは、幕末からは土人と呼ばれるようになり、近代になって「旧土人」と呼ばれるようになってくる[13]。

そればかりか1872年の「北海道土地売貸規則」「北海道地所規則」や、75年の「山林荒蕪地払下規則」などの一連の土地私有化政策によって、それまでアイヌの狩猟採集圏であった山林原野を官有地に編入し、新しい領土・資源は新規の内地からの入植者や開拓地主たちに払い下げた。75年から76年には、アイヌの伝統的な狩猟・漁撈の手段であった毒矢 (アマッポ) やテス網の使用が禁止され、アイヌの生活はますます困窮していった。

狩猟・漁撈の場であった山野河海から排除されたアイヌに、82年からは旧土人救済として勧農を実施するが失敗する。逆に殖民地区画のなかで「旧土人保護地」として1戸5ヘクタールが与えられますが、これこそが5ヘクタールに限定して、アイヌの土地を取り上げる政策であった。それを完成させるのが、99年の「北海道旧土人保護法」である。高岡氏も関与して作った、この「北海道旧土人保護法」を、弟子の高倉氏は、「即ち経済的には一連の無能力者として是 (アイヌ) を保護する一方、教育に依る同化を強行して完全なる国民に仕立てようと努めたのであります」と、絶賛している。同法は、土地も海も川も奪って、保護し同化する「シャモ」と、保護され同化される「アイヌ」という位置を決定的にしてしまった。

高倉たちの「内国植民地」論と違って、これを批判的に論じた人物に、やは

り北海道出身の「講座派」マルクス主義者野呂栄太郎氏がいる。野呂氏は、1927年に書いた『日本資本主義発達史』(岩波文庫、1952年)のなかで、「農村を去った農民は、あるいは都市の近代的工業やマニュファクチューア(ママ)の職場や商館へ、あるいは鉱山や鉄道工事場や土木工事場へ、あるいはまた北海道の資本家的農場や漁場へと流れ込み、近代プロレタリアまたは準プロレタリアと化して、我が資本主義の急激なる発達を可能にしたのである」として、1886年から89年まで全国平均の5倍も人口増加する北海道を「植民地」として捉えている。平野義太郎氏も、『日本資本主義社会の機構』(岩波書店、1934年)のなかで、この野呂氏の見解を支持している[14]。明治の松方正義蔵相のデフレ政策が、国内植民地への移民を促進したという野呂氏の見解は今日でも卓見だと思う。

また野呂氏は、「北海道における例外」として、「その処では、資本家的小作農業者の萌芽的発達を見る」が、日本農業全体は「未だ封建的小生産様式の下に」おかれていた、としている(前掲書)。戦後の「辺境」論争では、野呂氏が指摘した北海道の例外性よりも、この「封建的」側面が強調されるようになる。

III 「辺境・内国植民地」論争

戦後も、高倉氏らの議論は、「外地」の植民地を失った日本は、国内植民地としての北海道に注目し、北海道開拓論が活発に議論される。北海道は戦前の「植民学」が、アイヌ問題をはじめ最も生き残った地域になる。一方、マルクス経済学者の間では、「辺境」論が議論され、北海道は「辺境」か国内植民地か、という議論がなされている[15]。

レーニンの『ロシアにおける資本主義の発展』や『農業綱領』が翻訳されると、アメリカ型とプロシャ型の「二つの道」論や「辺境」論が、活発に議論されるようになる。かなりマルクス主義の訓詁学的な議論が中心でので、今ふりかえる価値があるのか、という疑問もあるが、簡単に紹介する。

まず齊藤仁氏が、戦後の「二つの道」論争に参加し、『旧北海道拓殖銀行論』

(農業総合研究所、1957年)のなかで、日本の「資本主義の発展は、この地方(北海道——引用者)への移住を累増させ、未墾地の農用地化、未占有地の私有地化を進行させつつ、他方でアイヌ種族を主たる部分とするおくれた原住種族の国民経済へのとりこみを完了させる。ひとことでいえば、辺境地方の内国植民地としての発展が進行する」(11頁)としている。

そして、農業移住人口と耕地面積の拡大を指標にして、市場条件＝景気循環によって、北海道地主の生産機能が衰退する、戦時体制をもって「内国植民地」の喪失とする。しかし、齊藤氏も認めているように、戦後の北海道は、戦前を越える耕地面積の拡大を1990年代に実現するわけで、耕地面積だけで簡単に植民地性の喪失が言えるのか、という疑問がある。

これに対して湯沢誠氏は、アメリカを典型とする「一般的、古典的な意味の辺境」と「特殊な偏奇をもつ場合の、カッコ付きの辺境」という「二重の辺境論」を展開する。氏の場合は、北海道の特殊な「辺境」性は、「開拓期」に限定され、明治末からの中央財閥の侵出によって、「希薄化」されていくとしている(「序章　問題と方法」、伊藤俊夫偏『北海道における資本と農業』農業総合研究所、1958年)。

湯沢氏の議論を引き継いだのが保志恂氏の「後進国的辺境」論である(「第一次大戦後の拓殖農業情勢」(上)(中)『北海道農業研究』第15、16号、1959年)。氏は、世界資本主義を封建制の存廃、ブルジョア民主主義革命の達成によって先進資本主義と後進資本主義とに区分し、後進資本主義にあって、中央部の遅れた半封建的な生産関係の移植によって成立した辺境部を、「後進国的辺境」(ロシア、プロシャ)と呼び、それに北海道が当てはまるというのである。

この議論を非歴史的だとして批判したのが歴史家の永井秀夫氏であり、氏は北海道を農耕植民地、「後進国的辺境」として捉えることを批判している(「北海道と辺境」『北大史学』第1号、1966年)。しかし永井氏は、田中彰氏らの「内国植民地」論を受け入れて、北海道と沖縄との比較、アジアの植民地との比較を提唱している(「辺境の位置づけについて」『北海学園大学　人文論集』第6号、1996年)[16]。

田中修氏もまた、『日本資本主義と北海道』（北海道大学図書刊行会、1986年）の第1章（1967年発表）のなかで、「自由な植民地」概念を、「自由な土地―自由な移民―自由主義段階」と、「三重の意味で自由な植民地」と規定している（40-41頁）。そして、北海道の工業化の問題を明らかにする。しかし、この50〜60年代の論争は、幾つかの実証的な成果を生んだが、時代的な制約もあって、やはりマルクスやレーニンの概念をどう理解するかという極めて訓詁学的な議論に終始している。農業経済学者が中心であったこともあって、「植民地主義」を、あまりにも経済主義的な規定から捉えすぎている。「女性史」の視点も弱すぎる。

　これに対しては、既に1970年代に海保嶺夫氏が批判しているように、辺境論における民衆史視点の弱さ、アイヌ民族問題との接点の弱さ、アジア植民地支配の「プロトタイプ」としての北海道開拓という視点の弱さなどの問題がある（「北海道の「開拓」と経営」、岩波講座『日本歴史』第16巻、1976年）。ただ、海保氏の場合でも、1900年代になると「北海道の「内地」化＝辺境的性格の希薄化」（204頁）が言われている。

　また山田定市氏は、「北海道を"未開地"ないし"自由な処女地"と規定ことは、その経済的本質を明らかにするうえでは妥当であるが、それはあくまで資本主義にとっての「未開地」であり、移住・開拓者にとっての「未開地」「自由な土地」であって先住民族の立場はこの限りでは反映していない」と批判している。そして、「民族にかかわるいま一つの問題は、北海道の開発が、日本資本主義の植民地支配のもとで、朝鮮人、中国人の強制連行、強制労働に負うところが大きかった、という事実です」とも指摘している（「北海道の主体形成」、『日本の科学者』1989年、11月号、22〜23頁）。

　歴史研究のなかでは、田中彰氏や桑原真人氏は、「講座派」マルクス主義の「国内植民」論を受け継いでいる。田中氏は、『明治維新』（小学館、1976年）のなかで、北海道の開拓政策が、1869年の開拓使の設置のなかで、72年から10年間で、1,000万円の費用を北海道に投入した（従来の5倍）ことなどをもって、「旧慣温存」を強いられ、年間20万円を国庫に収奪された沖縄を収奪型と

して、北海道の投資型とを対比して二つの「内国植民地」論を展開した[17]。そして桑原氏は、『近代北海道史研究序説』(北海道大学図書出版会、1982年)のなかで「内国植民地論」を実証的に展開している。しかし、海保・山田氏の批判点は、今日でも十分に克服されているとは言えない。

IV 今後の課題

　紙数の制約があるので、問題点だけを列挙しておきたい。ひとつは、「本土」の地方行政や教育の整備に対して、北海道・沖縄が遅れているといった、タイム・ラグをどう考えるのかという問題である。これを差別として議会開設の請願運動などが起こるが、これらの運動が本土の帝国憲法体制に組み込まれていく側面を見ることも重要である。北海道を徴兵忌避や国事犯の「アジール(避難所)」として逃げ込む人びともあったし、自由民権運動のなかでは、函館では、秋田・青森と連合して「東北三洲社」というひとつの政社をつくり、『秋田青森函館新報』という新聞を発行している[18]。近代化のなかで、「複数の北海道」といった可能性は弱められていくのである。

　第2に北海道移民の問題である。これも地理学の平井松午氏らの研究(『近代北海道の開発と移民の送出構造』札幌大学経済学部附属地域研究所、2006年、他)がでてきて、近年、最も注目を集めている分野である。しかし、北海道は移民型の植民地であるが、沖縄が台湾や「南方」への重要な出撃基地であったように、1905年以降は樺太・満州への重要な移出基地にもなっていくのである。

　表1を見ればわかるように、大正期の初めから2万人前後の出入人口があり、流出人口が流入人口の50%を超えることがある。樺太航路の中継地である小樽が、1920年代の北海道で最もモダンな都市に発展するのも、日本が樺太を占有し植民地帝国として発展していくからである。東南アジア史の一環として沖縄という視点からの沖縄研究が進んでいるのに比べて、北東アジア史の一環としての北海道史という問題は著しく遅れている。ロシア、中国、韓国の研究者との共同研究が必要だと考えている。

表1 北海道の流入・流出人口および移動純量

年次		流入人口	流出人口	移動純量	年平均流入人口	年平均流出人口	年平均移動純量
明治2年	(1869)	1,972¹⁾	‥¹⁾²⁾	‥			
3	(1870)	3,685	‥	‥			
4	(1871)	8,598	‥	‥	⁷⁾ 7,875,0	‥‥	‥‥
5	(1872)	13,784	‥	‥	⁸⁾ (39,375)	(‥)	(‥)
6	(1873)	11,353	‥	‥			
7	(1874)	1,955	‥	‥			
8	(1875)	4,656	‥	‥			
9	(1876)	3,833	‥	‥			
10	(1877)	2,577	‥	‥	3,916,0	‥‥	‥‥
11	(1878)	4,480	‥	‥	(19,580)	(‥)	(‥)
12	(1879)	4,034	‥	‥			
13	(1880)	3,604	‥	‥			
14	(1881)	8,700	‥	‥	4,951,8	‥‥	‥‥
15	(1882)	5,539³⁾	‥	‥	(24,759)	(‥)	(‥)
16	(1883)	2,260	‥	‥			
17	(1884)	4,656	444	4,212			
18	(1885)	10,359	826	9,533			
19	(1886)	9,609	747	8,862			
20	(1887)	9,038	877	8,161	10,142,0	809,4	9,766,4
21	(1888)	8,586	822	7,764	(50,710)	(4,047)	(48,832)
22	(1889)	13,118	775	12,343			
23	(1890)	15,393	881	14,512			
24	(1891)	15,738	782	14,956			
25	(1892)	42,708	5,547	37,161	35,629,0	4,514,6	30,680,6
26	(1893)	49,047	7,772	41,275	(178,145)	(22,573)	(153,403)
27	(1894)	55,259	7,591	47,668			
28	(1895)	59,671	8,630	51,041			
29	(1896)	50,396	9,589	40,807			
30	(1897)	64,350	11,619	52,731	56,688,0	9,917,8	46,770,2
31	(1898)	63,629	11,381	52,248	(283,440)	(49,589)	(233,851)
32	(1899)	45,394	8,370	37,024			
33	(1900)	48,118	7,847	40,271			
34	(1901)	50,105	9,678	40,427			
35	(1902)	43,401	9,985	33,416	47,335,4	9,055,0	38,260,4
36	(1903)	44,942	8,738	36,204	(236,677)	(45,275)	(191,402)
37	(1904)	50,111	9,027	41,084			
38	(1905)	58,224	10,395	47,829			
39	(1906)	66,793	10,092	56,701			
40	(1907)	79,737	13,457	66,280	69,836.0	12,664,2	57,171,8
41	(1908)	80,578	15,578	65,000	(349,180)	(63,321)	(285,859)
42	(1909)	63,848	13,799	50,049			

43	(1910)	58,905	13,925	44,980				
44	(1911)	61,577	13,723	47,854		62,062,8	15,598,6	46,464,2
大正元年	(1912)	61,156	13,963	47,193		(310,314)	(77,993)	(232,321)
2	(1913)	66,163	16,837	49,326				
3	(1914)	62,513	19,545	42,968				
4	(1915)	85,841	21,985	63,856				
5	(1916)	70,785	18,610	52,175		81,514,8	19,592,6	61,922,2
6	(1917)	75,558	18,480	57,078		(407,574)	(97,963)	(309,611)
7	(1918)	83,925	17,433	66,492				
8	(1919)	91,465	21,455	70,010				
9	(1920)	80,536	23,543	56,993				
10	(1921)	67,974	24,379	43,595		64,688,0	29,239,4	35,448,6
11	(1922)	60,412	26,560	33,852		(323,440)	(146,197)	(177,243)
12	(1923)	58,203	27,869	30,334				
13	(1924)	56,315	43,846	12,469				
14	(1925)	60,104	33,457	26,647				
15	(1926)[4]	20,452	8,586	11,866	9)	58,506,7	29,438,1	29,068,6
昭和元年	(1926)[5]	56,312	28,489	27,823		(307,160)	(154,550)	(152,610)
2	(1927)[6]	57,890	28,745	29,145				
3	(1928)	53,931	28,054	25,877				
4	(1929)	58,471	27,219	31,252				
5	(1930)	60,126	26,235	33,891				
6	(1931)	55,630	27,722	27,908	10)	53,835,2	26,087,4	27,747,8
7	(1932)	49,903	24,093	25,810		(269,176)	(130,437)	(138,739)
8	(1933)	48,424	24,898	23,526				
9	(1934)	55,093	27,489	27,604				
10	(1935)	51,984	29,045	22,939				
11	(1936)	48,519	28,675	19,844				

注： 1) この表の中には、屯田兵と許可移民の人口は含まれない。
　　 2) 明治2年から同16年までの往住人口は得られなかった。
　　 3) 統計院編「帝国統計年鑑」第3巻によれば5,111となっているが、同番第4巻以後は5,539となっている。
　　 4) 大正15年（1926年）1月から3月までの期間。
　　 5) 昭和元年（1926年）4月から昭和2年（1927年）3月までの期間（年度）。
　　 6) 昭和2年以後はすべて年ではなく年度である。
　　 7) 移住人口、往住人口、移動純量より算出した各人口の1年間あたりの平均値。
　　 8) （ ）内の値は各期間内の合計値。
　　 9) 昭和元年～同5年の期間は5.25年とした。
　　 10) 昭和6年～同10年の期間は5.0年である。
出典：日本大学人口問題研究所「北海道移植民と開発に関する研究報告書」（昭和55年）より。
　　 （桑原真人氏の御教示による）。

　最後に、朝鮮人の強制連行の問題である。もともと北海道には、在住朝鮮人の数は多いとはいえず、1938年で1万2,000人程度であるから、全国の1.5％に過ぎない。同年の在住朝鮮人80万人の50％が京阪神に住んでいた。ところが39年から国家総動員法に基づく労務動員計画が作られ、114万人の動員計画のな

かで、8万5,000人の在住朝鮮人が組み込まれている。その後、アジア・太平洋戦争の終わる約6年間で朝鮮から日本に送りこまれた労働者は70万人程度と推定されている。その内北海道に連行された労働者は14～15万人で、この全国比20％という数字は、福岡県とならんで群をぬいている（朝鮮人強制連行実態調査報告書編集委員会編『北海道と朝鮮人労働者——朝鮮人強制連行実態調査報告書』北海道大学生活協同組合、1999年）。

業種は炭坑が圧倒的に多いが、この在住朝鮮人たちの実態は、ほとんど明らかにされていない。協和会の幹部や土建下請け経営者、土工部屋幹部や土工夫、朝鮮料理屋・バアーやそこに働く女性たち、民族運動や労働運動の実態、集団移住者や呼び寄せ家族など、わからないことだらけである。北海道では、15万人ほどいた在住朝鮮人は、戦後直後の労働運動に重要な役割を果たして、ほとんど出て行った。本土のようにコリアン・タウンを作っていないが、これも大きな特徴である。しかし、当時の新聞や行政資料を使えばかなり明らかになると思う。「国内植民地」北海道の実態をつかむためには、強制連行の問題は、不可欠だと考えている。

もちろんこの他に、中国人や白人の捕虜も働かせている。1942年に東条英機内閣が閣議決定を行った、「華人労務者ヲ内地ニ移入」させるための「捕虜」狩り（俗に「兎狩り戦法」と言われているが）で、強行連行された中国人は、4万1,317人であったが、日本での就労者数は、3万8,123人であった。3,194人が、途中で死亡しているが、これは餓死や虐待などによるものだと言われている。

このようにして強制連行した中国人を雇用した日本の雇用主は、全国で35社、配置事業所数は135カ所である。事業別では鉱業（主に石炭）が圧倒的で、42事業場、1万7,432人であるが、土木建築業、港湾荷役業、造船業などがある。ここでも北海道が、19社、58事業所（全国最多）、就労者数1万9,631人と、強制連行された中国人の約半数を占めている（長利一「中国人強制連行・強制労働」、太田一男他編『北海道と憲法』法律文化社、2000年）。現場では、中国人は「捕虜」であるから、朝鮮人よりも虐待を受けている。

北海道に強制連行された朝鮮人や中国人が多いのは、戦時下の人不足と重点的なエネルギー産業である炭坑業が多いということもあるが、「本土」での朝鮮労働者の脱出率が50％前後であるのに対して、北海道では20％しかない。自然条件の厳しい北海道それ自体が、「監獄島」であったと言ってもいいであろう。

　野呂氏以来、「講座派」マルクス主義の人びとは、北海道の民衆生活の悲惨さを、「本土の半封建的」な生産関係が、「植民地」「辺境」に持ち込まれたからだという議論であるが、これこそ「植民地近代」の文明化が創りだした悲劇である。そう考えることによって、台湾・朝鮮・満州・香港・東南アジアなどの植民地統治との比較が可能になってくると考えている。植民地は宗主国以上に近代化されることがあるが、宗主国自体も近代化する。函館・小樽などの植民地都市のモダン化も、「植民地近代」の問題から考える必要がある。

　　註
1) 「植民地近代性」とは、フーコー的の権力論から、近代社会の規律性や監視を強調する議論である（並木真人「朝鮮における「植民地近代性」「植民地公共性」・対日協力」『国際交流研究』第5号、2003年)、他。この議論については、本書第9章の金洛年論文を参照。
2) 最近、趙寛子氏の『植民地朝鮮／帝国日本の文化的連環』(有志舎、2007年)のような労作が現れており、日本と韓国・北朝鮮などの「ポスト・コロニアル」研究が活発化してきているが、まだ思想や文学の分野に限られている。
3) 日本の歴史学や経済学では、普通、「国内植民地」とは言わず、「内国植民地」と表現してきた。しかし、この概念には伝統社会の「内国」化の延長に、近代の「内国植民地」化が進められたとするニュアンスが強い。筆者は、国民国家の形成が必然的に「国内植民地」を創出し、先住民の壊滅や「国民」化をすすめるという立場から、「国内植民地」という概念を使用する。
4) 小川正人『近代アイヌ教育制度史研究』(北海道大学図書刊行会、1997年)他、山田伸一「開拓使による狩猟規制とアイヌ民族」(『北海道開拓記念館研究紀要』第9号、2001年) 他、麓慎一『近代日本とアイヌ社会』(山川出版社、

2002年）他、竹野学「樺太農業と植民学」（札幌大学経済学部附属地域経済研究所、2005年）他、塩出浩之「明治立憲制の形成と「植民地」北海道」（『史学雑誌』第11巻3号、2002年）、他。
5）　現代企画室編集部編『アイヌ肖像権裁判・全記録』（現代企画室、1988年）参照。
6）　藤野豊『日本ファシズムと優生思想』（かもがわ出版、1998年）参照。
7）　植木哲也「児玉作左衛門のアイヌ頭骨発掘」1（『苫小牧駒沢大学紀要』第14号、2005年）10頁。この時期の日本学術振興会が推進した「植民地科学」を批判したものに、廣重徹『科学の社会史』（中央公論社、1973年、岩波文庫、2003年復刻）がある。また近年、盛田良治「戦時期〈植民地社会科学〉論序説」（『日本思想史学』第32号、2000年）などによって、戦時期の「科学」が再検討されている。
8）　藤本英夫『知里真志保の生涯』（新潮社、1982年）参照。
9）　磯前順一ほか編『宗教を語りなおす』（みすず書房、2006年）12～13頁。
10）　結城庄司『遺稿　チャランケ』（草風館、1997年）参照。
11）　「フランスの経済学者ポール・ロア・ボリューは、「最も多く殖民する国民が、すべての国民の先頭に立つ」と書いている。1899年に出版された『幼い愛国者のためのABC』という本では、『C』で始まる言葉には「colony（植民地）」が取り上げられ、次のような好戦的な記載がある。／堂々と自慢しよう／偉大な国民がたくさんあるなかで／一番たくさん持っているのは、イギリスだ」（アンソニー・パグデン、猪原えり子訳『民族と帝国』ランダムハウス講談社、2006年）。
　　　ボリューは、明治・大正期の日本で人気のあった経済学者で、多数の本が翻訳されている。ボリューの植民政策論が、陸羯南らに与えた影響については、宮村治雄『開国経験の思想史』（東京大学出版会、1996年）他を参照。
12）　田島佳也「場所請負制後期のアイヌの漁業とその特質」（田中健夫編『前近代の日本と東アジア』吉川弘文館、1995年）、岩崎奈緒子「蝦夷地場所請負制研究の新たな展開のために」（北海道・東北史研究会編『場所請負制とアイヌ』北海道出版企画センター、1998年）、谷本晃久「アイヌの「自分稼」」（菊池勇夫編『日本の時代史19　蝦夷地と北方世界』吉川弘文館、2003年）他、参照。
13）　海保洋子『近代北方史』（三一書房、1992年）。
14）　ただし平野は、民族問題について次のような発言をしている。
　　　「日本においては、封建制の終期、幕末において、イギリスにおけるウェー

ルス人、(中略)のごとき異種族の存在がない。すでに生活力を失っているアイヌ族、明末の亡命者の極少数の移住、朝鮮からの移住は、何等の重要さをも有していない。したがって、資本主義の内部的発展にもとづく日本民族の形成も、たんに同一民族の国民的統一にほかならず、封建制度の崩壊による民族の単一形成も主として、国家的＝国民的統一に核心をもち、他民族にたいする民主的融合の大民族形成たる意義において、また他民族による支配からの分離・自決・解放運動なるものが、この本来の意義において存在しない。」

　従って日本は、「市民的国際主義をもたらしえず、島国的鎖国思想や民族的排外や国民的狭量や愛郷的偏狭に拘」われてしまうのである（平野義太郎「明治中期における国粋主義の台頭、その社会的意義」『思想』1934年5月号、同『ブルジョア民主主義革命』法政大学出版局、1968年、307、309頁）。この論文は、平野のお気に入りであり、わざわざ1967年に新序文を付けて復刊している。

　「すでに生活力を失っているアイヌ族」というのもすごい表現であるが、明治維新以降の近代化で、アイヌや琉球、小笠原の問題などはまったく問題にならなかったし、近年研究が進んできている、「華僑」をはじめとするイースタン・インアパクトとの問題などは、まったく考えられていない。これほどまでに国内の「民族」問題を軽視する平野が、同書のなかで、ドイツ農民戦争―イギリス革命―フランス革命―ロシア革命から、「中国・ベトナム・朝鮮・蒙古・インドなどのアジア諸国、そしてアフリカにおける民族解放運動の原理」までの連続性を説くのは、何とも奇妙な感にうたれる（前掲書、ⅰ頁）。平野らの時代の社会科学者には、基本的にはマイノリティ問題を理解する視座が欠落していた（拙稿「平野義太郎の大アジア主義」『小樽商科大学　人文研究』第115輯、2008年）。

15）　小松義雄「現段階の辺境・内国植民地論についての考察」（上・中・下、『オホーツク産業経営論集』第1巻1号、第2巻1号、第3巻1号、1990、91、92年）他。

16）　永井秀夫『日本の近代と北海道』（北海道大学出版会、2007年）所収。

17）　沖縄の「旧慣」温存政策の評価については、前掲拙著『国民国家とマイノリティ』第7章を参照。

18）　永井前掲書、243～244頁。

第6章　アイヌ民族共有財産裁判「歴史研究者の意見書」

井上　勝生

　1997年、北海道旧土人保護法の廃止にともない、アイヌ文化法が制定され、北海道知事は、知事が管理してきたアイヌ民族の共有財産、約147万円を、アイヌ民族に返還すると通告した。

　アイヌ民族側は、当初（明治初期）は、土地、漁場、債券、現金などで、額も相当のものであった民族の共有財産がどうなったのか、明治以来、これまで一度も説明されていないので、経緯の調査と説明を求めた。しかし、知事側は、アイヌ民族の財産の管理状況を明らかにせず、返還通知を行った。このため、アイヌ民族の24人が1999年7月に提訴した。原告団長には、アイヌ民族のエカシ、小川隆吉氏が起った。弁護団は、村松弘康、房川樹芳、佐藤昭彦の3氏、手弁当での弁護を展開された。裁判の公式名称は、「北海道旧土人共有財産等返還手続無効確認請求控訴事件」である。

　札幌地方裁判所の提訴却下判決のあと、アイヌ民族原告側が、2002年3月に札幌高等裁判所に控訴し、本稿は、筆者が2003年5月13日、アイヌ民族側弁護団を通じて高等裁判所第三民事部へ提出した「歴史研究者の意見書」である。

　意見書提出後、高裁裁判官から筆者の2時間を予定する証言実施が通告され、同年12月2日、第八回口頭弁論において控訴人（アイヌ民族側）弁護団による証人尋問と被控訴人（北海道知事側）弁護団による証人反対尋問が行われた。

　この証人尋問の様子（当日、高裁傍聴席はアイヌ民族と支援者で満席）は、小笠原伸之『アイヌ共有財産裁判　小石ひとつ自由にならず』（緑風出版、2004年）に詳しくルポルタージュされている。

本稿、「歴史研究者の意見書」でもたびたび述べているように、筆者の証言に先だって9月30日に、やはりアイヌ民族側の証人、滝沢正氏（「アイヌ民族共有財産裁判を支援する全国連絡会」事務局次長）の証言がおこなわれた。滝沢氏の証言は、小笠原氏の右の著書によるルポルタージュが、また『人権と部落問題』731号、特集「アイヌ民族共有財産裁判」に、滝沢氏による報告が掲載されている。

アイヌ民族共有財産裁判は、2005年12月に最高裁判所で上告棄却判決が出され、今日に至っている。この経過については、最近では、榎森進氏の『アイヌ民族の歴史』（草風館、2007年）に問題点と批評が適切に述べられている。

以下、筆者の意見書は、札幌高裁で「甲77号証」として受理された。ここに公表するに際しては、誤記など、最低限の訂正にとどめた。文中、控訴人と記されるのが、アイヌ民族原告である。

意 見 書

はじめに

　アイヌ文化振興法の成立により、アイヌ民族共有財産は、アイヌ民族の共有者に返還すると決められた。しかし、共有財産の指定や管理の経緯について、道庁から示された返還「公告」（1997年9月5日官報）と関係資料には、指定や管理経過の不明な点、あるいは事実関係の齟齬する点の多々あることが、控訴人によって指摘された。知事により「公告」された共有財産には、本来、返還の対象とされるべき財産の、洩れていることが強く推測されている。

　この点について、2002年（平成14年）12月18日、控訴人ら準備書面、および、2003年（平成15年）2月20日、滝沢正陳述書が指摘した。

　控訴人は、「被控訴人は控訴人らの求めに応じず、共有財産の指定に至る財産の発生の原因とその内容・指定の理由・財産管理の経緯を明かにすることなく」（同上準備書面8ページ、16行目）、返還手続きを進めたと主張している。

　被控訴人は、2003年（平成15年）2月20日準備書面（2）で、控訴人の上記

主張に、「被控訴人は、控訴人らの各要求に対して現存する資料の収集を行い、可能な限りの調査を実施し回答するなど誠意を持って対応したものである」（被控訴人準備書面（2）、2頁12行目から14行目）と反論した。

被控訴人が反論の根拠にしている被控訴人の「調査」実施と「回答」とは、控訴人の一人・小川隆吉の1997年（平成9年）6月26日、公文書開示請求に対して開示された1935年（昭和10年）度以後についての一部分の記録と、1997年（平成9年）7月10日付けの「公文書一部開示決定通知書」（環総第102-1号）で開示された「北海道旧土人共有財産管理状況明細書」及び別紙「旧土人保護法（共有財産）関係調査資料リスト」である。

アイヌ民族共有財産は、北海道旧土人保護法（1899年3月2日公布）第10条により「北海道庁長官が管理することができる」と規定されただけで、ほぼ同時に制定された北海道旧土人保護法施行規則（1899年4月8日発令）でも、会計監査規定を欠き、アイヌ民族に対する会計報告義務もなかった。また、北海道旧土人保護法・第10条後段では、「北海道庁長官の管理する共有財産は北海道庁長官之を指定す」とあり、北海道庁の専権のもとに共有財産が指定された。

監査がなく、アイヌ民族に報告がなされなかった事実は、公表にそなえるべき財産管理帳簿などの資料が作成されなかったり、あるいは保存されにくかったことを結果したのであって、現在、アイヌ民族共有財産の指定と管理の経過をあきらかにする作業をするさいに、一定の困難をともなう。しかしながら、公文書保存・公開という考え方が成熟していない当時、公文書の残存が十分でないことは、アイヌ民族共有財産に限らない、通常のことでもある。今日までの歴史研究者らによるアイヌ民族共有財産についての調査・研究（以下、各所に掲げる）の知見によれば、アイヌ民族共有財産に関する資料は、相当程度に残存しており（後述）、近現代史の他の分野と同程度の調査・研究は、ことさらに難しくはない。

アイヌ民族共有財産形成および指定と管理についての、従来の研究文献は、アイヌ民族共有財産の指定と管理が道庁長官の専権として、不透明に行われたこともあり、多くはない。

しかし、阿部正巳「十勝アイヌの保護沿革（上）・（下）」（『民族と歴史』第4巻第2号・第3号、1920年）、高倉新一郎『アイヌ政策史』（初版1942年、新版1972年）、井上勝生「『北海道土人陳述書』――アイヌ陳述に対する北海道庁弁明書（1895年）」（『北海道立アイヌ民族文化研究センター研究紀要』第5号、1999年）、小川正人「1883年におけるアイヌ教育「資金」の「下賜」「下付」について」（『日本の教育史学』第42集、1999年）、同「『北海道旧土人奨学資金給与規程』（1931年）について」（『北海道立アイヌ民族文化研究センター研究紀要』第6号、2000年）、山田伸一「『北海道旧土人保護法』による十勝アイヌの共有財産管理」（『北海道開拓記念館研究紀要』第30号、2002年）、麓慎一『近代日本とアイヌ社会』（山川出版社、日本史ブックレット、2002年）、滝沢正「陳述書」、（北海道旧土人共有財産等返還手続無効確認請求控訴事件（本裁判）提出（甲第76号証）、2003年3月）など、資料調査にもとづいて、財産形成および指定と管理の問題点を指摘した文献がある。

最近、財団法人アイヌ文化振興・研究推進機構が刊行した『アイヌ民族に関する指導資料』（同機構刊、編集委員会委員長奥田統已、2000年）では、「近代の政治・社会」の章の第2節4項に「共有財産の問題」を設けて、次のように指摘している（同書、6頁）。

なお、同機構は、アイヌ文化振興法・第3条の5によって、返還請求のなかった共有財産が「帰属する」と規定された法人である。

共有財産の問題

1890年代の政府批判の中には、アイヌ民族の共有財産の管理問題があった。共有財産は、その形成の経過から大きく二つに分けられる。

一つは、明治16年（1883）に函館・札幌・根室の三県に対し、アイヌ教育の基本金として宮内省が「下賜」した1,000円と文部省が「下付」した2,000円に由来するものである。これらは「天恩」（天皇が与える恩恵）の証として宣伝されたが、未使用のまま置かれていたことが批判された。

もう一つは、開拓使や三県が各地で行った授産事業に由来する金銭・土

地・漁場などである。これらは官吏や民間人が管理者となっていたが、杜撰な管理による財産の大幅な減少や不透明な使用状況が問題となった。

　政府は保護法第10条により、道庁長官がこれらの財産を管理することにした。この管理が適正に行われたか否かについては、未だ十分に検証されていない（「共有財産の問題」の項、全文）。

　アイヌ教育資金の共有財産は「未使用のまま置かれていたことが批判された」し、授産事業に由来する共有財産は、「杜撰な管理による財産の大幅な減少や不透明な使用状況が問題となった」。そして、北海道旧土人保護法制定後において、同法第10条によって、「この管理が適正に行われたか否かについては、未だ十分に検証されていない」のである。

　アイヌ文化振興・推進機構が述べたように、アイヌ民族共有財産の指定や管理の経緯の問題性を指摘するこうした見解が、現在のアイヌ民族共有財産についての、一般の共通認識である。

　この意見書では、この一般の共通認識、および控訴人ら準備書面と滝沢正陳述書の公刊資料についての詳細な検討による問題点の指摘に加えて、歴史研究の専門家としての立場から、共有財産の指定と管理の経緯における問題点の深刻であること、調査が必要であることなど、4点について指摘する。

① 北海道旧土人保護法による管理当時から行政当事者自身によって、共有財産の指定と管理に問題点のあることが、証言されていたこと。
② 共有財産の指定と管理自体が、先住少数民族であるアイヌ民族の民族固有の経済活動を破滅させたこと。
③ 共有財産の専権的かつ不透明な管理に、アイヌ民族から、抗議や批判の活動がなされていたこと。
④ 被控訴人は、共有財産の形成および指定と管理の調査について、事実上不可能としているが、アイヌ民族史や近現代史の専門家などが加われば、可能であること。

以下、①から④について述べる。

① 北海道旧土人保護法による管理当時から行政当事者自身によって、共有財産の指定と管理に問題点のあることが、証言されていたこと。
(1) 北海道旧土人保護法制定時の1899年（明治32年）、帝国議会貴族院第一読会の答弁において、政府委員・白仁武は、アイヌ民族共有財産の、官から委託された管理人の従来の管理について、さまざまな不都合のあったことを認めた。

1899年（明治32年）、第13回帝国議会貴族院第一読会での「北海道旧土人保護法案」議事において、政府委員・白仁武は、曽我祐準の質問に、次のように答弁した。すなわち、原文を『帝国議会貴族院議事速記録』から掲げる（『帝国議会貴族院議事速記録　14』、東京大学出版会、1980年）。

曽我祐準（子爵）の「……ソレハ随分先年来、北海道ノ官理（ママ）ガ土人ノ共有財産デ株券ヲ買フテ失敗シタトカ、或ハ種々不都合ノコトガアッタコトヲ、我々ハ北海道土人、若クバ土人ニ関係ノ者ヨリ貴族院議員トシテ訴ヲ向ケタコトガアリマス……」（同書、171頁）という質問がなされた。

白仁の答弁は
政府委員・白仁武「……十勝ノ土人ノ財産、先刻申上ゲマシタ第二ノ財産（共有財産）ハ是ハ唯今御話ノ通ニ頗ル中途ニシテ乱雑ニ渉リマシテ……」「ハイ、其当時ハ御話ノ通リニ株ヲ買ヒマシタリスルヤウナコトデ不都合ナコトガ出来マシタ、二十五年カラ此方ハドウモ官吏ガ一個人ノ名義ト雖モ官吏ガソレヲヤッテ居ッテハ紛雑ノ基デアルト云フヤウナ訳ニナリマシタノデ、土人ガ極ク懐ツイテ居ル所ノ通常ノ人ヲバ道庁官吏ガ説諭ヲ致シマシテサウシテ其者ニ土人ノタメニ財産ヲ管理セイト云フヤウナコトデ一個人ニ管理ヲサセテ居リマシタ所ガ、ソレモ段々不都合ナコモアリマスノデ、今日デハ……」（同書、172頁）。

政府委員、白仁武は、元北海道庁参事官である。帝国議会貴族院議事の答弁

で、共有財産の従来の管理に「不都合」のあったことを、政府当局者が認めた。

不都合な共有財産管理によって、道庁から委任されていた「旧土人取締人」（江政敏）は、道庁と釧路郡長によって解任されたが、「旧土人取締人」に貸し与えられていた5ヵ所の漁場の内、2ヵ所が返却されただけであった（前掲、麓慎一『近代日本とアイヌ社会』62頁）。

問題を残したまま、共有財産が指定された（③で後述）。

(2) 1923年（大正12年）、アイヌ民族対策を担当していた、北海道庁社会課は、旧土人保護法を検討する会議を招集し、従来のアイヌ民族共有財産管理の経緯が「妥当でなかった」ことを議題提案のなかで言明した。

すなわち同年7月26日から28日の3日間、北海道庁社会課によって、土人保護事務打合会が開催され、協議事項「土人共有財産管理に関する件」の二項に、次のように述べられた（山田伸一、前掲論文「『北海道旧土人保護法』による十勝アイヌの共有財産管理」80頁・81頁による）。

> 土人（アイヌ民族）共有財産ハ、之カ使途、教育及備荒・貯蓄ノ二種ニ指定セラル、前者ハ暫ク措イテ問ハス、後者ニ付テハ羅災・救助基金ノ設置アル現状ニ鑑ミ、之カ目的ヲ変更シテ一般救護ニ使用セムトス、而テ、従来ノ財産（共有財産）管理状況ノ跡ヲ見ルニ必シモ妥当ト云フヲ得サルヲ以テ、此際併セテ調査・整理ヲ遂ケ、最モ有益ニ之ヲ管理セントス、乃チ各財産ニ付、具体的管理方法及使途ニ関シ意見ヲ開陳セラレタシ（『北海道社会事業』第7号、1923年8月、函館市立図書館所蔵、4頁4・5段）。

アイヌ対策担当課である北海道庁社会課の協議事項提案のなかで、「従来ノ財産（共有財産）管理状況の跡（経緯）」が「必シモ妥当ト云フヲ得サル」と述べられた。そして、各共有財産の「具体的管理方法」と「使途」について検討することが提示され、共有財産管理改正の具体策が検討された。

共有財産の使用目的の変更と共有財産の活用を計ったものである。使用目的の変更は、十勝では、「備荒ノ為」から「土人救護ノ為」への変更で、病院建

設への転用を計ったが、用地が確保できず、実現しなかった。また、支庁管理から町村の「土人互助組合」の管理へと分割された。財産分割は、1924年（大正13年）に実現し、伏古互助組合、古潭互助組合、毛根・芽室太互助組合、川合互助組合、幕別互助組合、本別互助組合の６組合に分けられた。

　この財産分割により、共有財産のあり方は、大きな影響を受けた。総じて、その影響は、好ましくないものであったと評価されている。支庁長管理の共有財産は、分割で大きく減額し、まとまりを失った。また、官によって管轄された互助組合の経営にまつわる不正が、その後、新聞などで、しばしば取り上げられたことも、このような評価を生んでいる。

　病院建設は、他地域では、国費をもって建設されたのであり、多額のアイヌ民族の共有財産があるから建設資金として官が「目を付け」（『十勝毎日新聞』1923年６月27日「土人病院の新設／新たに財源を発見」）たのであり、これも、共有財産の運用として妥当とはいえない、問題のある構想であった（山田伸一、前掲論文、83頁・84頁など）。

　アイヌ対策を担当した北海道庁社会課が、共有財産の「従来の管理状況の経緯」に、妥当とはいえない問題があったと、議事提案のなかで示した。社会課が検討した管理「改革」のうち、実行されたのは、財産分割などごく一部にとどまり、その後も、官が自認する問題点を内包したまま、財産管理が継続した（山田伸一、前掲論文、81頁）。

(3) 1924年（大正13年）、道庁によるアイヌ民族共有財産の改革（原資の互助組合への分割）にあたって、官の「土人互助組合」理事喜多章明が、アイヌの同意を得る際に「文書偽造」や「詐欺行為」を疑われるアイヌへの対応をしたと推測される。また、一方、アイヌ民族共有財産の官による管理権を、アイヌ民族の意向を無視できる権を官側が保持するものと「土人保導委員」吉田巌が説明している事実を掲げる。「土人保導委員」も、1923年６月28日道庁訓令第55号「土人保導委員設置規程」によって成文化された道庁の公職である。

　すなわち、1924年９月28日『吉田巌日記　第13巻』（帯広叢書、第32巻、帯広市教育委員会、1991年）の記述である。（山田伸一、前掲論文「『北海道旧土人

第6章　アイヌ民族共有財産裁判「歴史研究者の意見書」

保護法』による十勝アイヌの共有財産管理」86頁が紹介した史料）。

　朝の中、喜多君来校。一昨夕、各自の意見を参考に聴取したる結果を、そのままに放任し置きし処、昨日○○が役場にゆきて、共有財産の件につきて申出てたる由。喜多君すくなからず立腹、且○○を除名処分にせむといきまきてあり。余はその曲直を只々物語りて、その諒解を得て、一面には圧制に流れず、一面には言論の自由をも認めおくべく、いかにさわいだとて鍵をこちらに握りあれば、終極の処はそれで何の心配もなしとなだめてやった。
　○○にいはせずとも、委任状や本人の捺印は、まづ要件をさきに篤といひ聞かせ置きて、賛同納得ののち調印せしむべきは順序である。いきなり現在せぬ者や、現在しても資格も何もない○○や○○やなどまで、むやみにやたらにかつぎあげて調印させたあたりは、随分らんぼうな且遂行の上は文書偽造、詐欺行為でなくて何であらう。組合の理事者が独断的にかかることを公然とやったなら、今后にいかなる悪例をのこすかわからぬ。つつしむべきだ、反省すべきだ。この辺は君のために注意否釘をうってかへした。（同書、113頁）。

　内容を概説すれば、共有財産の支庁管理から6つの町村互助組合への分割（総額45,053円のうち16,000円を分割）という改革の件で、アイヌ民族の某が、役場に抗議したところ、「帯広土人互助組合」理事の喜多章明が立腹して、「土人保導委員」の吉田巌に不満を話した。吉田は、アイヌ民族が「いかにさわいでも」、（共有財産の）「鍵」を、吉田や喜多が握っているのだから、「終極の処はそれで何の心配もなし」となだめた。吉田は、委任状や捺印については、喜多らが、アイヌ本人を説得して捺印させるところを、現住しない者や、現住しても資格も何もないものの捺印を取ったのは、「文書偽造」、「詐欺行為」だと喜多に注意した。
　第一に、「土人互助組合」理事喜多章明は、共有財産の原資の分割という、管理の根幹にかかわる改革にあたって、アイヌ民族の委任状や捺印をとったが、

それは、上記のように、現住しない者や、資格のない者から捺印を取る行為を含むものだった。旧土人保護法第10条により、共有財産原資の処分には、内務大臣の認可が必要であり、その故に、このようなアイヌ民族の捺印も集められたと推測される。それは、このような違法な経緯で行われた。

　「土人保導委員」の吉田は、上の引用のように、アイヌ民族の意向に配慮する発言もするが、一方では、「(アイヌが) いかにさわいだとて鍵をこちらに握りあれば、終極の処はそれで何の心配もなし」と述べた。アイヌ民族共有財産の管理のあり方が、先住少数民族であるアイヌ民族の意向を、無視してしまうものであり、また、一方的なものと、当局者自身に自認されていたことを、この吉田日記記述が証明している。

　吉田の記述、「昨日○○が役場にゆきて、共有財産の件につきて申出てたる由」には、アイヌ民族共有財産の管理について、アイヌ民族からの、抗議があったこと、そして、共有財産の「鍵」を喜多ら官吏に握られていたために、アイヌ民族には、有効な異議申し立てをする方法のなかったことが示されている。

② 　共有財産の指定と管理自体が、先住少数民族であるアイヌ民族の民族固有の経済活動を破滅させたこと。

　史料を例示する。十勝ほか四郡のアイヌ民族惣代の願書である。1892年（明治25年）6月22日付け、表題、「十勝外四郡各村旧土人惣代願書」（『十勝外四郡土人関係書類』、北海道大学附属図書館北方資料室所蔵、請求記号〔別・ア951.4-To〕）である。

　旧土人御保護ノ義、釧路郡役所へ御任セ以来、自営ヲ束縛セラレ困難仕候。現ニ本年ハ三百十弐戸農具種物無之ニ付、共有金ノ利子カ亦ハ現金ニテ種物其他購求保護之義、三月中出願候得共、未タ何等ノ沙汰モ無之、遂ニ播種ノ季ヲ失ヘ、各村休業仕候間、本年ノ冬季ハ飢餓ニ迫ル疑ナシ。依テ旧土人共同鮭漁業自営致シ（割注）（自営方法書ハ郡長ニ差出置候）雪中ノ食ニ充ツル貯魚貯米致度候ニ付、漁場取戻ノ件。（原文）

内容を概説すると、アイヌ民族にたいする「保護」が、郡役所へ委任されて以来、十勝他四郡アイヌ民族は、「自営を束縛され」、困難におちいっている。

明治25年には、アイヌ民族312戸は、農具・種物がなく、そのためアイヌ民族共有財産で種物などを購入することを願い出たが、郡役所からなんらの指示もなく、播種の時期を過ぎてしまい、村々は農業を休業してしまった。

冬季の飢餓が迫ることは間違いない。

したがって、アイヌ民族は、（かつて経営していた）「共同漁業」を「自営」して、冬の食料に貯魚・貯米をしたい。漁場取り戻しの件が問題となる、という内容である。

この後、上記の願書にもかかわらず、アイヌ民族が漁業へ戻ることはなかった。

官によるアイヌ民族の「保護」は、もともと狩猟・漁労を主要な生業にしていたアイヌ民族に、もっぱら農業を生業にすることを強制する政策である。「願書」には、アイヌ民族「保護」政策によって、アイヌ民族は、逆に、「自営」を農業に「束縛」され、困難に陥っていることが証言されている。

十勝アイヌの莫大な共有財産は漁場での共同漁業から生まれた。しかし、共有財産が、農業強制政策を執る官によって管理された結果、アイヌ民族は、共有財産を漁業に再投資できず、また、農業への投資すらも、「願書」に記されているように、アイヌ民族の要求どおりには使用できなくなった。民族固有の生業である漁業へ戻ることができなかった要因には、財源である共有財産の官による管理もあった。

北海道旧土人保護法第1条は、アイヌ民族に、1万5千坪以内の土地を「下付」することができる、としている。

一方、北海道旧土人保護法より2年前に施行された北海道国有未開地処分法（1897年公布）によって、150万坪以内の土地が、開墾者に「付与」されていた。国有未開地処分法に記された法律用語「付与」は、開墾者への対等な譲り渡しを意味するが、一方、アイヌ民族への1万5千坪の「下付」は、当時は、「下賜」とも言い換えて使用される言葉で、恩恵的な恵み与えを意味した。

法律的には、アイヌ民族も、北海道国有未開地処分法の規定する、150万坪以内の大規模な土地「付与」を受けることができると、されていた。これについては、帝国議会貴族院で、政府委員・白仁武は、下記のように、アイヌ民族も付与を受けることができると答弁している（前掲『帝国議会貴族院議事速記録　14』、前掲書、168頁）。

　……内地人ト同様ノ手続ニ依リマスレバ、土人ニ対シテモ同様ノ取扱ヲ致シマスル、此一条ノ精神ハ、内地人同様ノ手続ヲ要シマセヌデ、是ダケノモノヲ無代付与致スト云フ精神デアリマス

　北海道国有未開地処分法によってアイヌ民族も大規模土地払い下げを請けることができるのであり、それだけでアイヌ民族も農業への道が開かれていたようであるが、白仁武は、北海道旧土人保護法によるアイヌ民族への土地「下付」は、「是ダケノモノヲ無代付与」するという特別に恩恵的な「無代付与」と説明した。これは、恩恵的なのであって、白仁は、おなじ議事の答弁のなかで「何分ニモ劣等ノ人種デアリマスルカラ」（同書、169頁）などと、蔑視発言をくり返していた。
　アイヌ民族も、北海道国有未開地処分法の適用の建前を知っており、出願はしたのである。
　しかし、現地での取り扱いは、国有未開地処分法の払い下げ規定をアイヌ民族に適用することを許すものではなかった。国有未開地処分法による付与事例もあるが、一般的ではなかった。
　アイヌ民族、貝澤正は、次のように証言する。

　……一般規定（北海道国有未開地処分法）に依つて出願すれば、お前達には特別の保護法があるから一般規定に依つて土地をやる事はならぬと言つて一蹴されます。強いて求めれば「保護民」に理屈を言ふ権利なしと言ふ権幕、本当に私共は保護法がある為に非常に迷惑を蒙ることがあります。以上観じ

来れば現行保護法は吾々の向上を阻害し、経済生活の進歩を阻害するものと存じまするが故に、速かに撤廃されん事を希望するのであります……(貝澤正「土人保護施設改正について」(1931年、北海道アイヌ協会発行『蝦夷の光』2号所収、『アイヌわが人生』1993年に再録、同書、165頁)。

アイヌ民族には、「特別の保護法がある」という理由で、一般規定である国有未開地処分法の規定の適用を拒否された、と証言されている。「特別」に保護されているアイヌは、「劣等」な「保護民」と差別され、「寛大」な保護を受けているという理由付けで、土地を与えない、という差別的なアイヌ民族排斥が行われた。

政府は、開墾者に大規模土地払い下げを許す、開墾者に有利な北海道国有未開地処分法があるのに、わざわざ、「劣等ノ人種」であるアイヌ民族に、「特別に」恩恵的な土地「下付」をする旧土人保護法を、二重に制定した。現地北海道の官吏らは、アイヌ民族を「寛大」に「保護」された「保護民」として、国有未開地処分法の一般規程適用を拒否したのである。

このような、土地払い下げにおける民族排斥は、官側の当時の史料にも記録されている。

1902年(明治35年)3月に平取・荷菜など沙流川筋のアイヌ37戸が水害のために「生活ノ途」に窮して、勇払郡シムカップ原野における土地下付を願い出た。

願い出を受けた室蘭支庁長は、次のように道庁長官に求めた。

まず、原文、「旧土人土地下付願不許可ノ件」(「明治35年北海道庁公文録第54」、北海道立文書館所蔵、請求記号〔A7-2　A1632〕)の7件目を掲げる。(山田伸一「『北海道旧土人保護法』による下付地の没収——第3条の適用実態について」『北海道開拓記念館研究紀要』第27号、1999年、154頁で紹介された史料)。

目下、交通不便ナリト雖共、金山鉄道予定線ハ、本原野ヲ中断シ、加フルニ、地味肥沃ナルヲ以テ、将来ノ発達、頗ル有望ノ土地ニ付、起業確実ナル資産

家ヲシテ開拓ノ速成ヲ図ラシメザルベカラス、然ルヲ開拓上、殆ント無制限トモ云フヘキ、寛大ナル土人保護法ニヨリ蒙昧頑愚ノ土人ニ、権利ヲ与フルハ、地方発達上ニ一大打撃ヲ加フルハ勿論、土地整理ニモ差支候義ニ付、速カニ不許可御処分相成候様致度

シムカップ原野は、地味・交通の便などにおいて好条件であり、それ故、アイヌ民族への土地処分が、官によって拒否されたことが記されている。

アイヌ民族が「劣等」な「保護民」で、「保護法」が、アイヌ民族を「ほとんど無制限に」、「寛大」に保護している、「蒙昧頑愚ノ土人」は「地方発達上」にさし支える、という理由付けで（すなわち貝澤正が前掲論説で証言したように）、肥沃で鉄道敷設が予定された交通の便よい、シムカップ原野の土地払い下げが拒否された。

「保護法」は、このように実際には、アイヌ民族排斥の法であった。

アイヌ共有財産は、道の専権として管理され、使途を官によって決定された。

すなわち北海道旧土人保護法と同時に決定された北海道旧土人保護法施行規則の第2条で、共有財産の大部分は、「費途ノ目的」を限定され、「他の目的」に共有財産の収益を使用できないと決められた。

十勝アイヌの共有財産は、漁業などの生業によって蓄積されたものである。官は、その原資を共有財産に取り込み、官の農業強制の施策に財源として利用しつつ、アイヌ民族の「備荒ノ為」のためという「目的」に限定した。こうして、十勝アイヌ民族の生業、漁業などへのアイヌ民族の莫大な財産の再投資が不可能にされた。

旧土人保護法の10条、アイヌ民族共有財産指定と管理規定も、「保護」といいながら、実際には、上述のように、アイヌ民族排斥の法として作用した。

前掲、吉田巌日記に記されているように、アイヌ民族の財産は、一度、官に共有財産として指定されてその管理に入れば、財産の「鍵」を、まったく官に握られ、アイヌ民族は、その管理に異議を唱えて変更させたり、点検することも、取り戻すことも不可能であった。

北海道旧土人保護法は、固有の文化を保つアイヌ民族を、欺瞞的に「保護民」扱いして蔑視し、排斥したのであって、アイヌ民族によって、「屈辱的なアイヌ民族差別法」、「恥ずべき歴史的所産」と評されている（北海道ウタリ協会、アイヌ民族に関する法律案、1984年、北海道ウタリ協会編『アイヌ史　北海道アイヌ協会・北海道ウタリ協会　活動史編』1994年、1,412頁）。このように、アイヌ民族共有財産の指定と管理も、アイヌ民族の民族固有の生業を破滅させた。

③　共有財産の専権的かつ不透明な管理に、アイヌ民族から、抗議や批判の活動がなされていたこと。

　北海道旧土人保護法制定に先立つ数年間、アイヌ民族から、土地払い下げ政策とアイヌ民族共有財産管理、アイヌ教育政策について、問題点を追及する運動が、帝国議会への「陳情」という形で、あるいは十勝アイヌ民族の「旧土人総会」（地域のアイヌ民族総会）という形で起こっていたことが富田虎男「北海道旧土人保護法とドーズ法──ジョン・バチェラー、白仁武、パラピタ、サンロッテー」（『札幌学院大学人文学会紀要』第48号、1990年）、小川正人「1883年におけるアイヌ教育「資金」の「下賜」「下付」について」（『日本の教育史学』第42集、1999年）など、近年の研究によって明らかにされている。

　1895年（明治28年）1月、日高のアイヌ、鍋沢サンロッテーが、帝国議会へ陳情のために上京したことを、『北海道毎日新聞』（2月14日）、『報知新聞』（1月15日）、『国民新聞』（1月27日）など各紙が報道した。『北海道毎日新聞』1895年2月14日付は、見出し「本道土人の哀願と保護建議の要領」の記事で、「……日高国サルンコタン旧土人酋長、鍋沢サンロッテー氏は、旧土人が生産の道を失ひ流離困廃し居るを見るに忍びず、其の保護を求むる為め、普く天下の志士に訴ふる所あらんと先頃上京し、帝国議会も再三傍聴し、斡旋奔走し……」と報じた。日高サルンコタンの首長鍋沢サンロッテーは、貴族院の冨田鉄之助や衆議院の鈴木充実らに陳情を行った（富田虎男、前掲論文、12頁・13頁）。

陳情した内容は、陳情を北海道庁長官に報じた貴族院議員冨田鉄之助の書簡の別紙（「北海道土人陳述書」所収、北海道大学附属図書館北方資料室所蔵、請求記号〔別・ア398-Ho〕）、および陳情を受けて衆議院議員鈴木充実ら6名が提出した「北海道旧土人に関する質問書」に記録されている。（以下「北海道土人陳述書」は、井上勝生の翻刻、前掲史料紹介『「北海道土人陳述書」――アイヌ陳述に対する北海道庁弁明書（1895年）』による、頁数も同紹介論文による。）

「北海道土人陳述書」冨田書簡別紙に、陳情が7ヵ条にわけて報じられている。

「土人々口戸数」、「風俗、性情及現況」、「現時境遇」、「土人ノ共有金」、「土人恩賜金」、「土人ノ物産」、「教育」である（前掲、井上史料紹介、『「土人陳述書」』7頁から10頁）。

一方、陳情を受けて、鈴木らが提出した「北海道旧土人ニ関スル質問書」は、4項目をたてる。（「北海道旧土人に関する質問書」は、小川正人・山田伸一編『アイヌ民族　近代の記録』1998年、438頁・439頁に翻刻）。

第1項は、恩賜金と文部省下付金の行方について、第2項は、十勝国大津川沿岸のアイヌが北海道開拓使に保管方を委託した3万余円の共有財産の行方について、第3項は、日高国沙流郡平賀村紫雲古津村サルバ村土人部落で起こったアイヌ人の土地貸し下げに対する元戸長らの不正事件について、第4項も同じ紫雲古津村とほか2ヵ村でアイヌ共有財産として当局に保管を依頼していた1600円が残金300円に減額したという事件についてである。

このように、「北海道旧土人ニ関スル質問書」の4項目は、すべてアイヌ民族共有財産に関する質問である。質問書提出後、3月14日に衆議院議員鈴木充実ら5名の議員が北海道土人保護法案を衆議院に提出した（のち廃案）。ただし、鍋沢サンロッテー自身は、鈴木議員らの提案したようなアイヌ「保護」を求めてはいなかった（富田虎男、前掲論文、15頁15行目以下）。

北海道庁長官に、鍋沢サンロッテーの陳情を報じた貴族院の冨田鉄之助は、鍋沢サンロッテーの求めるアイヌ救済策の「提出ヲ留止」するために、北海道庁に弁明書の作成を求めた。冨田議員も、北海道庁側の立場で、鍋沢サンロッ

第6章 アイヌ民族共有財産裁判「歴史研究者の意見書」 165

テーの陳情に対応した。冨田議員が、北海道庁長官に宛てた書簡の「別紙」に記して報じ、「北海道土人陳述書」に記録された、鍋沢サンロッテーの「陳情」は、前述したように、7項目であった。

第一項目の「土人々口戸数」は、「不得止（やむをえず）居ヲ山間原野ニ移シ」たアイヌが多数いるのであって、「其実数ニハ減却ヲ来サス」、アイヌ民族の人口は減少していない、という主張である。当時、盛んであった「衰亡する運命のアイヌ民族」という論に反論し、アイヌ民族の固有の勢力の存続を主張したのである。

第二項目の「風俗、性情及現況」は、アイヌ民族が礼を尊重する美徳をもつことを、「彼等種族ニ於テ、今日ニ至ルモ、未タ納税滞納者アルヲ聞カス」と主張する。

第三項目の「現時境遇」では、「（アイヌ民族は）殆ソト流離困頓ノ状」、「餓死、将ニ至ラシムルノ今日ニ瀕」していると次のように具体的に述べる。

日高国沙流郡では、「地所貸下規則」によってアイヌ民族が土地払い下げを出願したさいに、戸長らの詐欺に等しい行為によって、願書を「机上ニ留メ置キ」され、また、アイヌ民族が開墾した200余町歩の土地が戸長らによって、（未開墾地として）貸し下げされ、小作人を入れられるという事態を訴える。

胆振国、日高国のアイヌ民族は牧畜場で生計を営んでいたが、その牧場は、官によって官林や御料地に指定されてしまい、または三、四の（少数の）資本家に貸し下げられたと述べる。その資本家については、「資本ト云フモ、僅々馬ヲ所持スルモノニシテ、土人（アイヌ民族）ニ比スレハ二十分ノ一ニモ及ハス」と指摘し、牧畜は本業ではなかった資本家への恣意的な牧場払い下げが行われたと主張する。

石狩国上川郡字チウベツ（忠別、すなわち旭川）は、北海道のなかで第二の大アイヌ部落であったが、屯田用地、御料地、官林となって、アイヌ民族は、一方では、屯田兵のために放逐され、一方では、市街地のために返地を命じられ、あるいは他人の貸し下げ地のために開墾地を没収され、「今日ニ至リテハ、耕サント欲スルニ余地ナク、漁セント欲スルニ漁場ナク、一家ヲ挙ケテ飢餓ニ

迫ルノ観アリ」という。1992年（明治25年）に、チウベツで普通一般に土地貸し下げが許可されたが、アイヌ民族にはまったく通知がなく、役場官吏や道外のものが貸し下げをうけて小作に出し、または、耕作して、「旧住」、すなわち先住のアイヌを放逐したという。

こうして、日高アイヌの鍋沢サンロッテーは、北海道全域における土地や牧場地、林野からのアイヌ民族排斥を具体例をあげて概説した。

次に第四に「土人共有金」と、第五に「土人恩賜金」、すなわちアイヌ民族共有財産について以下のように述べる（なお、「土人ノ物産」、「教育」については、省略する）。

「土人共有金」と「土人恩賜金」の項は、本裁判における控訴人の主張の根幹にも関わるので、原文全文を次に掲げる。（丸カッコ内注記は、本意見書筆者）

　　土人ノ共有金

嘗テ樺太ト千島ノ更換（交換）ノ際、樺太土人ヲ石狩国チイシカリ（対雁）ト云フ処ニ転移セシメ、農業ニ就カシメタルコトアリキ、其際之ヲ統御シタルモノハ開拓使ノ官吏ニシテ、許多ノ費用ヲ投シ、漸ク自活ノ道ノ立ツニ当リ、種々ノ費用ヨリ節シテ一万有余円ノ共有金ヲ造クルニ至リ、官吏ハ之ヲ虐ケテ、以テ其居ニ安スル能ハサラシメ、終今日ニテハ二三戸ヲ除クノ外ハ、石狩太ニ輔（転ヵ）シテ生計ヲ営ミツヽアリ、而シテ彼等元造リ出セシ一万余円ノ金額ハ行衛不分明ニテ、之ニ使用セシ帳簿タル片影ナキニ至リタリ、十勝国大津川ハ土人ノ部落ナリシカ、該川ハ旧来ヨリ川漁ノ顆多ナル処ニシテ、維新以後明治七年迄土人等該沿岸ニ所持シタル漁場、他人ニ貸与ヘ、或ハ売却ナトシテ、殆ント三万有余円ノ巨金ヲ得タルニヨリ、之ノ利殖方ヲ政府ニ依頼致度旨、開拓使ニ願出タルニ、同使ニ於テハ郵船会社ノ株券ヲ買ヘ、之ヲ保存シ来リタル処、其後知ラス識ラスノ間ニ今日将ニ衰減ニ垂レントシテ居ル処ノ製麻会社、若クハ製糖会社ノ株券ニ変ス、其利益配当ハ勿論、元金タモ分配ヲ受クル能ハス、該参万余円ノ行衛如何ニナリシカヲ土人中ニ知

リ得ルモノ絶ヘテ之無キニ至リタルハ実ニ怪絶極ル次第ナリ、日高国沙流郡ニハ土人ノ共有金二千六百円余アルヲ、嘗テ此ノ利殖方ヲ役所ニ委頼シ、土人ノ首長イサナシヲ（テヵ）ナルモノ、其証書ヲ預リ来リタルニ、イサナシヲ死亡後、該金ノ行衛不分明ニシテ、僅カニ昨年迄残リ居リシハ三百円余程アリシニ、現戸長土人ニハ一片ノ相談ナク該共有金ヲ以テ家居ヲ新築シ、借家料ヲ徴シ、其利殖ヲ図ル為ナル由ナリシカ、今其家屋ヲ建タル現況ヲ聞クニ、八十円以外ヲ以テ建築シ足ルヘキモノ丶ヨシ、此ノ如キ事実見聞シテ、土人共、憤慨ニ堪ヘスト雖トモ之ヲ訴フルニ道ナク、実ニ憐ムヘキノ次第ナリ

　土人恩賜金
土人ニハ、両陛下ヨリ三千円、文部省ヨリ三千円、農商務省ヨリ二万円ノ御下賜アル由ナルカ、土人中ニハ、未タ該金ノ御下賜ニ相成タル旨ヲ承知シタル者ハ、一人タモ之ナキニハ、実ニ一警（驚ヵ）ヲ喫スルヨリ外ナシ、然シテ之等ノ金ハ今日如何ニナリ居リシヤ、当路者ニ聞ヘテ、其審ナルヲ得サルハ実ニ遺憾ナル処ナリトス、或ハ云フ、御下賜ノ金額ハ顆多ニシテ、殆ント五万円ニ充ルノ巨額アリシト云フ（前掲、井上勝生、史料紹介「『北海道土人陳述書』」、9頁）

以下、上記史料の論旨を概説する。
　サハリンアイヌ（樺太アイヌ）が石狩国「チイシカリ」、すなわち対雁(ついしかり)に移住した際に、サハリンアイヌの共有財産として蓄積された一万余円が「行衛不明」だとし、「帳簿」がないことを指摘する。
　十勝国大津川のアイヌが和人との共同漁業で、アイヌ共有財産として蓄積した三万円以上の「巨金」が、郵船会社の（良質の）株券で保存されていたのに、経営不振の製麻会社や製糖会社の株券に「変ス」という事態で、配当はもとより、元金も戻らなかったことを訴えた。
　日高沙流郡では、共有財産がやはり行方不明という事態などを指摘した。

教育資金は、「之等ノ金ハ今日如何ニナリ居リシヤ」と質した。

アイヌ民族共有財産についての鍋沢サンロッテーの陳情のなかで、十勝国共有財産については、よく知られており、かつて、高倉新一郎は、前掲の『アイヌ政策史』で、次のように指摘していた。

　ところが明治二十二年、北海道庁はその（アイヌ民族共有財産の）直接管理を廃し、釧路郡長へその管理を委任すると、郡長はこれを挙げて大津村の有力者に委託して管理させ、委任された管理者はアイヌに対し不親切な行為があったばかりでなく、その収支決算報告すら十分になさなかったため再び紛糾を生じ、しかもその解決には、管理委託その他につき種々の情実がまつわるため困難を極め、刑事問題までも引起すに至った。しかもこの間、（アイヌ民族共有財産は）あるいは盗難に遭い、あるいは費消され、資金の減亡すくなからず、処々に融通した金額は多く不良貸付となって回収見込が立たないものさえあった。ここにおいて、明治二十六年、道庁がその間を奔走し、アイヌの希望に基づいて、不明なもの・回収不能なるものは棄損し、現在高を組合員たるアイヌの代表者名に分ち、一部は各自に分配し、一部はさらに財産管理法を設けて郡長が個人の資格でその保管・利殖・出納のことを掌ることとし……（同書、504頁）

株券問題については、高倉は、同書で、次のように指摘する。

　明治二十二年道庁が土人保護嘱託者に引継いだ株券は、北海道庁が援助設立した札幌製糖会社ならびに北海道製麻会社のものと変り、共同運輸会社はその後明治十八年三菱会社と合併して日本郵船会社となり、配当が頗る良かったのに反し、製麻・製糖の両会社は事業が振わず、したがって配当がすくないばかりか、製糖会社などは未払金を請求され、そのために株券の一部を売却してこれにあてねばならないという状態で、その損失はすくなくなかった。……当路の者が、最初土人取締人の意志に反して御用会社の株券を購入

させ、後またこれを他の御用会社のそれに転じたのであって、明らかにその資金を利用したものといえよう。(同書、506・507頁)

　しかも、株券がほとんど無価値になった北海道製麻株式会社と札幌製糖株式会社は、北海道庁が援助設立した、官吏やその関係者が設立に関わった会社であった。北海道製麻株式会社は、道庁長官、理事官が設立に関わり、道庁が補助金を出した。札幌製糖株式会社は、道庁が利子補給・利益補償して設立され、理事官の縁者が社長についたが、設立早々から株券偽造事件を起こすなど、経営不振で、1901年(明治34年)に解散した(札幌市教育委員会編『新札幌市史』第2巻通史2、1991年、665頁・666頁)。このような会社の株券に変わったという事件経緯における道庁の責任問題がある。

　浦河・様似でも、管理を道庁に依頼中に、日本郵船会社株券が札幌製糖会社のものに変換され、昆布の商況不振もあって、アイヌ民族の負債総額2,700円となり、その結果アイヌがかつて開墾した畑地およそ百町歩と海産干場百九カ所を他に賃貸し、その収益で負債を消却するという事態になり、1897年(明治30年)には浦河・様似の組合は解散した。(高倉、前掲書、507頁)

　高倉の指摘は、管理に問題点のあることを明確にし、道庁が共有財産を半官営会社に「利用」したとまで指摘しているが、なお調査されるべき問題点を残している。

　高倉は、「以上のような状態で、県および道庁が直接その管理に当った約六年間を除いては、常に紛糾を重ね、旧土人共有財産と呼ばれながら、必ずしもアイヌの利益のために管理されていない状況にあり、地方吏がこれに干渉しても、ただ個人の資格でするに止どまり、しかもその責任は、管理者吏員であることから官に帰せられ、道庁はそれらの弁償にすら当たらざるを得なかった」(同書、505頁)と述べている。

　道庁が管理すれば問題が起こらなかった、という論旨である。道庁が管理に当たっても、深刻な不正問題が起きたことは、浦河・様似の例などで示されていたにもかかわらず、道庁の責任をあいまいにした。

十勝アイヌ共有財産について、1889年（明治22年）、釧路郡長へ管理を委任したのは、北海道庁である。道庁から委任された釧路郡長が大津村有力者にアイヌ取締をあげて委託した。委任されたアイヌ管理者のさまざまな不正行為に、北海道庁の責任が問われる。

　また、1893年（明治26年）に、「道庁がその間を奔走し、アイヌの希望に基づいて、不明なもの・回収不能なるものは棄捐し、現在高を組合員たるアイヌの代表者名に分ち、一部は各自に分配し、一部はさらに財産管理法を設けて郡長が個人の資格でその保管・利殖・出納のことを掌る」ことになったと、高倉は、道庁の「奔走」で、アイヌの希望も入れられ、共有財産の「不明なもの・回収不能なるもの」を棄捐し、「現在高」のみを原資として引き継ぎ、道庁の「奔走」により、紛争が解決を見たと叙述して（高倉、前掲書、504頁）いるが、問題点がある。

　富田虎男の前掲論文「北海道旧土人保護法とドーズ法」には、十勝では1892年（明治25年）に、「旧来土人取締上の悪弊」を「一洗」するために310戸のアイヌが「旧土人総会」を開催し、和人の代理人を選出し、願書を郡長に提出したことが確認されている。（同論文、10頁）

　「北海道土人陳述書」には、さまざまの道庁側の整理した書類を、北海道庁の弁明のために収録しているが、そのなかに、共有財産の問題で十勝アイヌの委任をうけた和人代理人の書類が1894年（明治27年）暮から翌年にかけても作成されていることが確認できる、たとえば、「中川郡十弗村以北一〇ヶ村アイヌ一三五名惣代人届書」（1894年12月）以下の文書、「御届書、中川郡十弗村以北十ヶ村旧土人百三十五名総代人より郡長、明治27年12月3日」、「財産分割之件ニ付決定書、同、同年11月28日」、「委任状、同、同年10月7日」、「委任状、河西河東両郡旧土人百三拾二戸惣代人、明治28年1月6日」、「十勝国中川郡旧土人財産引継ニ係ル答書、明治27年12月24日」以下、井上、前掲史料紹介「『北海道土人陳述書』」45頁から59頁の史料群である。共有財産について、和人代理人に委任する十勝アイヌ民族の運動は続いていた。

　このようなアイヌ民族の部落全体の運動の持続があり、同じ頃、日高アイヌ

鍋沢サンロッテーの帝国議会への陳情も行われた。1895年（明治28年）において、鍋沢サンロッテーが、十勝アイヌ共有財産の問題を陳情している事実、十勝アイヌの委任を受けた和人代理人の書類が、1894年（明治27年）暮にもなお提出されている事実は、十勝アイヌ共有財産管理の問題が1893年（明治26年）に解決したわけではなかったことを示唆している。

前引したように、莫大なアイヌ民族共有財産の「不明なもの・回収不能なるもの」を棄捐し、「現在高」のみを原資と引き継ぐような道庁の「奔走」が、アイヌ民族の納得を得られたか、調査が必要である。

鍋沢サンロッテーは、陳情において、冨田書簡別紙の原文を掲げたように、共有財産の二項目のなかで、「開拓使ノ官吏」（本意見書、引用原文の4行目）、「政府」（同、11・12行目）、「役所」（同、7行目）、「戸長」（20行目）、「当路者」（同、29行目）などを挙げて、「官の責任」を追及している。

1893年（明治26年）に、道庁が「奔走」して、財産、現在高を引き継いで財産の処理がなされたが、アイヌ民族は、その後、1895年（明治28年）において、なお官の責任を訴えて、抗議運動を持続しているのである。

このように、巨額の共有財産をめぐる、官とアイヌ民族の係争が、なお続くなかで、この4年後に、北海道旧土人保護法が制定された。

したがって、このような係争関係が続く中で、北海道旧土人保護法の第10条では、北海道庁長官が「管理スルコトヲ得」という長官の権が規定され、「共有者ノ利益ノ為」と抽象的な条件を付しながら「処分ヲ為シ」、「分割ヲ拒ムコトヲ得」という長官の権が規定され、「之ヲ指定ス」という長官の権も規定された。北海道旧土人保護法の第10条は、北海道庁長官に二重、三重の権限を与え、道庁の管理権を認めた。アイヌ民族の異議申し立ての運動とその要求は、北海道旧土人保護法において退けられた。②で、アイヌ民族共有財産の「費途ノ目的」の限定が、アイヌ民族の生業を破滅させたことを指摘したが、加えて、係争関係の中で、北海道庁長官の広範な管理権を確定した点でも、北海道旧土人保護法の役割についても調査が必要である。

歴史的に見て、なお係争関係が続いていたとすれば、北海道旧土人保護法で

指定されたアイヌ民族共有財産が、そもそもアイヌ民族共有財産の総額であったとはアイヌ民族は認めることはできない。

　教育資金については、鍋沢サンロッテーは、「之等ノ金ハ今日如何ニナリ居リシヤ」と、資金の行方を問うた。まえがきで引用したように、アイヌ文化振興・推進機構の刊行した『アイヌ民族に関する指導資料』も、アイヌ教育資金の共有財産は「未使用のまま置かれていたことが批判された」と指摘していた。

　以上の点においても、アイヌ民族共有財産の形成および指定の経過について、慎重な調査が必要である。

　北海道旧土人保護法制定以後のアイヌ民族の抗議や批判については、たとえば、①で、1923年（大正13年）、吉田巌の日記に記された、アイヌの役場に赴いての抗議を指摘した。このような抗議は、官によって無視されたが、無数にあったと推測される。そして、1930年代以後は、北海道旧土人保護法の廃止自体が要求された。

④　共有財産の形成および指定と管理の調査について、アイヌ民族史や近現代史の専門家などが加わった調査委員会が設置されれば、可能であること。

　被控訴人は、2003年（平成15年）2月20日準備書面（2）で、「被控訴人は、控訴人らの各要求に対して現存する資料の収集を行い、可能な限りの調査を実施し回答するなど誠意を持って対応したものである」（被控訴人準備書面（2）、2頁12行目から14行目）と述べた。

　被控訴人の「調査」実施とは、1997年（平成9年）7月10日付けの「公文書一部開示決定通知書」（環総第102-1号）で開示された「北海道旧土人共有財産管理状況明細書」に添付された「旧土人保護法（共有財産）関係調査資料リスト」である。調査資料リストでは、「行政概要」・「政策史」・「市町村史」の3つに区分して、以下の文献が列挙された。

　「行政概要」、『北海道旧土人』（北海道庁　明治44年7月発行）、『北海道旧土人概要』（北海道庁　大正15年10月発行）、『北海道旧土人』（北海道庁　大正11年6月発行）、『旧土人に関する調査』（北海道庁　大正11年11月発行）、『大正14

〜昭和元年度　社会課事務概要』（北海道庁学務部社会課　昭和2年10月発行）、『土人概要』（北海道庁学務部社会課　昭和4年6月発行）、『北海道旧土人概要』（北海道庁　昭和8年9月発行）、『北海道旧土人概要』（北海道庁学務部社会課　昭和11年1月発行）、『北海道概況』（北海道庁　昭和11年9月発行）

「政策史」、『北海道旧土人保護沿革史』（北海道庁　昭和9年3月発行）、『新版アイヌ政策史』（高倉新一郎著　昭和47年4月発行）、

「市町村史」、『旭川市史稿』（旭川市　昭和6年12月発行）、『旭川市史』（旭川市　昭和34年7月発行）、『鷹栖村史』（鷹栖村　昭和52年発行）、『本別町史』（本別町　昭和52年発行）、『帯広市史』（帯広市　昭和51年発行）、『幕別町史』（幕別町　昭和42年発行）、『昭和49年刊　あっけし町史』（厚岸町　昭和49年発行）、『厚岸町史』（厚岸町　昭和50年発行）、『根室千島両国郷土史』（本城玉藻編、昭和8年4月発行）

以上の20冊である。「共有財産関係の記述のないもの」として「音威子府村史」（昭51）他32冊の市町村史があげられている。官公庁発行の文献がほとんどであり、それ以外では、高倉新一郎の著書、前掲『アイヌ政策史』1冊があげられている。

調査の対象として、官公庁発行の文献調査は、必要である。前記した控訴人ら準備書面と滝沢正陳述書は、官公庁発行の文献を調査して、事実関係の齟齬を指摘した。それによって明らかになるのは、問題点の所在である。

事実関係の解明のためには、問題点の所在を踏まえて、官公庁が作成した当時の共有財産管理簿、共有財産管理に関係する施策決定・協議・調査などの公文書、背景となるアイヌ民族に対する政策決定に関する公文書など、一次史料の調査が必要である。官公庁発行の統計や報告は、これらの一次史料を加工した二次史料であり、事実関係の究明には、限界がある。以下、調査する必要のあることが判明する一次史料を例示する。

共有財産の形成期については、激しい紛争が表面化していたので、高倉新一郎らにはじまる最近におよぶ研究があり、さまざまの一次史料が見いだされている。

③では、十勝アイヌ民族共有財産の形成期におけるアイヌ民族の帝国議会への陳情と道庁側の弁明、弁明に添付された財産管理と紛争等の関係文書が収録された「北海道土人陳述書」を指摘した。「北海道土人陳述書」は、北海道大学附属図書館北方資料室に所蔵され、一般の閲覧に供されている〔請求記号、別・ア398-Ho〕。また、井上勝生、前掲史料紹介「『北海道土人陳述書』——アイヌ陳述に対する北海道庁弁明書（1895年）」（1999年）に、全文復刻されている。収録された共有財産管理についての文書は多数におよび、前述した高倉新一郎の調査も部分的であり、全貌の調査検討はなされていない。

　同図書館北方資料室には、釧路他四郡役所が作成した「十勝外四郡土人関係書類」も所蔵される〔請求記号、別・ア951．4-To〕。十勝共有財産の紛争の書類原本を多数綴じこんだ冊子で、十勝共有財産管理の第一次史料であり、416丁の大冊である。この史料は、まだ調査されていない。

　北海道立文書館には、同共有財産管理についての、開拓使時代、三県時代、また北海道旧土人保護法以後の関係文書が多数保存され、一般の閲覧に供されている。山田伸一の前掲論文「『北海道旧土人保護法』による十勝アイヌの共有財産管理」（2002年）は、次のような一次史料を調査している。

北海道庁十勝支庁「自昭和一三年至昭和一五年　旧土人関係」（請求記号 A7-2／582）には、「旧土人共有財産管理ニ関スル件」が含まれる。
「旧土人共有財産台帳」北海道庁十勝支庁（請求記号 A7-2／139）
「土人互助組合設立ニ関スル書類綴」北海道河西支庁（A7-2／330）
「昭和十一年　十二年　旧土人保護」北海道庁十勝支庁（A7-2／523）

　小川正人と山田伸一は、『北海タイムス』、『十勝毎日新聞』、『小樽新聞』などにも共有財産の指定と管理に関係する記事が散見されることを指摘する。『十勝毎日新聞』関連記事の一部は、小川・山田編「十勝毎日新聞（1920—1939年）掲載　アイヌ関係記事：目録と紹介」（1）・（2）（『帯広百年記念館紀要』第19号・第20号、2001年・2002年）に紹介された。例示すれば、作成され

第6章　アイヌ民族共有財産裁判「歴史研究者の意見書」　175

た目録の内、1924年（大正13年）には、7月25日「旧土人／共有貯金／各部落で保管」、9月12日「旧土人共有財産の／益金を有意義に／使用せしめんと／支庁当局なやむ」、9月21日「土人基本財産／協議会開催」、12月4日「一万七千円の／土人共財益金／近く各組合に交附／今後は組合で活用」、12月14日「管内旧土人／基財益金／使途考慮中」などが散見される。

　幕別町ふるさと館所蔵の吉田菊太郎資料にも、関連する原史料が多い。幕別町蝦夷文化考古館文書資料調査委員会編『幕別町蝦夷文化考古館　吉田菊太郎史料目録Ⅱ　文書資料編』（幕別町教育委員会　1998年）に目録が作成され、公表されているので、史料名の若干を例示し、同目録による書誌を掲げる。最初の番号は、吉田菊太郎資料の資料番号である。

2004　十勝外四郡　旧土人所有財産分割願書其他書類綴
2005　明治弐十七年以後　土人関係要書綴込
　　内容「十勝国旧土人組合解散ニ付財産配当処分済ノ義上申」「十勝国広尾外六郡旧土人共有配当金名簿」「明治二十五年三月四月旧土人救済米請取人名簿」「旧土人開墾予定地仮御下渡願」「旧土人開墾地変更ノ義ニ付御願」「中川旧土人財産保管組合規約」「中川郡旧土人所有財産引渡演説書」など
2010　自明治廿七年　官署関係書類　付川口漁場関係書及河西郡往復
　　1893（明治26）年2月以降の諸費用関係書類。戸数割、村費、共有漁場貸付金、製麻会社株券利子、薬価、共有馬牛関係諸費用などの請求・領収書類
　　等である。

　以上、いずれも、文書原本であり、十勝共有財産の第一級史料である。この他、同文書には、③で指摘したように、株券が問題となった北海道製麻会社・札幌製糖会社の株券関係の史料が多数保存されている。これらの史料は研究者によっても未調査である。

以上は、十勝アイヌの共有財産形成期に関する史料である。十勝アイヌの共有財産に関しては比較的史料が多いと言われているが、旭川アイヌの共有財産に関する史料も多く所在することが知られている。十勝共有財産関係についても、専門家の調査は、個々の研究者の調査が一部に及んだところであり、共有財産関連の史料の所在についての調査は、総合的には行われていない。

　全道旧土人教育資金について、前掲「1883年におけるアイヌ教育「資金」の「下賜」「下付」について」(1999年)で検討した小川正人は、次の史料を調査している。北海道立文書館では、「札幌県公文録　文部省往復ノ部」札幌県学務課督学係、1882年、(請求簿書番号7392)、「県令出京中書類ノ五　官省伺上申」函館県上局、一八八三年、(請求簿書番号8268)、「北海道土人教育書類」北海道庁、1886年、「札幌県公文録　諸往復ノ部」札幌県学務課督学係、1883年、(請求簿書番号8005)、「札幌県公文録　諸願伺指令ノ部」札幌県学務課督学係、1883年、(請求簿書番号8006)、「札幌県公文録　諸願伺指令ノ部第二号」札幌県学務課、1883年、(請求簿書番号8007)、「札幌県治類典　小学校」札幌県学務課、1884年（請求簿書番号8942）、北海道大学付属図書館北方資料室では、「札幌県　教育」、(請求記号、道使写本111)、「北海道土人陳述書」前掲、宮内庁書陵部では、「明治十六年　恩賜録　一」、北海道立図書館北方資料室では、「事務引継演説書」河野常吉資料である。

　これらは、研究者が個々に行った調査であって、総合的な調査が必要である。

　共有財産関係の形成期の資料を中心に述べたが、指定から管理期についても、総合的な調査が必要である。指定されてから北海道旧土人保護法によって財産を管理する時期については、控訴人らの情報公開請求によれば、道庁の情報公開した史料はきわめて少ない。この時期については、研究文献も、前掲、小川正人「『北海道旧土人奨学資金給与規程』(1931年)について」(2000年)、山田伸一「『北海道旧土人保護法』による十勝アイヌの共有財産管理」(2002年)がある程度で調査は始まったばかりである。小川と山田は、北海道立文書館、北海道大学附属図書館北方資料室、北海道立図書館北方資料室などを中心に綿密な史料探索を行っており、同様な集団的作業、すなわち関係史料探索と目録作

成から着手される必要があろう。

　現在までの情報公開が示しているように、関係史料が、長年経過している財産形成期より、北海道旧土人保護法による管理の時期に少ないとすれば、その事を明確に確認することも重要かつ必要な作業である。

まとめ

　アイヌ民族共有財産の形成および指定と管理について、①では、行政当事者自身によって、指定と管理に問題点のあることが、証言されていた。また、②では、官の指定と管理によって、アイヌ民族の民族固有の生業が破滅させられたことを指摘した。③では、不透明な管理に、アイヌ民族から抗議や批判が出されていたことを指摘した。

　控訴人らの準備書面および滝沢正陳述書は、アイヌ民族共有財産の指定と管理経過について、道側から公刊された管理経過を示す文書には、齟齬する点が多いことが詳細に指摘されている。

　①、②、③で述べたように、指定と管理に問題点があり、アイヌ民族の固有の生業を破滅させ、アイヌ民族から不透明な管理に抗議や批判の出ていたアイヌ民族共有財産の北海道旧土人保護法による管理は、アイヌ民族の地位上昇に、それほどは役立たなかった。むしろ、②で述べたように、アイヌ民族の地位上昇を阻害する面が大きかったのである。小川正人が指摘するように、アイヌ民族の地位上昇は教育資金などの「保護」によってではなく、「実質的には他ならぬアイヌ自身の努力によってこそ達成されてきた」（小川、前掲論文「『北海道旧土人奨学資金給与規程』（1931年）について」（2000年、69頁）。形成当時、巨額であったアイヌ民族共有財産は、現在、わずかに129万円余が残された。その経過は正確に調査、報告される必要があろう。④では、調査委員会が設置されれば、総合的な共有財産の一次史料の調査ができ、関係史料目録の作成をはじめ、関係文書の有無を含めて事実関係の解明が進むことを指摘した。

（付記）本論集のために開かれた札幌シンポジウム（2007年9月）で、筆者は、最高裁上告棄却決定後の状勢を踏まえて、「北海道旧土人保護法前夜のアイヌ民族」という実証研究の報告を行った。中村哲先生から、同報告を載せるよう心強いお勧めをいただいたが、筆者の時間の都合が、どうしてもつかず、かねて公表を求められていたこともあり、本稿を掲載した。シンポ参加者の皆様にもご寛恕いただきたい。なお、シンポジウム報告は、その後、北海道大学アイヌ先住民研究センターで、さらに検討を深めたものを「保護法前夜のアイヌ民族――十勝アイヌと共有財産」として講演し、小川隆吉元原告団長はじめアイヌ民族の方々、および市民80名が参加された（2008年1月）。同講演を近々公表したいと考えている。

第 7 章　琉球史をめぐる論点と実践

高良　倉吉

はじめに

　私は1970年代初頭から琉球史をテーマとする研究に本格的に取り組むようになったのだが、当初から明快に意識できていたかどうかはともかくとして、この学問が引き受けるべき論点の一つは、「沖縄はなぜ日本なのか」という根底的な問いに答えることにあると思っていた。
　1972年5月15日を境にアメリカ統治を脱し沖縄が再び日本の一県に復すると同時に、日本復帰後の沖縄は今後どのような地域像を目指して歩んで行くべきかという課題が横たわっていたのだが、そのような同時代的状況が「沖縄はなぜ日本なのか」という問いにリアリティーを与えていたのだと思う。

I　三つの論点についての素描

　「沖縄はなぜ日本なのか」という問いに歴史家の立場から答えるとした場合、その問題は大づかみに言って三つの論点より構成されているはずである。一つは沖縄が日本（「日本という国家」と表現してもよい）の一部に編成されていくプロセスを実証的および総括的に認識することであり、その論点は1960年代中頃から琉球処分論や近代沖縄史論としてすでに本格的に検討され始めていた。二つは、日本の一部に編成される以前の沖縄の歴史実態を解明しておくことで

あり、いかなる歴史的存在がその後の「日本化」プロセスを通じて消滅もしくは変容していったのか、言い換えると、日本になる以前の沖縄の態様をどのように理解できるかという問題であり、そのことを考える仕事は沖縄の前近代史像を探ることに帰着する。

　そして三つは、前二者を所与の前提にしながら、現に沖縄に居住する人びとが、沖縄が日本の一部であるという現実をどのように引き受けかつ評価しているのか、換言すれば、歴史的な過去をふまえつつ沖縄が日本の一部であるという目前の現実に対する沖縄住民の意思をどう理解できるかという問題であり、このテーマは歴史学のみの問題というよりも社会学や政治学などの分野を含む人文社会科学領域全体が取組むべき課題であるにちがいない。

　この三つの論点の相互関係を、私はあえて単純化して次のように捉えた。琉球処分（1879年春）によって解体された沖縄の前体制とは何であったのか、その体制が消滅した後に沖縄はどのようなプロセスを重ねながら「日本化」していったのか、しかもその二つの記憶を歴史として持ちつつ沖縄住民の圧倒的多数意思が日本の一部であることを受け入れている実情をどう理解すべきか。平たく言えば、今の沖縄は日本の一部だが、それは日本になっていくプロセスがもたらしたところの結果であり、「日本化」プロセス以前は日本であるかどうかを問う必要のない段階として存在していたはずである。そのような認識のもとに、私は二つ目の論点すなわち日本になる以前の沖縄の態様をどのように理解できるかという問題に集中的に取り組んできた。その作業の見通しとして描いたのが『琉球の時代――大いなる歴史像を求めて』（1980年）という小著であった。

　『琉球の時代』を書き下ろすにあたって、少なくとも三つの契機が必要であった。伊波普猷（1876～1947年）に代表される琉球・沖縄研究の先達・先輩たちの成果と思念がその一つ、琉球史研究に対して鋭い問題提起を行った安良城盛昭（1927～93年）の論理が一つ、そして私自身のアジア経験が今一つである。前二者に関してはすでにいくつかの小文を書いたので割愛するとして、アジア経験についてのみ若干補足しておきたい。

第 7 章　琉球史をめぐる論点と実践　181

　1974年と翌75年の 2 度にわたり私はタイやマレーシア、インドネシアなど東南アジア各地を見聞して歩いたが、その旅を通じて素朴に実感したのは、それらの土地と琉球・沖縄がいかに深い関わりを持つかという点であった。また、1981年には 1 ヵ月にわたり初めて中国各地を旅した。かつて琉球人が頻繁に往来していた福建省の福州や泉州、そして北京などの土を踏みしめながら、あらためて、琉球が中国と深く関わりつつアジアの一員として自己の歴史や文化を形成したことを痛感した。厳密なレベルで認識する作業のほうはともかく、アジアを視野に容れた琉球史研究が取組まれる必要があり、そのためのプロパガンダの役を自分の仕事とすべきだと考えた。『琉球の時代』は、そうした課題意識をふまえた私なりの活動方針のようなものだった。

II　時代区分と「琉球史」呼称の意図

　『琉球の時代』において真正面に据えた問題は、「日本化」プロセス以前の沖縄を考える最大の論点は「琉球王国」像をどう理解するかにある、との主張であった。かつてこの島々に琉球王国と呼ぶべき政治形態が存在していたこと、その王国はアジアの一員として歴史・文化の形成を行ったこと、またこの王国の存在こそが沖縄という地域の独自性のいわば原点に相当すること、したがって、沖縄前近代史研究の根幹的な任務は琉球王国像の解明と普及、いわば琉球王国プロジェクトとでも呼ぶべき課題として取組まれるべきだと受け止めた。
　その主張を支える装置として準備したのが王国の形成と展開、そして変容から崩壊に至るまでの一連のプロセスを内包できる琉球史独自の時代区分であった。王国形成前史としての概括的な時間である「先史時代」を冒頭におき、その次に王国の形成・展開プロセスに相当する「古琉球」を、その次に王国の変容・再構築期としての「近世琉球」を、そのうえで王国の消滅と「日本化」プロセスとしての「近代沖縄」とそれに次ぐ「戦後沖縄」を用意した。琉球史とは、先史時代→古琉球→近世琉球→近代沖縄→戦後沖縄という 5 つのステージを持ちながら展開した過程であると説明し、歴史の全過程のなかに占める琉球

王国という存在の大きさをあえて強調したのである。つまり、5区分法を設計することによってはじめて、琉球史の基調は琉球王国の形成と展開、変容、再構築、崩壊、そして紆余曲折に満ちた「日本化」プロセスとして定義できることになった。

　使用する用語についても注意を払った。琉球・沖縄を「南島」などと称するような無定見な態度は論外として、今なお巷間に流布するテクニカルタームとしての「琉球国」に抵抗する意味で琉球王国という語を徹底的に常用した。「国」は琉球の土地を指すとしてもどのように組織されている土地なのかが曖昧であり、「琉球国」を英訳しても単に Ryukyu にしかならない。しかしその土地は王国として組織化されて存在しているのであり、Ryukyu Kingdom もしくは Kingdom of the Ryukyus として翻訳可能なものでなければならない。

　そしてまた、琉球史という語に格別な意義をもたせようとも図った。

　じつは、琉球史という研究分野においては、この研究領域名をどのように称するかがまずは問題となるはずである。おそらくその基底に存するのは、琉球史が国史や日本史の名で呼ばれるナショナルヒストリーの一部に容易には回収されえない問題を多々内包するがためであるが、しかし、実際の研究現場において呼称の問題は強い緊張感に支配されてきたのではなく、実態としては曖昧に扱われてきたといわざるをえない。例えば琉球研究の開拓者であった伊波普猷は、その処女作ともいうべき著作のタイトルに『琉球史の趨勢』(1911年)を使い、晩年の遺稿には『沖縄歴史物語』(1947年)という名を付した。伊波の次世代に当たる仲原善忠や比嘉春潮は、それぞれが書いた通史に、仲原の場合は『琉球の歴史』(1952〜53年)、比嘉の場合は『沖縄の歴史』(1959年)と命名し、その後輩に当たる新里恵二は概論的著作を『沖縄史を考える』(1970年)と名づけた。また、1970年代後半に琉球史研究に集中的に取り組み、前近代から近現代にまたがる主要な論点を論じてみせた安良城盛昭は、その成果をとりまとめた論文集に『新・沖縄史論』(1980年)というタイトルを付した。これらの例に見るように、「琉球」あるいは「沖縄」を冠するかどうかという問題は、個人の裁量に委ねられており、特に厳密な名称とその説明根拠がある

訳ではないとの印象を受ける。そのような状況を見通したうえで、私の場合はあえて琉球史と称すべきだとの立場を鮮明にしてきた。

沖縄の古称が琉球であることから、琉球処分以前の前近代史を琉球史、それ以降の近現代史部分を沖縄史と呼ぶ通例があり、全時代を指して「琉球・沖縄史」と称することが近年は多い。例えば、入門的な通史として広く活用されている新城俊昭『高等学校琉球・沖縄史』(2001年) を始め豊見山和行編『琉球・沖縄史の世界』(2003年)、豊見山・高良倉吉編『琉球・沖縄と海上の道』(2005年)、上里隆史『目からウロコの琉球・沖縄史』(2007年) などがその傾向を代表するものであり、琉球・沖縄と併記し、その次に「史」をおくことによって全時代・全対象を包括したものであるとの認識を示すことができる。その傾向に同意したうえでなお、私の場合は琉球史という語を自覚的に用いている。なぜか。

III 研究史が内蔵する二つのパラダイム

琉球史が対象とすべき空間は、現在の沖縄県の県域に加えて鹿児島県の一部である奄美諸島を含み、かつまたこれらの島嶼群を連坦させるところの海域世界をも内包していなければならない。加えて沖縄の前近代史・近現代史を包括し、そのうえでアジア史の一環としての存在理由を表示できるものでなければならないと思う。そのように理解したうえで、琉球史を上位区分上の呼称とし、琉球・沖縄史や沖縄史、宮古史、八重山史、奄美史などの言い方を下位区分的にとりあえずは用いるべきだと考えた。その真意は、東アジアという地域世界の一環を構成するものとしての、同時にまた広大な海域を含む奄美から八重山までの島嶼空間を包括できるものとしての、さらには、その二つの空間が重なり合う場において生起した多様な歴史相について国境や県境に拘束されない立場で検討できるものとしての、そういう歴史学分野を立ち上げようとの自負にある。日本史や中国史、朝鮮史、ベトナム史などと同様の位相においてであり、かつまたそれらの語が内蔵しているはずのナショナルヒストリーという位相に

注意深く距離をおきながらも、しかし、必要とされる場合には琉球・沖縄版のナショナルヒストリーたりうるような立場性をも確保したいがためであった。そう考えたが故に、琉球史独自の時代区分概念を設計する必要があった。したがって、私が自覚的に常用するところの琉球史とは、奄美から八重山におよぶ島嶼群とそれに連結する海域世界を固有の舞台とし、その空間に重なり合うところのアジア史世界の一環であると同時に、琉球史と名乗る主体の側にとってのナショナルヒストリー的な意義をも帯びるものであり、そのうえで歴史学の一角を担うべきはずのもの、ということになる。

　琉球・沖縄という地域を対象とする本格的な歴史研究は1879年（明治12）春に起こった琉球処分以降に開始されるが、その過程においてこの分野を内在的に規定するいくつかのパラダイムがすでに胚胎されていた。その一つは、琉球王国の時代はもはや過去のものであり、琉球と称されてきた島々はすでに日本の一部であるという立脚点を現実的な前提にしたうえで、歴史を論じざるをえなかったという事情の存在である。言い換えると、琉球処分に反対し王国の復活を求めた旧臣たちの思念や、あるいはまた新体制に対する不服従を誓いサボタージュに徹した旧体制派の言い分を封印しつつ、もっぱら日本のなかの琉球・沖縄（＝「琉球の沖縄化」）という枠組みにおいて歴史語りが始まったのである。このパラダイムは、主要な研究潮流において次のような問いを封印することによって始めて成り立っていた。つまり、沖縄県体制という現実は琉球王国の土地をヤマト国家が侵略した結果として実現したものであり、それは琉球住民が自から望んだ結果では決してない。近代国家としての日本を形成したいがために、南境としての琉球をその版図に組み込む必要があったとはいえ、その仕打ちは琉球側のアイデンティティを圧殺するものとして発現しており、たとえ沖縄県という外皮を着衣させられたとはいえ、その本質はヤマトという他者による植民地的な琉球支配と呼ぶべきものではないのか。

　今一つのパラダイムは、日本の中の琉球＝沖縄であることを根底的に問わないとしても、独自の歴史や文化を持つという意識を担保しつつ、ヤマトには容易に回収されえない存在としての自己主張を当の沖縄の側からどのように展開

すべきか、というものである。つまり、日本でありながら日本ではないという一見矛盾するところの自己規定を、歴史の問題としてどのように概念化できるか。明快な論理は構築できないとしても、それを絶えず追究すべきだというパラダイムであり、すでにそれを研究史は胚胎していた。

　上記二つのパラダイムは「沖縄はなぜ日本なのか」という問いに容易に参入し、研究史が孕む前提として後に続く私たちを拘束した。そのパラダイムに向き合うための受け皿として、というよりもそのパラダイムが発するところの圧力を相対化するためのクッションボードとして、琉球史という概念およびそれに連動する時代区分論が必要であった。

IV　首里城復元への参画意図

　そのうえで、問題の構図を歴史学の内部で処理するのではなく、今という時代を生きる人びとを巻き込む必要があると考え、そのために「日本化」プロセス以前の琉球史像をあらゆる機会を捉えて喧伝し、その像をふまえたうえで、琉球史という営為の意義について考える必要があると思った。具体的には、私なりの琉球王国プロジェクトを精力的に展開するという事業である。

　琉球史分野に限らず、歴史学を担う者の立場性や自覚は絶えず試され続けているのであり、何のために琉球史という営為は存在するのか、誰のために貢献しようというのか、また、その成果をどのように活かそうとしているのか、といった問いに常に晒されている。琉球史もまた歴史学上の特定テーマに属しつつも、学問内部に安住できない問いに囲まれている。学界にいかほどの貢献をなしたのか、評価の高い論文や著作をどれほど生み出したのか、絶えず研究の最前線に立って活動しているかどうかといった基準と同時に、己の成果をどのように社会化し、世に役立てているかが問われている。しごく単純な活動にすぎないのだが、私の場合も一般向けの琉球史入門を出版したり、新聞やラジオ、テレビで琉球史に関する知識や認識を提供したり、各種の講座や講演会、シンポジウムの論壇に立ち琉球史像、なかんづく琉球王国像を訴え続けてきた。

そのような活動を精力的に行ういっぽうで、他分野の専門家と協同で推進できるプロジェクトにもエネルギーを注いだ。沖縄国際海洋博覧会（1975年）に沖縄県が出展した沖縄館の展示作業を始め、沖縄コンベンションセンター建設構想（1987年一部供用）への参画、NHK大河ドラマ「琉球の風」（1993年放映）の時代考証担当など種々のプロジェクトに係ったが、特に膨大な時間をかけて深く関与しているのが首里城の復元整備事業である。

首里城復元プロジェクト（1992年11月に復元された主要施設が一般公開開始）は、私にとっていわばライフワークのような仕事であり、建築・土木・造園・考古・美術工芸・祭祀などの諸分野の専門家と連携しつつ、私が取組んできた琉球史研究の成果や方法を活かす最上のテーマであった。1980年代後半以降のこの約20年間は、歴史家としての活動時間の多くは首里城に注いできた。

私が学んできた琉球史や琉球王国論の成果はどの程度のものなのか、そのことが試される機会であると同時に、各局面で具体的な案件についての判断とその根拠が求められる仕事だった。例えば、首里城のたどった推移を詳細に把握したうえで復元すべき対象年代を特定すること、各種の資料を解析して復元に必要な諸情報を抽出すること、各種施設および建築空間の往時の用途を明らかにすることなどの作業を担当したが、その過程を通じて自らの知識や認識と首里城という具体的な存在との齟齬をしばしば味わうことになった。例えば、近世琉球の王が諸務を決裁した建物が書院であることは知っていたが、書院のどの部屋が王の執務室だったのか、取次役（近世史料に「御書院当」の名で登場）はどの部屋に控えていたのか、業務の統括者である月番の三司官と王はどの部屋で面談したのか、その建物に南接する庭園はどのような形態だったのか、などの知識が試された。そのような知識は、近世琉球における王府行政の決裁手続きと王権の問題を検討する通常の歴史研究においては全く問題にされない。しかしながら、書院を復元整備しようという段になると、その施設内の間取りと用途、周辺環境を具体的に考えざるをえないのであり、それを説明できる者としての歴史家の存在価値が試された。

首里城は、琉球王国という存在を可視的に提示できる象徴的な遺産であり、

第 7 章　琉球史をめぐる論点と実践　187

日本ではない時代を持つ沖縄の記憶の具体像の一つである。それを再び甦らせアピールするという作業は、私が目指した琉球王国プロジェクトの枢要な仕事であり、多くの学術書や論文を積み上げるよりもはるかに説得力を持つ。

「沖縄はなぜ日本なのか」という問いにひきつけて言うならば、首里城を持つ時代が沖縄にはあり、それがやがて御用済みとなり、去る沖縄戦で完全に破壊された後、今は日本国内の国営公園として復元整備されているということをどう説明できるか、ということになる。そしてまた、そのような問いを引き受けながら、一歴史学徒がなぜそれの復元整備に没頭せざるをえないのかという自覚にも、自ずから連動している。

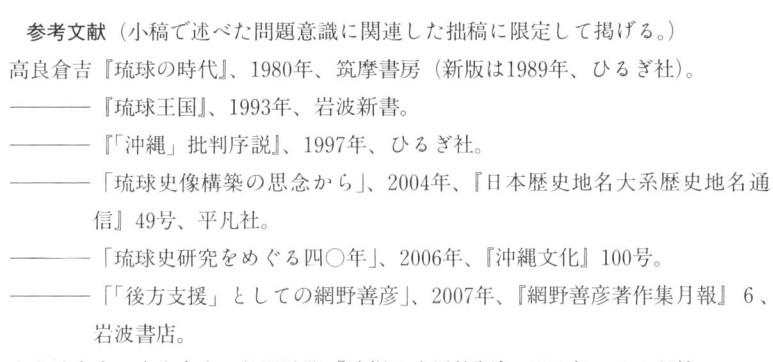

　参考文献（小稿で述べた問題意識に関連した拙稿に限定して掲げる。）
　高良倉吉『琉球の時代』、1980年、筑摩書房（新版は1989年、ひるぎ社）。
　――――『琉球王国』、1993年、岩波新書。
　――――『「沖縄」批判序説』、1997年、ひるぎ社。
　――――「琉球史像構築の思念から」、2004年、『日本歴史地名大系歴史地名通信』49号、平凡社。
　――――「琉球史研究をめぐる四〇年」、2006年、『沖縄文化』100号。
　――――「「後方支援」としての網野善彦」、2007年、『網野善彦著作集月報』6、岩波書店。
　真栄城守定・高良倉吉・牧野浩隆『沖縄の自己検証』、1998年、ひるぎ社。
　大城常夫・高良倉吉・真栄城守定『沖縄イニシアティブ』、2000年、ひるぎ社。
　仲里効・高良倉吉『「沖縄問題」とは何か』、2007年、弦書房。

第Ⅳ部　「植民地近代」論争

第8章　朝鮮における「19世紀の危機」

李　榮薫

I　問題提起

　18世紀、朝鮮王朝の経済体制は自給自足の小農経済、定期市を中心とする農民的物流、浦口（入江）・大場（大市）の間に成立した商人的物流、結税・軍布・還穀の徴収や配分によって行われる国家的物流といった様々な経済形態の複合体として成り立っていた。経済体制の基礎部分においては、自給自足の小農経済や農民的物流が大きい比重を占めていた。その上に乗っかって、地域間の不均衡を調整し豊凶の生産衝撃を緩和しつつ経済全体の統合を維持する商人的物流や国家的物流が成立した。経済統合において中心的役割を担ったのは商人的物流よりは国家的物流であった。これこそ、同時代の日本や中国と対比される朝鮮の比較史的特質といえる。

　朝鮮王朝の領土は市場が国家に取って代わるほど広くなかった。地方ごとの生産条件や豊凶の生産衝撃も概ね同質的であった。茶・生糸・陶磁器などが生産されなかったので、同時代に繁盛した世界市場からも隔離されていた。こうした朝鮮半島の地理的条件や国際環境が主要因となり、朝鮮王朝の経済体制は国家的物流を軸とする国家の再分配経済として成立していた。

　筆者は以前の論文「18世紀朝鮮王朝の経済体制」において、18世紀朝鮮王朝の経済体制を以上のように説明してから、この体制の19世紀の歴史にふれ「朝鮮王朝の、それなりに見所のある均衡体系としての経済体制は19世紀に入って

大きな危機に直面した」[1]と述べたことがある。この「19世紀の危機」に関連して、筆者はいくつかの論文をすでに発表してきた[2]。朝鮮の経済は18世紀半ばを頂点に1830年代まで緩やかな停滞を見せ、1840年代からは経済体制の安定性を失った。それ以降1850年代半ばから約40年間、すなわち1890年代半ばまでは深刻な危機の時代であった。このような以前の主張を前提としつつ、ここでもう一度、最近の研究成果を踏まえて補完と総括を試みたい。

II 農業生産と生活水準

19世紀の経済的停滞については、散発的ではあるが、過去にも少なくない研究者によって指摘されてきた。そのような指摘がこれまで注目を集められなかったのは、基礎産業である農業の継続的発展があったと強固に信じられてきたからである。農業の発展については、それが富農に主導される資本制的な両極分解の方向であったか、それとも小農に主導された集約化の方向だったかをめぐる見解の違いはあった。しかしどちらも農業が発展しつつあったと信じていたのは同じである。「19世紀の危機」は50年間信じられてきたこの当たり前の常識を疑うところから出発する。1980年代に入って、農村社会の有力な両班家、同族村、書院などに所蔵されてきた古い文献資料が収集、整理、公刊され始めた。そのなかには、単位土地当たり生産量や地代量の長期趨勢を見ることのできる秋収記が含まれている。これまで12種の秋収記が知られているが、すべて全羅道（6種）か慶尚道（6種）に属している。もっとも古い時期のものは慶尚道蔚山の鷗江書院の秋収記（1660-1695）であり、時系列のもっとも長いのは、全羅道では靈巖長岩里の文氏同族の秋収記（1743-1927）、慶尚道では慶州の玉山書院の秋収記（1748-1908）である。京畿道や忠清道の場合、新しい農村調査によって上がってきた資料はなく、以前から知られている京畿道果川の李氏両班家の秋収記（1849-1890）や忠清道瑞山に分布するソウルのある不在地主の秋収記（1832-1875）がある。

全羅道・慶尚道の秋収記12種はいずれも、稲作において斗落当地代量が長期

的に減少する傾向を見せてくれる。それに対し京畿道や忠清道の秋収記2種では斗落当地代量が一定水準に固定されている。以上14種の秋収記によって計算された斗落当標準地代量は1700年の米15斗から1800年の10斗、1900年の5斗に減少した[3]。このように斗落当地代量が2世紀の間1/3に減少する傾向はこれまで知られていなかったもので、それを発見した本人を含め学界全体に大きな衝撃を与えた。

　全羅道や慶尚道で確認されたこのような傾向が全国的に見てどれだけ一般的だったかは、慎重な判断が必要であろう。京畿道や忠清道の二つの例外的事例のように、そのような趨勢と関係のない地方や個別農地も存在する。また稲作を対象に観察された長期傾向をそのまま畑作に適用するのも無理である。畑作において単位土地当たり地代量の推移を知らせてくれる資料はまだ発見されていない。畑作は自然環境の変化に稲作ほど敏感ではないので、前記の趨勢と無関係であった可能性はある。斗落当地代量の減少が生産量よりは地代量の低下を反映しているという解釈も提示されている[4]。そのような可能性をすべて否定することは難しい。社会秩序の大混乱した19世紀後半にそれが実際起こった可能性を、全羅道霊光の秋収記を分析した事例研究が指摘している[5]。しかし前記のような長期にわたる地代量の大幅な減少をすべて地代率の下落で説明するのは難しい。14種の秋収記のうち慶尚道の漆谷や醴泉のそれには斗落当生産量そのものが記録されている。そこで確認される斗落当生産量の長期趨勢もやはり減少傾向を見せている。

　稲作の生産性推移を知るには、それを反映している市場価格の動向を探るのも良い方法であろう。国立中央図書館やソウル大学奎章閣に所蔵されている18～19世紀の各地の土地売買文記1万件以上を統計学的に処理した研究によれば、田の実質価値は18世紀半ばに斗落当たり米6～7石だったのが、19世紀後半の開港前後の時期に4～5石に下落した[6]。利子率が概ね一定であれば、田の実質価値の下落は田以外の生産財や消費財がより好まれるようになったことを意味しており、それだけ生産財として田の収益性が下落したことを物語っている。

　ほかの財貨で表示される米の相対価格がどう変化したかも稲作の生産性推移

を反映する。慶州玉山書院の都録に記された多様な財貨の価格を比較した研究によれば、19世紀以来、米の相対価格は上昇傾向にあり、特に19世紀半ば以降急速な上昇を見せた[7]。1792～1906年にわたって毎年1冊ずつ残っている明禮宮の支出簿はソウルの物価動向を教えてくれる格好の資料である。そこで確認される餅米価格はその補完財である小豆、緑豆、蜂蜜の価格より急な上昇傾向を見せた[8]。この現象は19世紀を通じてソウル市場に供給される餅米の量が段々減少したことを意味し、それ以外の解釈はありえない。

農村労働者の賃金も農業労働生産性の推移を反映している。これに関連してこれまで知られた唯一の事例は慶尚道醴泉渚谷里の両班家、朴氏の支出簿（1853～1905年）である。それによると、同じ期間の日雇労働者の実質賃金は1/3という驚く水準にまで急落した[9]。稲作の生産性下落によって農家所得が減ったとすれば、それに付随するあらゆる社会現象を予測するのはそれほど難しくない。全国で181両班家の族譜を検討した、かなり手間のかかった研究によれば、1830年代以降1880年代まで、家系あたり平均人口は明らかに減少した[10]。その原因は死亡率の増加にあった。生活水準が下落し栄養状態が悪化すれば人々はますます疾病や寒さの脅威にさらされるようになる。

III 水利と山林

稲作の生産性が後退したのは耕地の地力が落ち、水の供給が不安定になったからである。肥料は15～16世紀まで人や牛馬の糞を灰に混ぜた糞灰が主に使われ、17世紀以降は稲藁や野草を牛馬の糞にまぜ発酵させた堆厩肥に変わった[11]。堆厩肥は主に畑作物に与えられ、稲作には新しい土や春先の野草及び軟技を投入するのに止まっていた。このような肥料の作製や採集には大量の労働が必要であり、農家の限られた労働力によって確保できる量は限られていた。日本や中国ではそのような制約を油粕や魚肥のような金肥の確保によって乗り越えたが、朝鮮ではそのような肥料を副産物として供給できる食品加工業が発達しなかった。朝鮮の農業は最後まで金肥の使用を知らなかった[12]。

そのように施肥法の発展に限界があったため、朝鮮の稲作は水の移動施肥効果によって地力を若干ずつ補充させるだけの、言いかえれば、地力略奪的農法に止まった。17世紀後半以降、稲作における移秧法（田植え）の普及によって、南部地方を中心に稲麥の二毛作が広まった。しかし当時の農学者たちは二毛作を勧めなかった[13]。それは充分な施肥の伴わない二毛作によって田の地力を枯渇させてしまうことを恐れたからである。それにも関わらず二毛作は南部地方において1914年現在17％の普及率を見せた。これまで知られている大半の秋収記において稲作の生産性が停滞ないし後退していたのは朝鮮の稲作が基本的に地力略奪的農法に基づいていたからである。

水利施設の荒廃により稲作に欠かせない水の供給が次第に不足し不安定になったことは以前から指摘されてきた。この分野の先駆的研究の一つ、『李朝水利史研究』(1961) において李光麟は、「李朝国家は英祖・正祖時代を最後の境目に明らかに崩壊の兆候を見せ始めた。……このような時期に農業の発展や水利事業の進行はとても望むべくもなく、返って各地ではすでに修築された施設まで破壊されつつあった」と指摘している。関連の資料を一つ紹介しよう。憲宗13年（1847）に備局堂上の啓す所によれば、「近世以来、官吏が法を守らず百姓が本業を重んじないことになり、堤防や堰が塞がっても浚渫や修理をせず、それを破棄して耕地にしている」とされる[14]。

宮嶋博史はこのような李光麟の研究成果を補完した。18世紀の英祖・正祖時代に慶尚道の堤防は着実に増加し、特に観察府の所在地である大丘を中心とする洛東江中流地域がそうであった。全羅道や忠清道で同じ発展があったかどうかは明確でない。堤防の修築には国家の役割が大きかった。従って国家の統治力の弱まった19世紀半ば以降は地域を問わず堤防の荒廃化が進んだ[15]。各地で進行した水利施設の甚大な荒廃は「19世紀の危機」をほかの何より生々しく伝えている。

水利施設の荒廃は森林が破壊された結果であった。朝鮮半島の林野は18世紀半ば以降荒廃化しはじめた。この点を明確にした李宇衍の研究成果を紹介する[16]。17～18世紀は経済的高揚期で朝鮮王朝の人口は1,700万近く大きく増加

した。その時期に暖房設備としてオンドル（床暖）が広く普及した。それにより燃料粗朶に対する需要が大きく増加し森林の乱伐を促した。また膨れあがった人口によって発生する食糧不足を打開するため各地で山地が大量に開墾され始めた。山地の開墾も森林荒廃を促す要因となった。

　開墾が終わり熟田化した山地の畑を18〜19世紀の人々は火田と呼んだ。18世紀『農圃問答』の著者である鄭尚驥は火田の規模について「50、60万結以下ではない」とした。当時、朝鮮王朝によって把握されていた全国の結数は140万結である。後の20世紀に入って、1918年の土地調査事業の結果によって明らかになった朝鮮半島の耕地、宅地の総面積は487万町歩であった。それに対し、朝鮮半島の1.4倍の面積をもつ日本列島（北海道を除く）の同じ総面積は1876年に484万町歩であった[17]。朝鮮半島と日本列島において平地と山地の比率はほぼ同じである。この事実は18〜19世紀の朝鮮がいかに旺盛に山地を開墾したかをよく物語っている。

　朝鮮王朝が森林荒廃を統制できなかったのは森林資源を管理する所有主体の創出に失敗したからである。朝鮮王朝は国家や王室に必要な材木を確保するため全国要所に封山を指定し厳格に管理したが、民間の無差別な濫伐を防ぐことはできなかった。民間では墓地を中心に一定範囲の縁故権を認められた私養山が発達した。しかし私養森林に対する墓主の権利は周辺の農民の自由な接近を禁止するほど絶対的ではなかった[18]。朝鮮王朝の森林制度は最後まで「山林川澤與民共之」という共有の理念によって支配された。その結果、先に切り倒す者勝ちとなり、いわば「共有地の悲劇」(the tragedy of the commons) が18〜19世紀の朝鮮王朝において典型的に演出された。

　森林が廃れればどのような災害がついてくるかは改めて説明するまでもない。朝鮮半島の土壌は表層が薄くその下に風化に弱い花崗・片麻岩となっている。森林が荒廃すれば、少しの雨にも薄っぺらな土俵や風化作用に弱い岩盤が沙石となって流れ出し、堤防を埋め堰を取り壊した。河床の高くなった河川はしきりに氾濫し周辺の農地にいわば「成川覆沙」の災害をもたらした。すでに見てきた19世紀稲作の後退は、このように水利施設が破壊され耕地が水害を被った

結果であった。言いかえれば、19世紀の危機は人類史上のどの文明社会もその絶頂期においていつも直面してきた問題、つまり人間と自然の生態学的緊張関係とそれに対する未熟な対応を根本原因や背景にしている。

IV 市場

　19世紀を通じて、農村の定期市やそれらを統合する浦口や内陸の中心市場が萎縮されつつあった。それもやはり「19世紀の危機」を知らせるもう一つの象徴である。1770～1831年の間、全羅道の市場数は205から175に大きく減った。慶尚道や忠清道でも減少はしたがそれほど大幅の減少ではなかった（慶尚道：286→268、忠清道：168→158)[19]。このように危機は全羅道から始まった。市場数が大きく減ったのは内陸部ではなく沿岸部であった[20]。そのなかでも羅州、順天、霊光のような漕倉または兵営の所在地、入江商業の発達した所で減少は著しかった。例えば1770年の順天の市場数は13から8に大きく減った。それに対し同じ期間、内陸部の中心市場である全州では市場数に変化がなく、南原ではむしろ増加した。全羅道の内陸部で危機が本格化したのは1871年以降であった。1871～1908年の間、全州の市場数は7から4へ、南原のそれは7から3に大きく減った。このように南部の市場が萎縮されるにつれ全羅道の市場数は1871年の172から1908年の156へ更に減少した。1870年代以降、民乱、東学農民蜂起、義兵の舞台となった全羅道の危機的状況は全国でもっとも深刻であった。

　忠清道で危機が本格的に深まるのは1830年代以降である。1830～1871年の間、忠清道の市場数は158から110.5に大幅に減少した。ここでも全羅道のように沿岸部でより大きい減少が確認された。1871年以降の市場数は1908年まで129に回復され、全羅道のような深刻な危機にはならなかった。それは忠清道が民乱の主たる舞台ではなかったことや、1876年の開港に伴う市場拡大効果があったからと考えられる。

　要するに19世紀の南部地方において、市場は入江商業の発達した沿岸部で集中的に減少した。そのような現象は全羅道の沿岸部で始まり、1830年代に忠清

道の沿岸部に、そして1870年代以降は全羅道の内陸部にまで広がった。全羅道の沿岸部で市場がもっとも早く衰退した原因については、1793年にソウルの京江商人たちに南部地方の租税米運送を独占する権利を与えたことに注目する必要がある[21]。それによって、それまで租税米をソウルに運んでいた地方商人は大きな打撃をうけた。租税米をソウルに運ぶことによって得られる莫大な運賃収入を失ったからである。

　18世紀を通じて全羅道と慶尚道の沿岸部を統合していた南海貿易が衰退したのももう一つ重要な原因であった。単位土地当たり地代量という情報を知らせる前掲12種の秋収記などの資料には、集めた米を近くの市で販売する過程で発生した価格情報が含まれている。この価格情報を利用して米価の短期変動や長期趨勢だけでなく、地域間に価格変動の共動性がどれほどかを調べることによって地域間の市場統合の程度を知ることができる。全羅道の霊巌と慶尚道の慶州でそれぞれ発見された米価の時系列資料は、この二つの市場の統合度が時期によってどのように変化したかを克明に見せてくれる。朝鮮王朝の経済的絶頂期といえる1738～1765年の間、二つの地域市場の年平均米価の変動値（1次差分）の相関係数は0.941という高い数値を見せた（1％有意水準）。これは、二市場を媒介した南海交易が同期間活発であったことを物語る。しかし二つの米価変動の相関係数は1779～1816年の間は0.659（同上）、1820～1854年に0.627（同上）と次第に低くなり、1855～1882年の間は0.230（有意ではない）まで落ちてしまう。このように19世紀半ば以降、二つの地域市場は互いにまったく関わりのない別個の市場に分離されてしまった[22]。

　全羅道や慶尚道の海江部を統合した南海交易は、全羅道の入江で穀物を積み上げた船が慶尚道南海各地の入江や東海の蔚珍まで行き穀物を下ろし青魚などの海産物を購入して回航するという構造であった[23]。全羅道の米を慶尚道に運ぶ理由は慶尚道の米価が全羅道のそれより高かったからである。このような南海交易が決定的に衰退したのは1840年代であるように見える。南海や東海を航海していた船のうち日本に漂流し帰還した商船に関する朝鮮王朝の記録によれば、1830年代まで毎10年間に平均20～30隻の船が日本に漂着した。この漂流船

に関する記録は1841年に激減し、1840年代に8隻、1850年代に2隻、1860年代に2隻となる[24]。その間、自然条件や航海技術に大きな変化がなかったと仮定すれば、漂流船の減少は南海を往復する商船活動が少なくなった結果といえる。

　南海交易が廃れた原因として、まず全羅道の稲作の生産性が低下しそれによって慶尚道に米を供給する能力を失ったことを考える必要がある。もう一つは対日貿易の衰退をあげることができる。東萊倭館における開市率は1722～26年では74%と高い水準にあったが、1844～1849年には24%と大幅に低下していた[25]。17世紀後半以降、朝鮮王朝の経済的繁栄をもたらした対日貿易の黒字は18世紀以降徐々に減って行き、1750年代になると日本銀の流入が途絶えた。それとともに貿易の規模が次第に縮小されて行ったことも、倭館の開市率低下を見れば明らかである。包蔘を決済手段とする対清貿易が全羅道や慶尚道とどのように関わっていたかも併せて考える必要があるが、参照できる研究がないので後の課題にしておきたい。

V　財政と市廛体制

　19世紀朝鮮王朝の中央財政は米に換算して約100万石であった。地方財政に関しては概ね中央財政と同じ規模であったといわれている[26]。このように、朝鮮王朝によって組織された年間フロー (flow) としての財政は米に換算して200万石の規模であった。そのほか、あらゆる穀物によって構成されるストック (stock) として還穀があった。その規模は19世紀初め、概ね1,000万石、米に換算すれば500万石を超えていた。そのうち300万石以上が毎年春に農家に配られ、その秋に10%の利子穀をつけて回収された。

　このような規模の朝鮮王朝の財政が経済全体の循環において担っていた役割は次のように要約されよう。第一に、王都であるソウルの経済が扶養された。中央財政の経路を通じてソウルに上がってくる米は年30～40万石で、綿布は37万匹であった。ソウルの20万人口による米の消費量は年100万石、綿布消費量は年40万匹ほどであった。このようにソウルで消費される基礎消費財のかなり

第8章　朝鮮における「19世紀の危機」　199

の部分が財政経路で確保された。第二に、中央政府はソウルに上がってくる租税の量を豊凶にあわせて調節することによって、自然災害の地方に与えた衝撃の一部を吸収した。中央政府は各地の郡県から上がってくる定期的農形状啓に基づき各道の農形等級を判定し、免税の恩恵を伴う災結を差等支給した。第三に、経済全体の安定統合においては還穀の役割が何より大きかった。朝鮮王朝は豊凶の程度と関係なく毎年一定量の還穀をすべての農家に配った。還穀制度は農家に自活能力がなく商人による穀物移動活動がないという前提のもと、君主が直接百姓の生活を世話するという王政理念に基づき構築されていた[27]。現実には、還穀は船の通らない、言いかえれば、商人の穀物移動活動の少ない内陸山間部においてもっと多く備蓄された[28]。

　朝鮮王朝の財政は以上のような活動を通じて経済全体の循環と統合において中心的役割を担っていた。それにより、冒頭で述べたように、18世紀の朝鮮王朝は商人的物流よりは国家的物流を中枢とする国家的再分配の道徳経済として成り立っていた。しかし19世紀に入って財政経路を通じた国家的物流は次第に縮小され、やがてほぼ解体されてしまった。「19世紀の危機」は経済体制の安全弁をなしていた国家的物流の縮小や解体によって現実となった。

　朝鮮王朝の中央各司の保有する年末時在庫の推移を検討した研究がある。それによれば王朝の中央財政は1779〜1881年の102年間のうち56年も前年対比赤字であった。その結果、1779年に500万両に登った中央各司の年末時在庫が、1881年にはわずか37万両になった[29]。このように赤字を逃れられなかったのは、農業生産が後退し実質収入が不安定になり減っていくにも関わらず、約100万石に達する財政支出は慣習によって固定されていたからである。

　中央財政が逼迫するにつれ、災結の支給規模も次第に減らされた。『度支田賦考』に示されている年度別（1744〜1883）の災結規模を10年移動平均で見ると、1845年までは5〜7万結の水準を維持していたが、1846年以降は5万結以下に落ち、1868年以降は4万結以下へ、1871年以降は3万結以下に減退した。その結果、災結の支給を通じて豊凶の衝撃を吸収する中央政府の統合能力が急速に弱体化した。王朝は何の施しもせず奪い取っていくだけの寄生的収奪者に

見え始めた。

19世紀を通じて還穀制度が事実上解体されていった。経済体制の安定的統合にとって、それはもっとも深刻な脅威となった。1807年に1,000万石に達していた還穀は1862年まで800万石に減ったとされているが、虚留穀の比率が54％にもなるので、実際残っていたのは368万石に過ぎなかった[30]。19世紀に入って還穀制度が衰退したのは、農業生産の後退により還穀の返済ができなくなった農家が増えていくなか、政府財政の悪化によって還穀の元穀が補充されなくなったからである。1840年代以降、還穀はその本来の意図である賑恤機能をほとんど失った[31]。各地で還穀とは、もらってもないのに利子穀だけをほかの租税に追加して徴収される弊害として残っているだけであった。

中央財政の支出に頼って成り立っていた市廛体制も徐々に没落していった。市廛体制は特定物品に対する市廛商人の独占的営業権が否定された1791年以降、すでに衰退への道を歩み始めた。特権が否定されたにも関わらず市廛商人の政府に対する義務、つまり公役はそのまま残っていたからである。このような矛盾があったから、その後何回にもわたって、市廛商人の特権が復活されたり再び廃止されたりする混乱がつづいた。そうしていくうちに、「市廛体制をはじめ商業構造全般が大きな混沌に巻き込まれて行く」[32]。

政府や王室に物資を調達し時価より有利な貢価で支払われる貢人の権利は、18世紀まではソウルの権門勢家や大商人の間に欲しがられた財産の一つであった。しかしそれもまた中央財政の悪化によって貢価が削られたり、支払いが遅くなったりするなかで財産として意味を持たなくなった。ソウルの名門、李氏両班家は1769〜1884年にわたって財産の変動を綿密に記録している。それによれば、1840年代以降、貢人権は財産目録から姿を消した[33]。そのような過程を通じて朝鮮を代表するソウルの大商人たちも徐々に没落して行った。

VI 結び

やがて1855年から米価をはじめあらゆる物価が急騰し始めた。年3〜4％の

上昇率はかつて経験したことのない空前のインフレーションであった。森林が荒廃し、堤防や堰の水利施設が崩れ落ち、米の生産が減少し、地域内の市が閉鎖され、地域間の入江・大市場が衰退し、還穀制度が解体され、政府の租税収奪が強化されるという、相互因果関係の連鎖は1855年から目に見える形の危機をもたらした。次々寄せてくる民乱の大波、開港の衝撃、活貧党や明火賊の跋扈、鄭鑑録の横行、村落社会の分裂、民乱や東学農民蜂起のような社会、政治、思想全般にわたって包括的に展開された19世紀後半の危機については別稿で総合的に考察する予定である。

　各地で発見された単位土地当生産量や地代量、米価をはじめとする諸般の物価、利子率、地価、賃金などの数量的情報は従来知られていなかった「19世紀の危機」を明確にしてくれた。それを踏まえ、1930年代からすでに80年の歴史を持つ朝鮮後期社会経済史研究の方法論というか、基礎的視角についていくつか修正が必要であると考える。ここでは次の三つだけを簡単に指摘し結びに代えさせて頂きたい。

　第一に、植民地期に日本人学者によって確立された、いわば「朝鮮社会停滞論」についてである。例えば四方博は、氏の研究を締めくくる論文の結論として、朝鮮王朝500年にわたって躍進もなく、変化もなく、いつも変わらないという意味で停滞という語を持ち出したが[34]、それは明らかな間違いである。氏の観察した、または伝え聞きした朝鮮の経済的停滞の態様は、17～18世紀の高揚期とはまったく異なる19世紀の、しかも19世紀末のそれであった。言いかえれば、「朝鮮社会停滞論」は朝鮮時代史の内在的発展過程に対する理解がまだ成立していない段階で、19世紀の状況をそれ以前の500年に遡って適用するという非歴史的方法論に基づいている。

　第二に、1950年代以降、韓国、北朝鮮でも支配的思潮をなしてきた「内在的発展論」に対しては、上記と逆の問題点を指摘できよう。「内在的発展論」は主に17～18世紀の高揚期のみを議論の対象にし、19世紀については意識的か無意識的かを別として、充実に追跡してこなかった。そうしたなかで、19世紀後半の民乱や農民蜂起によって本格化する危機的態様を農民的、革命的近代化の

政治的現象として高く評価するまでとなった。しかし基層民の暴力的抵抗はどこの文明社会においても体制の解体期に一般に表れる危機的態様に過ぎない。

　第三に、危機から成長への反転は1890年代半ばから始まったようである。各地で減るばかりだった単位土地当り地代量や生産量が増加しはじめたのがその頃だからである。東学農民蜂起が鎮圧され米の輸出が大きく増加したのがその直接の背景のように見える。その後20世紀に入って近代的経済成長が始まり今日に至っている。このような20世紀の経済史との関連において、「19世紀の危機」を韓国史の長い旅の中にどのように位置づけたらよいか。この問題に関連して、金載昊は国家的再配分経済の解体と近代的市場経済への移行という歴史像を提示している[35]。「19世紀の危機」は結局のところ、近代的経済体制への転換過程であった。転換の本格的架け橋は甲午更張（甲午改革、1894年）から始まり、1905年以降の財政・貨幣・金融制度の改革、皇室財産の整理、私有財産制度の創出、社会間接資本の整備、開放的市場体制の成立につながった。

　近年、1910～1945年の植民地期の経済史をめぐって対立する見解がぶつかり合っている。ご周知の通り、果たして朝鮮人までを包摂した「近代的経済成長」があったかどうか、というのがそこの主要争点となっている。しかし筆者の見る限り、この論争の最大の問題はその直接の前史となる「19世紀の危機」に対する理解を欠いていることである。何より、国家的再配分体制から近代的市場経済体制への転換という巨視的歴史背景が積極的に意識されていない。植民地期は今日に至る市場経済体制が構築される時期であった。そのように、植民地期の経済史的意義は21世紀初めの今日はもちろん、19世紀との具体的関連において追求されなければならないと思う。そうした歴史的関連性を排除したままの論争は虚しくなるだけである。

　　註
1）　李栄薫・朴二沢「18世紀朝鮮王朝の経済体制——広域的統合体系の特質を中心に」（中村哲編著『近代東アジア経済の史的構造——東アジア資本主義形成史Ⅲ』日本評論社、2007年）53頁。
2）　代表的なものとして次の論文を挙げることができる。李栄薫「数量経済史か

ら再検討した17-19世紀の朝鮮経済」(『地域総合研究』第31巻第2号、鹿児島国際大学附置地域総合研究所、2004年)。
3) 朴基炷「朝鮮後期の生活水準」(李大根ほか『新しい韓国経済発展史——朝鮮後期から20世紀の高度成長まで』ナナム、2005年、ハングル) 81頁。
4) 金建泰『朝鮮時代両班家の農業経営』(歴史批評社、2004年、ハングル) 382-383頁。
5) 鄭勝振『韓国近世地域経済史——全羅道靈光郡一帯の事例』(景仁文化社、2003年、ハングル) 182-185頁。
6) 朴基炷、前掲論文、82頁。
7) 朴基炷「財貨価格の推移、1701-1909——慶州地方を中心に」(李栄薫編『数量経済史から再検討した朝鮮後期』ソウル大学校出版部、2004年、ハングル) 187-188頁、204-205頁。
8) 李栄薫「19世紀ソウルの財貨市場の動向——安定から危機に」(中村哲編著『東アジア近代経済の形成と発展——東アジア資本主義形成史Ⅰ』日本評論社、2005年) 67-72頁。
9) 李宇衍「農業賃金の推移：1853-1910」(安秉直・李栄薫編著『マッジルの農民たち——韓国近世村落生活史』一潮閣、2001年、ハングル)。
10) 朴熙振「朝鮮後期家系当たり平均口数の趨勢——族譜を利用した家族再構成を中心に」(『経済史学』第33号、2002年、ハングル)。
11) 林和男「李朝農業技術の展開」(『朝鮮史叢』第4号、1980年、ハングル)。
12) 朴基炷前掲論文、2005年、87頁。
13) 金建泰前掲書、323-325頁。
14) 李光麟『李朝水利史研究』(韓国研究図書館、1961年、ハングル) 137頁。
15) 宮嶋博史「李朝後期の農業水利——堤堰(溜池)灌漑を中心に」(『東洋史研究』第41号、1983年)。
16) 李宇衍「18-19世紀山林荒廢化と農業生産性」(李栄薫編、前掲書)、李宇衍「朝鮮時代——植民地期山林所有制度と林相変化に関する研究」(成均館大学校大学院経済学科博士学位論文、2006年、ハングル)。
17) 朝鮮総督府臨時土地調査局『朝鮮土地調査事業報告書』(1919年) 672頁、中村哲『明治維新』(集英社、1992年) 283頁。
18) 李宇衍前掲博士学位論文、46-51頁。
19) 韓相権「18世紀末-19世紀初の場市発達に関する基礎研究——慶尚道地方を中心に」(『韓国史論』第7号、1981年、ハングル)。

20) 李栄薫・朴二沢「農村米穀市場と全国的市場統合 1713-1937」(李栄薫編前掲書、2004年) 259頁。
21) 崔完基『朝鮮後期船運業史研究』(一潮閣、1989年、ハングル) 129-147頁。
22) 李栄薫・朴二沢前掲論文、2004年、237、244頁。
23) 李栄薫・朴二沢前掲論文、2004年、249頁、長森美信「李朝後期の海上交易——全羅道地域を中心に」(『千里山文学論集』第59号、1998年、ハングル)。
24) 高東煥『朝鮮後期ソウル商業発達史研究』(知識産業社、1998年、ハングル) の附表「全国浦口間商品流通状況表」から筆者が調査したものである。
25) 鄭成一『朝鮮後期対日貿易』(新書院、2000年、ハングル) 98頁。
26) 金載昊「朝鮮後期中央財政の運営——『六典條例』の分析を中心に」(『朝鮮王朝の財政と市場』、落星台経済研究所学術大会資料集、2007年、ハングル)、金玉根『朝鮮王朝財政史研究 (Ⅲ)』(一潮閣、1988年、ハングル) 47-49頁。
27) 朴二沢「朝鮮後期の経済体制——中国・日本との比較論的接近」(李大根ほか前掲書) 62頁。
28) 李栄薫・朴二沢、前傾論文、2007年、83-85頁。
29) バク・ソギュン、バク・ソギン「朝鮮後期財政の変化時點に関する考察——1779年 (正祖3年) から1881年 (高宗18年) まで」(『東方学志』第60号、1988年、ハングル) 146頁。
30) 李憲昶「朝鮮後期社会と日本近世社会の商品流通の比較研究」(『財政政策論集』、創刊号、1999年、ハングル) 67頁。
31) 文勇植『朝鮮後期賑政と還穀運営』(景仁文化社、2000年、ハングル) 276頁。
32) 高錫圭「19世紀前半ソウルの市廛商業」(李泰鎮ほか『ソウル商業史』泰学社、2000年、ハングル) 361頁。
33) 李栄薫「伝統社会の経済と証券の流通」(『韓国の有価証券100年史』、ヘナム、2005年、ハングル) 38-39頁。
34) 四方博『朝鮮社会経済史研究 (下)』(図書刊行会、1976年) 148-151頁。
35) 金載昊「伝統的経済体制の転換——再分配経済から市場経済へ」(李大根ほか前掲書)。

(金鎔基、チョン・ギョン＝訳)

第9章 「植民地近代化」再論

金 洛年

はじめに

　韓国において日本帝国主義支配下の植民地期に対する研究関心は大きく変遷してきた。解放後長い間、植民地に対する支配と収奪、それに抵抗する民族運動が研究関心の中心にあった。1980年代以降、韓国の新興工業国としての登場と社会主義体制の崩壊を背景にしてこうした民族主義的歴史像は深刻な挑戦に直面した。外国からは、韓国資本主義あるいは高度成長を可能にした「開発国家」が植民地期に起源するという認識が表れた。国内の、特に経済史分野ではこの時期に近代的な諸制度が導入され、経済成長が速まりはじめたという実証結果を出していた。そこで、「収奪論」と「植民地近代化論」との論争が展開された[1]。後者の問題提起は、韓国史学界の既存の近代史像に根本的な疑問を提起するだけに、激烈な批判と反論がつづいた。その中には、論争の相手側を植民地支配の肯定論だと罵倒したり、あるいは民族正気のイデオロギーの捕虜になったと刺激するなど、論争が消耗的に流れる場合もあった。しかし、その過程で、従来の主流的な歴史認識が自分を省みて変化を模索する契機になった[2]と思う。

　論争から提起された論点は、多岐にわたっているが、鄭在貞[3]は、これから掘り下げるべき課題として開発と収奪、成長と同化、連続と断絶という三つの論点を挙げている。第一に、開発か収奪の一方を強調しがちであるが、両者を

統一的にとらえる方法を見つけることである。第二には、植民地期に朝鮮人の自己開発と機能面での成長が現れたとしても、それは植民地支配体制への従属的な編入、すなわち同化＝「親日」への道でもあるという点である。これは、韓国の近現代史における「親日派」をどのように位置づけるべきなのかという問題でもある。この二つの論点は、植民地支配下の経済（開発と成長）と政治（収奪と同化）との関連を問うものと見ることができる。第三に、植民地期と解放後との連続と断絶の問題においては、特定の要素が浮き彫りに強調されがちであるが、これを総合的にとらえる必要があるということである。

その後、これらの論点はあまり掘り下げられることなく、論争そのものが沈潜してしまったように見られる。ここでは、最近の論議と関連付けてこれらの論点を再び取り上げることにする。また、その間、植民地期の経済的な実態に関する統計的研究[4]が進展しており、これに基づいて朝鮮人の生活水準がどのように変わっていたのかをめぐって論争が行われている。これは、以前の「収奪論」と「植民地近代化論」間の論争の延長線にあるといえるが、「収奪」という抽象的な概念に依存せず、統計的に実証可能な方法で接近しているところに特徴がある。この論争についても簡単に触れる。

一方、近来ポスト近代主義の影響で植民地期に対する発想が変わり、研究テーマも以前の政治・経済中心から脱け出して社会・文化・意識などに多様化している[5]。これらの研究は、近代性と植民地性が離れられないものと見て、両者の関連に注目する。ところで、これらの研究は、従来の論争をどのように見ているのであろうか。金晋均・鄭根埴[6]は、「収奪論」と「植民地近代化論」は対立しているにもかかわらず、両方ともに近代性そのものを肯定的に受け止めており、近代化はいつか成し遂げるべきものとしてとらえる点で同一な性格であると見る。これに対して自分の研究は、近代性そのものを克服すべき否定的なものとみており、この点で従来の論争とは論議の地形が根本的に変わっているという。このような方式の研究史整理は、多くの研究者によってそのまま受け継がれて、今はほぼ常套になっている感がする。これは、自分の研究がどのような発想に立っているかをよく示しているが、他方、研究史を過度に単純

化し歪曲した点がある[7]。

　ところで、近代に対して肯定あるいは否定の価値判断を先験的に前提していることがより大きな問題であると思う。近代(性)から連想できる特性をいくつか羅列すると、国民国家と民主主義(政治面)、資本主義と商品化(経済面)、個人主義と合理化(社会面)などを挙げることができよう。これらの特性は、西洋から先に現れたが、他の地域に拡散されていき、その過程で変形されもした。この中には、人々の自由や福祉を高めることもあるが、形を変えた支配・抑圧・危険をもたらすこともある。取り上げた特性の中でどれをとってみても、これを簡単に肯定あるいは否定に評価できない複合的な性格を帯びている。金晋均・鄭根植[8]は、近代の否定的な側面に焦点を合わせてはいるが、「近代性の二重性」を意識していた。それが、後でチョ・ヒョングン[9]の場合になると、近代性は「根本的な批判」によって「変革」すべきものとして認識されるようになる。このような近代＝否定という価値判断を介入させることは、実態を分析する前に結論を前提することと変わらない[10]。さらに、それは他の研究との疎通を妨げる要因になる。彼の研究史の整理を見ると、従来の論争の成果を吸収するより排斥してしまうのはそのためである。

　一方、疎通の困難は、それ以外にも、研究者の学問のバック・グラウンドの差異に起因する場合が少なくないように思われる。上記の論争への参加者は、植民地支配体制と抵抗運動を対象とする独立運動史、経済制度や市場取引を取り扱う経済史、そして日常生活や文化の変容、アイデンティティの問題などに関心を持つ社会文化史をそれぞれ学問のバック・グラウンドにしているといえよう。これらの分野は、それぞれ固有の分析概念や接近方法をもっているので、同じテーマを取り上げる際にも視点や評価が異なる場合が多い。この点は、相互補完を通じてこの時期の歴史像を豊富にする可能性を示している。しかし、実際には学問の分野間の疎通は難しく、論争が消耗的に流れた場合が多かった。

　ここでは、植民地期に関する近来の研究動向を、植民地経済(第2節)、支配体制と政治(第3節)、植民地の社会・文化(第4節)に分けて簡単に触れる。その際に、各分野の研究成果が他の分野の研究にどのような示唆を与える

のかに焦点をあわせ、相互疎通の可能性を模索することにする。そのためには、従来の研究で価値判断の介入によって疎通を妨げるものが何か、各分野で使われる概念や接近方法が植民地を分析する上で持っている強みとともに、その限界が何かを明らかにする必要があると思う。こうした作業を前提にして従来の論争を振りかえて見ると、解消できる論点もあり、少なくとも論争が消耗的に流れることを避けることができると思う[11]。

I 植民地経済——「収奪」と朝鮮人の生活水準

「植民地近代化」論に対して多く出される批判の一つが収奪の側面を無視し、開発の側面にだけ目を向けているということである。これを「逆浮彫的な歴史認識」、「経済成長至上主義」[12]、さらには「経済学の魔術」によって「収奪の客観的な実態まで形骸化する」「植民史観」[13]とまで批判している。では、鄭在貞[14]の提案のように、収奪と開発の両側面を統一的に、バランスを取ってみると説得力が生じるのであろうか。ここでは、それでは問題が解決できるとは思わない。より根本的に「収奪」という概念が植民地経済を分析する上で限界があることを直視する必要がある。これは、経済学が他の学問分野と疎通する際に度々ぶつかる障害の一つではないかと思う。以下では、二つの事例を挙げておく。

第一に、植民地期における米の「収奪」の問題である。周知のように、農業は当時最も大きな産業であり、米は対日輸出（当時は移出と表現）の最も大きな品目であった。ところで、高校の近現代史の教科書には、これを日帝が朝鮮の米を「収奪」したものと叙述している。その結果、朝鮮人の一人当たり米の消費が大きく減り、これは朝鮮人の生活水準の悪化を示す明白な証拠であると説明されている。

しかし、当時の米の輸出は、他の経済取引と同じく自発的な取引の結果である。戦時期に植民地政府は食糧の確保するため米を供出したことがある。供出米の補償価格は、農民が米を他の方法で処分してもらえる価格より大きく下回

ったので、農民は当然供出を回避した。したがって供出米の確保は強制的に行われるしかなかった。戦時期に推進された労働力や資源の動員も同様である。こうした米の供出や労働力の強制動員（＝徴用）等は収奪といえる。しかし、市場体制下で行われた自発的な取引まで収奪というのは無理である。

では、朝鮮人の一人当たり米の消費が減ったのは如何したことであろうか。米が「収奪」されたと見る場合は、これは自明のように見える。しかし、これが自発的な取引の結果だとすると、何故そうなったのかは説明すべき課題になる[15]。他方、米輸出の拡大は、現在にも輸出の拡大がそういう意味を持つように、米を販売する農民（地主）にとっては所得増大の機会になる。当時最も重要な産業である農業が米の生産量の半分近くまで輸出するほど輸出産業化されたとすれば、それが朝鮮経済にどのような影響を与えたのであろうか。これを掘り下げていけば、当時の工業化の展開は、日本の資本輸出だけでなく、こうした米の増産と輸出増大が重要な役割[16]をしたことが分かる。「収奪」という概念を使うと、経済的変化の論理をとらえることができなくなる。

第二に、日帝の収奪の証拠を朝鮮からの「剰余の流出」に求める場合がある。たとえば、鄭泰憲[17]は、植民地期に流出された資金が流入された資金より4.3〜5倍（間接的なものまで含めれば6.3〜7.4倍）も大きいくらい、膨大な規模の「資金収奪」が行われたと主張する。ところで、この「資金収奪」とはどういう意味なのか。資金が入ったり出たりする際には、その資金の反対方向に資産や債権の所有権の移動が対応するはずである[18]ので、資金の流出超過がどういう意味で収奪になるのかが分からない[19]。しかも、鄭泰憲が提示した資金流出規模は、彼が「収奪」であると恣意的に判断した数値を合計したものに過ぎないので、意味がない[20]。植民地期には貿易収支が相当な規模で赤字（サービス収支も赤字）であったので、この事実だけでも彼の主張とは反対に資金の流入超過があったことが分かる。また、資金の流出がその流入より何倍も大きかったという主張は、当時の通貨制度からは考えられない。要するに、彼の主張は、経済学の形式論理とも両立できないのである。これは、統計数値をもってきて「収奪」を実証しようとする場合、どのような矛盾な結果に陥るのかを示

している。

　一方、「収奪」は、「構造的な現象」として理解すべきであるという主張がある[21]。「たとえ現象的には個人間・集団間の奪取状況が見られないとしても、植民地的条件が朝鮮に対する日本の支配、朝鮮人に対する日本人の支配を制度的・構造的に再生産しているとすると、収奪はその構造の中に内在することになる」という。現象的には「奪取」（すなわち収奪）でなくとも、「構造的」・「本質的」にみると「収奪」になる。ここで「収奪」という概念は「奪う」という辞典的な意味とは異なり、植民地支配体制という「構造」・「本質」と理解されていることが分かる。しかし、そうすると、植民地支配体制下のすべての現象が「収奪」になり、その概念では経済現象を実証的に分析することができない[22]。

　ここで問題は、経済的変化を実証的に説明することと、植民地性を曝け出して批判することが同時に成し遂げられないことにある。市場経済は、取引当事者の自発性と取引を通ずる相互依存を特徴とする。これは、市場経済が成立しているところでは政治体制とは無関係に貫徹される。経済学はこうした市場経済を分析する上では長所を持つが、他方、そうした特性のため植民地性を曝け出すには限界がある。それだといって、逆に経済分析に「収奪」のような概念を持ち込む方法が成功でなかったことは前述した通りである。ここでは、植民地支配は強制を伴うが、これを日常の取引が行われる経済領域にまで拡大する必要はなく、植民地性は主権の侵奪と支配体制を維持する強圧過程に典型的に現れると見る。この問題は、植民地支配体制と政治を取り扱う次節に譲る。

　以下では、植民地経済に関する最近の統計的研究、その中でも朝鮮人の生活水準に関する議論を中心に言及する。「収奪論」からは植民地期朝鮮人の生活水準の悪化が当然に思われるが、それは実証的に検討すべき問題である[23]。許粹烈[24]は、交換関係を収奪と表現するのは適切ではないと認め、その用語を使っていないが、彼が導いた結論は「収奪論」と異ならない。すなわち、植民地期の開発は土地や資本の民族別所有の不平等を極端にまで深化させ、それが所得の不平等を生み、朝鮮人の生活水準は大幅に下落したと主張する。従来の

「収奪論」と異なる点は、不平等や生活水準の下落の程度を統計的根拠とともに提示していることである。したがって、実証的な検討が可能である。

これを検討する前に、日本人の経済活動を含む朝鮮経済全体の動向を見てみよう。金洛年らは、国連の国民経済計算体系（System of National Accounts）に依拠して1911～40年間の朝鮮の国民経済計算を推計した[25]。それによると、この期間の年平均の経済成長率は3.7％、人口増加率は1.3％、一人当たりの所得増加率は2.4％であった。鉱工業と電気・建設業の成長（年平均9％）がこれを主導し、サービス業（5％）がそれに次いだ。その結果、構造の変化も速く、農業の比重はこの期間に68％から41％へと減り、鉱工業は5％から14％に高まった。支出面では、貿易とともに投資の増加が成長を主導した。貿易依存度は20％から60％に上昇し、投資率も5％から14％に高まった。民間消費支出も年平均3.3％で増加したが、人口増加を考慮した一人当たりの増加率は1.9％に推計された。一人当たりの穀物消費は若干減少したが、他の飲食物と工業製品の消費が増えた[26]。

この推計結果は、解放後の韓国の統計と連結でき、国際比較も可能である。解放後の韓国に比べて植民地期の経済成長率は半分の水準であったが、貿易や投資、そして工業化が成長を主導するパターンは類似に現れた。また、この時期の経済成長率は、日本と台湾と同じ水準であるが、それ以外の地域に比べるとかなり高い方であった。その背景には、日本帝国が通貨と関税だけでなく制度的な側面においても一つの市場に統合された点（後述）を挙げることができる。ところが、解放後に比べると、地主制などによって所得不平等度が高く、これが一つの要因になって就学率が低く抑えられたことが植民地期と解放後の経済成長率の格差をもたらしたと思われる[27]。

こうした植民地経済全体を対象にする議論に対して許粹烈[28]は批判的である。植民地期に経済成長が現れたとしても、朝鮮人から見ると、それは日本人による、日本人のための開発に過ぎないとみる。朝鮮という地域ではなく、朝鮮人という民族の視点から接近する必要があるという。彼は、米の生産量と土地所有の民族別分布に関する統計を利用して推計した朝鮮人農民（地主含む）の一

人当たりの米所得は1910～41年間で33.2％も減少したと主張した。これは、民族別統計が非常に限られている状況で、米に限定されてはいるが、朝鮮人所得の変化を具体的な数値で示した試みといえる。

これに対しては、金洛年、朱益鍾、車明洙による批判的な検討があり[29]、許粹烈の反論[30]、再びそれに対する金洛年の再批判[31]に続く論争が行われた。ここで論点になったのは、第一に土地調査事業が行われた1910年代の米生産量統計の修正問題、第二に朝鮮人と日本人がそれぞれ所有した土地の生産性の格差問題、第三に、農民一人当たり所得を求める際に使われた国勢調査以前の農業人口の増加率の過大評価問題である。この中で、第三の問題は許粹烈も認めている。第一の論点は土地調査事業が終った後、朝鮮総督府が最終的に修正した米生産量統計を認めるかどうかにある。許は、確かな根拠もなしでその統計を取らず、代わりに、1918～26年間の生産量の趨勢を遡って延長する方法で1910～18年間の米生産はほぼ停滞したと推計した。しかし、彼は1910～18年間で米の優良品種の普及率が2.2％から43.5％に急増したことと、その増産効果が総督府の統計に反映されている事実を無視している。第二の論点では、許は、日本人が1931年（1941年）に耕地の14.6％（16.9％）を所有しながら、米生産量の44％（54％）を占めていたと主張した。これは日本人所有の土地生産性が朝鮮人所有の土地に比べて4.6～5.7倍も高かったという主張になる。しかし、こうした非現実的な生産性格差は、事実ではなく、統計の誤読によることが明らかになった[32]。

許の計算から、以上の論点で問題になった数値を修正すると、1910～41年間の米生産量の増加率は64.1％（許は52.3％）、土地生産性格差は28.5％（許は5倍前後）、朝鮮人農業人口の年平均増加率は1％（許は1.6％）になり、その結果、同期間の朝鮮人農民の一人当たり米所得の増加率は、許の主張（33.2％の減少）とは逆に8％の増加に変わる[33]。朝鮮人農民の所得が31年間で8％増えたことは、33.2％の減少とは隔絶な違いであるが、非常に遅い成長であった。しかも、この数値は地主の分が含まれた平均値であるので、小作人のような下層農民の所得は停滞していたといってよい。

朱益鍾は、他の方法によってこの時期朝鮮人の一人当たり所得が増加したことを推論している[34]。前述した朝鮮の国内総生産（日本人の経済活動を含む[35]）は1912〜39年間で2.66倍（年平均増加率が3.7％）、朝鮮人人口が40％（年平均増加率が1.3％）増加したが、もし朝鮮人の一人当たりの所得が停滞した反面、増加した所得をすべて日本人に帰属したと仮定すると、どういうことが起こるのであろうか。ここで、もし朝鮮居住の日本人の所得が1912年に日本居住日本人の一人当たり所得の2倍であったと仮定すると、1939年の同所得の格差は6.5倍に広がることになる（2倍はただの仮定であるが、それを前後に変えてみても大きく異ならない結果が出る）。もし、そうだったとすると、日本人は朝鮮での高い所得を求めて朝鮮に殺到したはずであるが、実際に朝鮮居住日本人の増加率は後期に行くほど低くなった。当初日本人が全体人口の1.7％に過ぎなかったのに、朝鮮全体の所得増加分がすべて日本人に帰属されたとした仮定が非現実的であったことがわかる。結局、朝鮮人一人当たりの所得もその間増加したと見るのが論理整合的なことになる。

ところで、こうした集計統計と仮定による推論からは、朝鮮人の一人当たり所得が増えたことがわかるが、それは平均水準を示しているに過ぎない。この時期には地主制が特に昭和恐慌を前後にして拡大しており、都市にも一部新しい職種の出現とともに、月給生活者や熟練労働者が増える一方、非熟練労働者が広範に存在していた。車明洙[36]は、この時期のGini係数を推定して民族間・階層間の所得不平等が高くなったことを示した。こうした限界を補完するのが、当時の賃金に対する直接的な観察資料である。当時の賃金は、民族別・職種別に調査されたが、消費者物価指数を推計すれば、職種別実質賃金の推移を求めることができる。許粹烈[37]は、朝鮮人の賃金を熟練と非熟練の労働者に分けて、1910〜38年にわたって前者が上昇した反面、後者は停滞していたことを示した[38]。金洛年・朴基炷[39]は、1936〜56年のソウルの工場労働者の実質賃金を推計し、その前後の時期の賃金資料をつないで1910〜75年間の実質賃金の推移を示した。それによると、非熟練あるいは工場労働者の実質賃金は熟練労働者の賃金とは異なって植民地期を通じて大体に停滞しており、解放直後に急

落し、朝鮮戦争後に解放前の水準を回復した。戦争と解放のような激動期を除いてみると、日中戦争以前の朝鮮人の非熟練労働者の平均賃金は1953～67年の工場労働者の平均賃金の82％の水準であった。

　植民地経済に関する研究は、これから究明すべき課題が多い。ここで指摘しておきたいことは、論争が「収奪」という本質的な概念から脱して朝鮮人の生活水準のように実証可能な論点に移っていることである。これは、実証研究の蓄積を通じて従来の消耗的な論争から脱皮する可能性を示している。

II　支配体制と政治——支配と抵抗と協力

　取引当事者の自発性に基づいている経済領域とは異なって、支配体制は強制が伴うので、植民地性が典型的に現れる領域である。日本帝国主義の植民地支配方式は、軍事・警察・官僚機構の掌握を前提にして同化主義を追求した点に特徴がある。西洋の帝国主義とは異なって日帝は植民地と本国が地理的・人種的・文化的に近接しており、それを根拠に植民地の完全な同化による永続的な支配が可能とみる発想に立っていた。ただ、こうした同化主義的な志向は、実際適用されていく過程で現実と妥協せざるをえず、分野と時期によってその様相が異なっていた。

　まず経済面では、日本の制度が朝鮮に移植され、早くから両地域間の制度的統合が行われた点が注目される。土地調査事業は、近代的土地所有権を確立し、地税制度を整備したものであったが、日本が自国で行った地租改正と同じ性格のものであった。日本の通貨は、開港直後から進出し結局は朝鮮の通貨を代替してしまった。朝鮮銀行券は日本銀行券と区別されていたが、1：1で自由に交換されたので、機能上は何の差異もなかった。朝鮮と日本の関税制度は1920年に統合されて、両地域はいくつかの例外を除けば無関税であった。それ以外に各種の経済関連の法令（民法・商法など）も日本の法律を「依用」していた[40]。企業家の視点から見ると、朝鮮は日本の地方とあまり異ならない制度的環境に入ったことになり、その結果、両地域間で物資・資本・労働力の移動が

急速に増えることになった。この点に限れば、通貨と関税、さらには各種制度の統合まで達成したEUに似ている。前述したように、朝鮮経済が日本帝国全体と連動する姿を見せたのはそのためである。決定的な差は、いうまでもなく政治的なものであり、参加国が対等な関係にあったEUと異なって支配・従属の関係にあったことである。すなわち、以上の制度の移植過程は、朝鮮の植民地化に他ならず、両地域間の経済統合は、EUとは異なって日帝の同化主義的支配方式が貫徹された結果であった。

これとは対照的に、政治面での同化主義は回避され、朝鮮人に政治的権利は認めなかった。植民地朝鮮に施行された法令は、本国（＝内地）とは異なった異法地域（＝外地）に区分されていた。日本で施行されていた法令の中から一部は便宜的に選別され朝鮮にも施行されたが、選挙法関連の法令は除外された。それ以外の法令は、朝鮮総督府の命令（＝制令）の形式で施行された。したがって、朝鮮人は自分を拘束する法令の制定に参与する道が完全に塞がれていた。また、裁判所の構成と裁判官の任用資格および懲戒などが制令で規定されたので、行政から司法権の独立は期待できない。要するに、総督は朝鮮内の行政権はもちろん、立法権と司法権まで掌握した専制的権力を行使していた。ただ地方のレベルでは非常に制限された参政権が許容されていただけであった[41]。

戦時下で同化政策は極端的な形で展開された。経済面では帝国全体にわたって一元的な統制が行われた。経済運営の原理として市場は、計画と統制に代替され、結局には経済システムそのものが大きく変貌した。戦時末には、企業家だけでなく農民にいたるまで私益の追求より「公益」のため割当てられた生産責任を完遂するように要求された。これとともに、戦時動員体制が構築され、精神面での同化がいっそう強められた。「内鮮一体」または皇民化政策がそれであった。ところが、こうした同化主義的なスローガンは、前述した植民地住民の政治的な無権利状況との矛盾を浮彫にさせ、戦時末に徴兵制の実施とともに、形だけのものではあったが朝鮮人に対する参政権の付与が決定された。ただ、それも解放によって実施にはいたらなかった。

以上のように日帝の支配政策は、植民地の完全な同化と永久合併を目指して

おり、一部の領域ではかなりの同化が進んでいた。こうした支配方式は、他の植民地ではあまりみられない重要な特徴である。そこから侵略が近代的制度の導入を伴ったり、あるいは近代性を掲げて植民地支配を正当化したりする関係が出てくるのである。これに対する朝鮮人の対応が一様ではなく、複雑さを増してくるのはそのためである。従来の研究は、支配体制に対する抵抗運動に焦点を合わせてきた。植民地支配から解放された国が、その歴史を叙述する際に独立運動史を重視することはことは当然であり、またその視点からかなりの研究が蓄積されている。しかし、高校の近現代史の教科書に見られるように、この時期を独立運動史の展開としてのみ叙述することは、当時の時代像を歪曲するものである。その研究方法が前提する支配と抵抗という構図では、当時朝鮮人の多様な対応のあり方を表すことができないからである。

　並木[42)]は、解放後南北ともに、大韓民国臨時政府と抗日パルチザンのような民族解放闘争（特に海外）に正統性をもつ政治勢力が指導権を握った結果、彼らの政治的判断や評価が現在に至るまで植民地期を含む近現代史に対する見方や研究の視角に大きな影響を及ぼしていることを指摘し、それを「亡命者史観」と呼んでいる。民族解放闘争については、トリヴィアルといっても過言ではないほど細かいことまで掘り下げられていることとは対照的に、植民地期大多数の朝鮮人が経験した非常に複雑で多様な現実は無視・隠蔽されたり、過小評価され勝ちであった。後者に対する研究があまり進んでいなかったこともそのためと見ている。

　類似な脈絡で、尹海東[43)]も抵抗と「親日」という二分法の問題を提起している。その二分法の中の抵抗は、民族主義という物差しで裁断されがちなので、多様な形態の日常的な抵抗をとらえきれないこと、他方、「親日」の概念も道徳的な判断が入ったり、その外延も明確でないので、分析概念にはなれないこと、また植民地期の朝鮮人の実際の姿はつねに動揺しながら協力しては抵抗する両面性を見せていたことを指摘する。彼はこれを「灰色地帯」と呼んでいる。二分法のもう一つの問題は、植民地期の政治史の叙述が歪曲されることである。すべての社会運動が民族解放運動の一環として見なされる意味で圧倒的に政治

史優位の認識を示す一方で、それ以外は政治領域から排除してしまう。三・一独立運動を前後する時期は「前民族的抵抗」のイメージであったのが、戦時に入ると「全民族的協力」に反転したかに描かれるのはそのためである。二分法的な認識がむしろこの時期の政治史の貧困をもたらしたと批判される。

では、植民地政治史はどのように接近することができるであろうか。ここでは、従来の独立運動史の視点からは見落とされた領域をどのように植民地政治史の一環としてとらえるかに焦点をあわせることにする。第一に、まだ試論的なものではあるが、「植民地公共性（あるいは公共領域）」という概念の導入が模索されている。並木[44]は、植民地での政治とは、異民族支配という特性のため合意調達が難しく、統治者であれ非統治者であれ、自分の意思を貫徹させる費用が特に高い。こうした状況は、統治者と非統治者の一部が相手の完全打倒または全面否定でなく、交渉と妥協を通じて自己意思を部分的に実現するバーゲン（bargain）の余地を与える。このバーゲンの舞台を「公共領域」として設定し、ここから植民地政治史を復元しようとする。この領域は、抵抗と協力だけでなく、その間に灰色地帯が存在し、これらの間に相互交錯や転移（すなわち抵抗↔灰色地帯↔協力）が起こることと理解される。こうした視点に立ったときに、非統治者の行為が「政治」としてとらえられ、当時の社会を動態的に把握できると見る。

尹海東[45]も日常の生活の中で共同の暮らしと関連する問題が公的領域であり、政治的なものとみる。植民地期においても、地方選挙への参加や民衆大会などを通じて公的領域が拡大されたと見る。ファン・ヒョンジュ[46]は、「公共性」あるいは「公共領域」を先験的に前提せず、新聞や雑誌に現れた「公」概念の多様な用例とその意味を分析している。これを通じて、この時期に「公」の価値が社会全般に拡散され、「公共領域」が形成されはじめたことを確認し、その領域では、植民地権力の強い規制を受けながらも、制限された形の政治が行われたと見る。論者によって「公共領域」の理解に若干の差異が見られるが、この概念の導入により植民地政治史の叙述が豊富になれるという認識は共通している。

第二に、「親日」問題に対する接近を従来とは異にする必要がある。従来の独立運動史では「親日勢力」を単純に支配政策の産物に見るか、研究者の道徳的判断で初めから対象から排除したので、彼らの運動論理を内在的にとらえることができなかった。そのためには、まず「親日」という用語の代わりに「対日協力（または協力＝collaboration）」という概念が提案されている[47]。前者は、「親日」行為を個人の資質の問題に還元して断罪する傾向がある。これに対して対敵協力の一環としての「対日協力」という概念を使うと、他の植民地または占領地に一般的に現れる協力の様態と比較できる視点が得られる。さらに、近来帝国主義に関する周辺部理論[48]が強調しているように、これらの協力者を視野に入れることは帝国主義支配体制とその動態を分析する上で欠かせない要素になる。

　以下では、類似な問題意識から行われた植民地政治史に関する実証研究を中心に簡単に触れることにする。金東明[49]は、1920年代の文化政治期の政治過程を実証的に描いている。彼は、植民地支配権力と朝鮮人政治運動（これをさらに「同化型協力運動」、「分離型協力運動」、「抵抗運動」の三つの部類に分けている）間の政治過程に注目し、それらの間の弾圧と懐柔、提案と拒否、修正と妥協、すなわち政治的交換過程をバーゲイング（＝bargaining）で説明している。彼によると、植民地権力は、三・一運動の衝撃で支配体制を同化主義方式に改編したが、その方式そのものの矛盾と抵抗運動の影響で動揺し一時自治主義方式への転換を模索したが、間もなく挫折した後、再び同化主義方式に戻っていた。すなわち、植民地権力が自分の意図通り一方的に支配を貫徹させることはできなかったのである。他方、朝鮮人の政治運動も、それぞれの目的を掲げて対立と競争、内部の分裂を繰り返しながら、勢力の拡大を目指したが、いずれも所期の目的を達成することはできなかった。植民地権力の分裂政策とともに朝鮮社会の強い非妥協意識が政治勢力の糾合を妨げていたという。従来、植民地支配政策と独立運動、「親日派」の政治活動は別々に取り扱われる場合が多かったが、ここではそれらの相互作用に注目し植民地政治史の構造的・動態的把握を目指しているといえよう。

第9章 「植民地近代化」再論   219

　これを中央での政治とすれば、地方における支配体制や政治はどうであったのであろうか。これに関する研究は比較的に活発であり、論争も行われている。たとえば、金翼漢[50]は、大韓帝国末期まで維持された洞里自治とその中で中心的役割をした「名望家層」が、1910年代の地方行政区画の統廃合と面制の施行、1920年代の面協議会制度の導入などで影響力を失っていった反面、新しい「有志層」が支配の同伴者として登場したと見る。さらに、1930年代には、一般の農民層の中から積極的な協力者が「中堅人物」として育成され、彼らを通じて総督府の地方支配体制が農村の末端にまで貫徹していったことが強調される。尹海東[51]は、これに対して、植民地権力による村落の「組織化」と「統制」の側面を一方的に強調する偏向があると指摘し、村落を中心とする三つの局面を同時に視野に入れる必要があることを強調している。すなわち、面制を通じて近代的支配形式が浸透してくる側面、村落自治、そして両者を媒介する中間支配層の役割がそれである。中間支配層として彼が注目したのは、村落単位の区長や「中堅人物」である。彼らは、一方では支配を代理したが、他方では村落民の自治と衆意を代表する、という両面性を持っていた。戦時下では前者の性格が強められるにつれ、村落自治との乖離が大きくなった点が指摘される。

　松本[52]も、従来、在村中小地主である「地方有志」主導の村落秩序が、1920年代末からの過渡期を経て、戦時下においては「中堅人物」主導に転換されたと評価している。過渡期を前後する両時期の決定的な差異は、自治的秩序であったのが、後には植民地権力の政策的な介入が秩序形成の欠かせない契機に作用したことである。1930年代の小作争議の調停や農村振興運動に見られた政策的契機は、戦時下では決定的な役割をするようになった。ここで形成された植民地権力と農民間の支配関係が、権威主義的な体制（すなわち「強力な国家・弱体な社会」）につながっていったとみる。彼の論理で興味を引くのは、「中堅人物」がどのように政策的契機を収容するようになったのかである。主に家族労作型の中上層農民からなっている「中堅人物」が自ら実践していた勤勉と倹約は、当時の農村更生の政策スローガンでもあった点、戦時下の「農村再編成」の推進が村落の「平等主義的な共同体倫理」とぶつかった際に、彼らが受

け入れた「農業近代化論」が村落構成員を説得するための論理になった点を指摘されている。

　これに対して、池秀傑[53]は、総督府の地方統治システムまたは地方政治の中心舞台が、面や村落ではなく郡単位で成立していたととらえ、これを「官僚―有志支配体制」と概念化している。この体制は、歴史的には朝鮮時代の「首領―士族（吏郷）支配体制」と対応し、それと連続しているものと見ている。面制の施行とともに、地方制度は道―面の二階層制度に再編され郡の公式的地位は弱まったが、実際に郡は住民からの請願や陳情活動と地域社会運動の中心空間としての地位を失っていなかったことを強調する。また、彼は前述の研究が注目した区長や中堅人物（村落代表者または中間支配層）とは区別される存在として「有志」と「革新青年」集団を想定する[54]。これらの集団は、1920年代までは出身と社会的構成が大きく変わらなかったが、1930年代に体制変革を目指す地域社会運動が高まるにつれて政治的立場の差が明確になった。また、こうした対立構図は、解放後にもそれぞれ右翼と左翼の政治運動につながっていったという[55]。ただ、この二つの集団の性格や分析概念としての有用性については異見もある[56]。

　ところで、池秀傑が「有志」集団として想定している公職者の中で道会（道評議会を含む）議員については実証研究がある。董宣喜[57]は、1920～45年間で一回以上道会議員を務めた朝鮮人（約1,400名）のほぼ全員について出身背景、主要経歴、彼らの地域・政治活動を分析している。それによると、彼らの年齢は40代初・中盤が多く、近代教育を受け（高等教育履修者が40%）、職業は農業が多いが、かなりの部分（40%）が農業外投資を通じて会社や商店・銀行などの重役や株主として参与していた。彼らの経歴を見ると、併合以前または以降に郡守・警察と司法分野の官職の経歴者が少なくなく、特に面長出身が全体の30%を占めるくらい多かった点が注目される。面長の一部が地域での発言力を踏み台にして道会議院に進出したのである。結局、身分的背景よりは近代教育、商業や産業活動、植民地的官僚制への参与を通じて成長したといえる。彼らは大韓帝国末期以来の啓蒙・自彊運動に参加したり、併合以降の実力養成論

に共感するものが多かった。植民地支配という現実の中で近代化を追求する場合、内鮮融和論の収容と支配体制への編入に帰結することにもなったが、他方では教育や社会基盤施設の拡充のような地域の生活上の要求や請願、朝鮮人の処遇改善などを代弁する立場に立つようにもなった。こうした両面性のため、彼らは日帝に対する抵抗と協力の曖昧な境界に立った存在だったといえる。彼らが獲得しようとした地域住民からの信望と日帝からの信用は、つねに流動的であって、一部を除けば彼らの地位も不安定であったことが指摘されている。

　最後に、二つの論点について触れておきたい。第一に、植民地政治史で「公共性」がもつ意義と限界についてである。植民地期において抵抗運動を除けば、非統治者の同意調達という意味の政治が成り立ちにくく、「公共領域」は非常に制限的に許容された地方政治に限られる。その中に一部の朝鮮人の参加は、日帝の分割支配政策が意図したものであり、植民地性を糊塗し、一種の「ロンダリング」(laundering) の機能を果たすことにもなる[58]。植民地での合法的政治活動が、支配体制の認定またはその体制への包摂に帰結されうることは植民地政治のジレンマといえる。ところが、支配者のこうした意図にもかかわらず、「公共領域」の拡大は、他方で歪曲された形ではあったが政治が出発する契機としても作用した。その存在様相を解放後の韓国政治に及ぼした影響まで考慮に入れながら実証的に明らかにするのが重要な課題になる。

　若干異なる脈絡ではあるが、ファン・ヒョンジュ[59]は、この時期に「公」の拡散が支配の契機として作用したことを指摘する。植民地権力は「滅私奉公」の公民（あるいは国民）を作り上げようとし、朝鮮人エリートが試みた「公」を通じた「大衆の規律化」も同じ性格のものと見る。池秀傑[60]も、「公論」が地域の有志集団が「住民の代表性」を「詐称」するための「名分的儀礼」であった場合が多く、「似非」の公に過ぎないとその限界を指摘している。これらの点はかならずしも植民地に限定されるものではないが、当時の政治を実証的に考察する際に考慮すべき特性であると思う。

　第二に、「親日」＝対日協力の問題は植民地政治史を取り上げるときに核心的な問題の一つである。並木[61]は、対日協力の類型をイデオローグ型とテクノ

クラート型に分けている。上層階級に属する著名人士が目的意識的に行った「親日行為」が前者であり、官吏・教員・議員のように植民地支配機構に参加し彼らの日常業務そのものが直ちに植民地支配の実践につながる場合が後者である。1941年現在、総督府関係の朝鮮人職員（教員を含む）は6万8,000人、区長を含む邑面職員は7万4,000名、地方議会の議員や面協議会の会員は2万4,000名に達したが、これらは大部分後者の類型に属する。従来、「親日」に関する議論が前者に焦点を合わせたとすれば、実は後者の対日協力が前者に比べて遙かに広範囲であり、解放後に及ぼした影響も大きかったと思う。

　ここで、「はじめに」で提起した論点、すなわち朝鮮人の自己開発と機能面での成長が同化＝「親日」につながる、という問題に触れておく。前述したテクノクラート型の対日協力者がその典型と思われるからである。もちろん、植民地期に朝鮮人の機能面での成長は、公職者に限られず、民間分野を含めて多様な形で展開されたので、これをすべて同化＝「親日」につながったとはいえない。それにもかかわらず、そうした問題提起が可能なのは、対日協力の問題が、より広く見ると、植民地での近代化と結び付いていたからである。この時期朝鮮人は、後述するように「ヘゲモニーとしての近代」が浸透する中で近代化あるいは文明化に対する強い志向を持つようになった。植民地政府も強圧を行使する一方で、生活の各領域で近代的施設の提供者で近代化の代弁者として自任していた。朝鮮人が近代に出会うためには、直接・間接に植民地政府との接触が欠かせなく、協力者たちは人より先に近代を経験し自分の地位を高めるため「近代的欲望」に忠実したものであったといえる。こうした点に着目して並木[62]は、対日協力の問題を「非統治者と"近代"との具体的な接触の場」として設定し、これを通じて植民地で展開した近代化の特質を究明することができると見ている。

　結局、植民地政治史の叙述は、従来の研究が集中してきた独立運動史だけでなく、一方では日帝の支配体制と政策の変化を、他方では「植民地公共領域」で展開された朝鮮人の多様な対応と対日協力まで含む必要がある[63]。さらに、これらの間の相互作用を視野に入れるときに植民地政治の矛盾と力動性を明ら

かにすることができると思う。

III 植民地の社会文化——「植民地近代性」

　近来、帝国主義に関する認識の幅が広がっている。植民地支配体制は、軍事・政治的な問題にとどまらず、文化的・認識論的・意識の問題でもあり、別の表現にすると、物理的なものから文化的なものに関心が広がっているのである。その背景には、植民地体制の崩壊とともに、公式的な軍事・政治的な支配が終了したが、それ以降にも文化や意識の側面においては植民地支配の否定的な遺産が持続しているというポスト植民地主義（post colonialism）の問題意識がおかれている。

　こうした認識の理論的な背景には、ポスト近代主義（post modernism）の近代批判、フーコー（Michel Foucault）の身体と規律、知識と権力論、これをつぐサイード（Edward Said）のオリエンタリズム、ポスト植民地主義の諸理論がある。その中で特に権力概念の変化が注目される。権力は、通常その所有者が強制力などを行使して自分の意志を貫徹させる力として認識される。しかし、近代には権力者の一元的な統制や強制がなくても、近代主体として各個人の自己規律が作動する点で特徴がある。すなわち、近代権力は、学校や工場のような各種の小単位の権力機関を通じてそこに属する個人の身体と精神に作用して彼らを近代主体に馴致する規律権力の形態で現れる[64]。また、すべての知識には権力の作用が入っており、権力は知識を通じて作動するという意味で近代権力と知識は不可分の関係を結んでいる。したがって、権力は単純に抑圧したり禁止するよりは、知識の生産を通じて自分を貫徹させる形態をとる。その結果、支配は単純な強制のみならず、「自発的な」同意に立っているもの、すなわちヘゲモニーの確保として現れる。こうした権力の近代的な様式（規律権力、知識権力、ヘゲモニーなど）は、植民地においても観察されていることが注目される。また、その権力は、身体や意識、あるいは文化の領域で作用する特性を持っているので、植民地体制が崩壊した後にも、たとえばオリエンタリズム[65]

の形態で依然持続しているものとして認識される。

　こうした問題意識に立っている研究傾向としてここでは次の三つの研究を取り上げる。第一に、近代主体と植民地規律権力に注目する研究である。金晋均・鄭根埴[66]は、植民地権力が住民を統治対象にするが、同時にそれにとどまらず、各個人が植民地秩序を受け入れ、これを自ら維持し再生産する主体として作り上げようとしたことを強調する。そのため植民地権力は日常生活の中に「心得」という形態の各種の規律を繰り返し注入し、植民地住民の身体や精神の中にこれを「刻印」しその「内面化」を計った。その訓練と訓育の場が家族・学校・工場・病院・その他の近代的社会制度とみる。ただ、その規律には単純に近代的な性格のものだけでなく皇民化の論理が入ってくる点で西洋とは違う植民地的な特徴を発見する。すなわち、近代的な規律を内面化した皇国臣民を作り上げ戦争に動員できる体制を作ろうとしたのである。これは、解放後の分断体制に引き継がれ、「生体化された反共無意識」として再生産されていると見る。したがって、分断体制の克服は、政治・軍事的次元の変化にとどまらず、身体と意識に刻印され現在まで続いている近代的な植民地権力の解体を伴わなければならないと主張する。

　ところで、こうした規律権力の「刻印」と「内面化」、そして解放後への「連続」はどのように実証することができるのであろうか。金晋均・鄭根埴・姜怡守[67]は、植民地期の普通学校が「産業型人間」と同時に「兵士型人間」の育成を目指したものとみており、児童に規律を内面化させるためのいろいろな手段（処罰・反復訓練・集団活動・無意識への影響にいたるまで）を使っていたことを示した。工場においても、「近代的労働者」として馴致するため罰金・暴行・処罰のような物理力とともに、ボーナス・賞状のような誘引と価値観の教育などが試みられたことを示した[68]。ところが、こうした規律の内面化が実際にどのくらい進んだのかを示すためには、それを受け入れる側をも共に検討しなければならないが、資料上の制約により難しい。姜怡守は、朝鮮人の抵抗や消極的な忌避などによって規律化が一方的に貫徹したわけではなかったことを言及しているが、それ以上掘り下げなかった。

第9章 「植民地近代化」再論　225

　全遇容[69]の批判は、この点と関連している。彼は、「植民地近代というのは、内面化の機制が作動しなかったり、作動できない近代」であり、そのため処罰や強制がつねに優位に立つしかなかったのではないかという疑問を出している。西洋社会を前提にして作られた近代主体の論理を異民族支配下の植民地に適用するには根本的な限界があるという。それ以外にも、学校のように内面化のための訓練の場が依然制限されており、特に皇民化イデオロギーの注入も戦時期に集中していたことを指摘できる。この点からみると、植民地性をどこに求めるかが一つの論点になる。すなわち、内面化されたと想定される規律権力の内容（すなわち近代的性格とともに皇民化イデオロギーが重なっていたこと）に求めるか、あるいは内面化そのものが進まなかった点に求めるかがそれである。どっちにしても、実証が課題であろう。

　第二に、ポスト近代主義の影響下で従来の民族や階級を中心に叙述する本質論的・二項対立的な歴史認識から脱け出して、その中に隠されていた多様なアイデンティティや歴史のより複雑な面貌に注目する研究傾向である。申起旭[70]によると、西洋の歴史を普遍史としてみず、歴史発展の多様な道を認める。近代は、非西洋社会が追求すべき肯定的な価値ではなくそれ自体が批判の対象として認識される。特に、植民地支配を経験した地域では、近代性と植民地性は分離できずに絡まっており、両者の関係をどう見るかが重要な課題になる。シン＆ロビンソン[71]はこうした傾向を代表する。彼らは、植民地期を理解する際に、植民地主義・近代性・民族主義をキー・ワードとして抽出し、これらの間に非常に複雑で微妙な関係に注目する。特に、分析視点として「文化的ヘゲモニー」という概念を取り入れることによって、植民地主義が単純に強制に依存するよりヘゲモニー的な支配を追求し、そのような脈絡で植民地主義と近代性が不可分の関係にあったことを示した。

　たとえば、リー[72]は、植民地支配の抑圧的・非民主的性格を根拠にこれを前近代的な統治類型とみなすよりは、その支配様式の近代的変化に注目する。まず、植民地国家は法令を整備し、大幅に増強された警察力を動員して朝鮮人の日常生活の細かい領域まで介入してきた。すなわち、衛生・道路・農事や副

業・貯蓄奨励・民間紛争の仲裁にまで関与し、統計調査はもちろん、伝統社会では私的領域として容認された衣服や葬礼・屠畜・墳墓・醸造・煙草栽培にいたるまで介入してきた。さらに、単純に法令による支配にとどまらず、皇民化イデオロギーの注入による「精神に対する支配」を目指したことを明らかにしている。ここで現れる権力と支配の様式は、西洋の近代とは差異があるが、以前の時期に比べると明確に変わったことが分かる。シン＆ハン[73)]は、1930年代に農村振興運動を通じて植民地国家と農村社会の関係がどのように変わったのかを取り扱っている。彼らによると、この運動は、1920年代後半の農業恐慌と小作争議による農村危機の激化に対する植民地国家の対応として登場し、従来の地主重視の政策から小農保護の社会政策に転換する意味を持つ。この運動は、農村の経済的更生だけでなく、そのための精神的側面を強調することによって大衆に対するイデオロギー的・ヘゲモニー的支配を行使しようとした。この過程で「中堅人物」のような新しい農村指導者の育成とともに、半官団体（農村振興委員会・金融組合・殖産契）の組織網を拡大し、農村に対する国家の掌握力が増大した。その結果作られた体制を、彼らは「植民地組合主義」と特徴付けているが、解放後「セマウル運動」で表出される国家・社会関係の原型とみる。

　一方、ロビンソン[74)]は、ラジオ放送を素材にして近代的技術の導入が植民地社会に及ぼす多様で逆説的な効果を示している。京城放送局は1927年に放送を始めたが、それは朝鮮に対する政治的な統制と同化を促進するための手段として登場した。最初は日本語と朝鮮語の混合放送で出発したが、受信機を拡散し聴取者の数を増やすために朝鮮語のみで放送されるチャンネルを追加せざるをえず、これを契機にラジオの販売が急増した。この放送は、総督府の統制下におかれていたが、階級を超えた朝鮮人の情緒的共感をえた芸術形態を作り上げるなど、文化的自律性のための空間でもあったことが注目される。放送という近代的技術が、一方では植民地支配のための文化的ヘゲモニーとしての役割をしたが、他方では植民地権力の意図とは異なって朝鮮人が自分のアイデンティティを新しい方式で形成するのにも寄与した、という両刃の効果を持っていた

のである。植民地性と近代性が結んでいる複雑で微妙な関係をここでも確認できよう。

　第三に、以上の問題意識は植民地期の日常生活への関心につながる。これに関する研究は様々な形態で現れているが、鄭根埴[75]は、日常生活研究の問題意識や接近方法を「対象としての日常」と「方法としての日常」に分けている。まず前者は、構造や制度史からは離れて具体的な生活をとらえようとするものである。すなわち、従来支配と抵抗という二分法ではとらえきれない日常生活領域の複雑で多様な現実（抵抗と協力以外に無関心・回避・遊興や享楽まで）を表そうとする。後者は、日常の断面の中から再び構造や制度、支配政策などを再発見することを目指すものである。ここでは日常の微視的な現象の中に隠れていた植民地支配の巨視的な問題を表すことが重要である。また、その過程で単に日常の中で支配が貫徹することを確認するにとどまらず、植民地権力の意図とは異なる乖離や亀裂を発見するようになる。

　植民地期の日常生活の研究は、非常に多様であるが、以下では次の二つの研究を触れる。まず、ゴンゼウク[76]は、衣服を素材にして白服に対する弾圧と色服の奨励、戦時期の国民服やモンペの奨励につながる日帝の衣服統制を取り扱っている。白服を弾圧する論理は、頻繁に洗濯しなければならないし、労働服としても適していないという経済的な効率に基づいていたが、長い慣習的生活方式を変え、「国民」作りの一環として推進されたものとみる。こうした志向は、戦時期にはいっそう強められた。ただ、こうした試みがつねに植民地権力の意図通りには貫徹できず亀裂が表れていたことも指摘される。私的領域に属する衣服生活に、一方では効率性＝近代化の論理が、他方では日帝の支配論理が介入してくる過程を描いたものといえる。こうした構図の設定は、この時期の日常生活研究によく見られるものである。

　鄭根埴[77]は、この時期に普及され始まった化学調味料（＝「味の素」）を素材に朝鮮におけるその受容過程と、このときに形成された近代的「味」がどのように解放後にまでつながっていったのかを明らかにしている。化学調味料は、広告などを通じて科学のイメージを活用しながら新しい市場を創出し、人々の

味や飲食文化に変化をもたらした。民間資本によって推進された食生活の近代化といえる。ただ、これを享有できた階層は一部に限られていて多くの朝鮮人にとってはまだ充足できなかった欲望として残されていた。一方、彼は1970年代に韓国の大手の化学調味料メーカーである「味元」と「味豊」間で戦われたいわゆる「調味料戦争8年」を分析し、両会社の販売戦略がともに韓国人の深層に残っている「味の素」の経験された味、あるいは羨望したが充足できなかった欲望を活用していたことを明らかにした。従来、植民地近代性に関する議論が国家権力の問題に集中していたとすれば、ここでは民間資本主導の市場原理が日常生活をどのように変貌してきたのかをとらえようとした点で研究関心を拡張したものといえよう。

以上の研究傾向は、自らを「植民地近代性」論として特徴付けている。植民地性と近代性を従来の認識のように排他的でなく、不可分な関係にあるものと見る。ただ、両者の関係を具体的にどのように設定するのかによって様々な意見が混在しているように思われる。本のタイトルとしてコロニアル・モダニティ（colonial modernity）という用語を使っているシン&ロビンソン[78]は、その定義を与えてくれないが、植民地主義・近代性・民族主義の三者間の相互作用を強調している。しかし、その相互作用の重点が近代性の方に偏っているという批判がある。朴明圭[79]は、三者の中で近代性と民族主義という概念は実体がはっきりしている反面、植民地性はその意味が明確ではなく、事実上形骸化されてしまったと見る。「植民地性が抜け落ちた植民地近代性」という批判も同じ脈絡にある[80]。チョ・ヒョングン[81]は、近代性が本来西洋に起源し、そこから植民地へ拡散（その過程で変形）されたとする彼らの認識に問題があると批判する。その結果、彼らの植民地性とは事実上「植民地期に現れた近代性」に過ぎないものになり、植民地性の実態が見えなくなったという。

では、批判する側はどうであろうか。たとえば、チョ・ヒョングンが理解する「植民地近代性」とは、近代性と植民地性が別個のものではないと見ており、植民地性はもちろん、近代性そのものを根源的に批判し、その克服を目指す点に特徴があるという。シン&ロビンソンが、近代性と植民地性を一応別個のも

のと見て、両者間の相互作用をとらえようとしたとすれば、チョ・ヒョングンは両者の重畳あるいは同一性を強調している。近代性の中に植民地性が内包されており、植民地性は近代性の発現形態と見る発想といえよう。その結果、植民地を支配した西洋の近代と、その支配を受けた植民地の近代がどのように異なっているのかがかえって曖昧になってしまう。「植民地性と近代性が別途の事態ではない」といいながら、同時にその差異を明らかにすることが課題だとする主張[82]には形式論理の矛盾が感じられる。

　一方、松本は、近代性と植民地性をそれぞれ「同時代性」と「段階性」に対応するものと理解している[83]。近代の交通・通信技術の発達は、人・物資・資本・情報の速い流通を可能にし、植民地といえどもその「同時代性」から例外ではなかった。ただ、植民地には「同時代性」を主導する西洋文化（主に日本経由の）に接触する機会が一部の階層に制限されるという意味で「段階性」を発見する。大多数の植民地住民が西洋文化の享有から疎外され挫折したが、それにもかかわらずそれに対する憧憬は衰えることなく、むしろそのヘゲモニーが強化される。植民地権力は、これを利用して自ら近代化と文明化を主導する形をとる。この点では近代化はヘゲモニーを貫徹する支配手段としての意味がある。植民地性と近代性が緊密に結び付いていることが分かる。ただ、彼がいう「段階性」とは、植民地性というより、後進性一般に近い。その論理は、植民地でなくても現在の後進地域で一般的に現れているからである。

　それ以外にも、「植民地近代性」に関する議論は盛んであるが、これを包括できるような定義はまだ出されていない。共通点を探せば、植民地性と近代性を結び付いているものとしてとらえる問題意識である。この点からみると、「植民地近代性」論は「植民地近代化」とあまり変わらないように思われる。前者は後者との間の根本的差異を強調しているが、前述した通りに近代＝否定の価値判断を介入してその差異を誇張しているだけである。また、彼らがとらえる植民地性は、文化または意識の側面に偏っているように見える。その結果、植民地性の強調にもかかわらず、近代性に比べて副次的なものとして矮小化されるか（シン＆ロビンソン）、植民地性を近代性と事実上同一なものとみてか

えって概念の混乱をもたらすか（チョ・ヒョングン）、あるいは植民地性が後進性で代替されてしまった（松本）と考える。植民地性は、こうした文化的な側面にとどまらず、前節で触れた支配体制と植民地政治の矛盾を考慮することが重要であると思う。

IV　むすび

　植民地期の朝鮮社会の全体像は、どのように構築できるであろうか。研究者の関心、また学問的なバック・グラウンドによって描く全体像には大きな乖離が見える。それぞれの学問分野は固有の概念なり方法を持っているので、こうした特性と差異を認めながら分野間の疎通と総合を目指すのが重要と考える。ここでは、これまで考察してきた植民地経済（＝A）、支配体制と政治（＝B）、社会文化（＝C）の各領域間の相互補完関係に注目する。

　まず、AとBとの関係についてである。これと関連して、「はじめに」で提起した二つの論点がある。一つは、開発と収奪をどのように統一的にとらえるかの論点である。「収奪論」のように、日常の経済取引の中で「収奪」を立証しようとした試みが失敗したことは前述した通りである。植民地支配体制においても自発的な取引に基づく市場経済の領域が存在し、政治と経済はそれなりの論理をもっていた。各領域間の均衡の取れた認識が重要である。もう一つは、朝鮮人の自己開発または機能面での成長が結局は日帝への従属的な編入＝同化＝「親日」につながるという論点である。これは、植民地期に近代を志向した朝鮮人が直面した植民地政治のジレンマといえる。ただ、経済成長や朝鮮人の自己開発がかならずしも植民地支配体制への従属につながるとは限らない。長期的にみると、これは独立以降社会の経済的基盤を準備する意味があるからである。すなわち、植民地経済（＝A）は、支配体制（＝B）の制約を受けながらも、それに一方的に規定される関係ではなかった。

　次に、BとCの関係である。植民地支配体制は、官僚や軍隊のような物理力（＝B）によって維持されるだけでなく、文化的ヘゲモニー、または植民地住民

の身体や精神に内面化された規律権力（＝C）によっても支えられていた。両者を補完関係に見ることによって植民地支配権力に対するより豊富な理解が可能になる。

　また、AとCの関係である。市場経済の発達と資本主義化、工業化・都市化などの進展（＝A）は、人々の日常生活なり意識の領域（＝C）においても大きな変化をもたらすことになる。この過程は、解放後経済の高度成長期に比べてその規模や範囲が限られていたが、植民地においてもはっきり現れた。「植民地近代化」論が前者に注目したとすれば、「植民地近代性」論は後者の現象に焦点をあわせたといえよう。こうした点で、両者の発想の差異が強調されるにもかかわらず、相互補完する関係がある。以上のように、植民地期社会の全体像は、A、B、Cの各領域の実態はもちろん、これらの間の相互関連を究明することによって接近することができると考える。

　最後に、「はじめに」で提起された残りの論点、すなわち植民地期と解放後との連続と断絶について簡単に触れておく。政治・経済・社会文化の各領域によって、また研究者の視点によってその評価がかなり異なる。まず、政治面から見ると、両時期は植民地体制と独立国家という明確な断絶を見せている。他方、内在的発展論の視点からは、植民地（または対外依存）体制とそれに対抗する民族運動（または民衆運動）という構図は、20世紀全体を通じて連続していると見る[84]。これとは視点が異なるが、「強力な国家と弱体な社会」[85]あるいは「植民地組合主義」[86]という点で連続性を求める意見もある。

　経済面においても、連続と断絶の両側面がともに指摘されている。まず、韓国資本主義、または朴正熙政府で典型的に現れた「開発国家」が植民地期に起源したとする主張がある[87]。ただ、こうした主張の実証的な根拠がまだ十分に明らかにされたとはいえない。たとえば、「開発国家」の植民地期起源説の根拠の一つとして挙げられる介入国家的な性格は、戦時統制期に限定され、それ以前の時期に遡ることができないからである[88]。戦時統制体制の制度的遺産と全体主義は、むしろ北朝鮮の方につながれており[89]、韓国は、解放後統制体制を否定し（その影響は部分的に残されていたが）、戦時以前の市場制度を継承し

た側面が強い。植民地期は日中戦争（1937年）を境にして以前と以降の経済体制が質的に変わっており、経済制度の連続と断絶を議論する際には、こうした差異を考慮する必要があると思う。

　他方、経済面での断絶を強調する主張もある。たとえば、許粋烈[90]は、解放前に形成された全体の工業資産の中で南北分断と朝鮮戦争などによって最終的に韓国の方に継承されたものはその10分の1に過ぎなかったと推算している。これを根拠に、植民地期に展開された工業化はまるでシンキロウのように消え去って韓国経済は併合以前の農業社会に戻ったと主張する。彼は、実証の困難さを理由に人的資本や制度的遺産を考察から除外しているが、これらの要因が長期にわたって影響を及ぼしている点で物的遺産より重要である。鄭在貞[91]は、植民地工業化の遺産が韓国より北朝鮮の方に多く継がれたにもかかわらず、現在北朝鮮の経済が遅れている事実は、連続論を否定する根拠になると主張した。しかし、彼の主張も物的遺産に限定した上での推論に過ぎず、制度の重要性を看過している。

　社会文化面においても、連続的側面が強調されている。たとえば、金晉均・鄭根埴[92]は、植民地期の規律権力または戦時動員の論理が朝鮮人の身体と意識の中に刻印されて解放後につながれて分断体制をささえたことを強調する。彼らは、特に「植民地近代化」論が「現在も肯定し過去も肯定する」意味で「肯定的連続論」と規定しながら、自分の「否定的連続論」を対比させている。体育教育の軍事化という点で戦時動員体制と1970年代の維新体制との連続性を発見すること[93]も同じ脈絡にある。

　以上から見られるように、研究者の関心や視点によって評価が多様に分かれていることが分かる。経済面で見ても、物的資産に限定するか、制度を重視するかによって評価が分かれる。したがって、ある要素に焦点を当てて連続と断絶を論じることはできるが、全体として二つの時期の連続と断絶を評価することは難しい。各領域と各要素の重要性を比較しなければならないが、そのためには分野を超えた疎通と総合が必要であるからである。そのためには、少なくとも二つが必要であると思う。一つは、そうした評価に価値判断を排除するこ

とが重要である。そうでない場合は、他の評価を排斥してしまうからである[94]。もう一つは、植民地期のどの要素がどのような方式で現在を規定しているのかに関する実証研究がより進展しなければならない。物的要素に比べて「制度」や「構造」または「内面化された意識」の連続は実証することが容易でない。その結果、二つの時期にわたって発見される類似性を指摘するにとどまって、これが解放後の変わった環境の中でどのように持続し、またどのくらい連続的であったのかについて具体的な根拠を提示できない場合が多い。こうしてみると、これまで明らかにされたものより、これから究明しなければならない課題がはるかに多いと思う。また、この二つの点は、連続と断絶の論点に限られず、植民地期の研究全般についても同じく要求されるものと考える。

註

1) ここでは、紙面の制約により論争の具体的な内容には立ち入らないが、次の研究が論争の経過や論点に関して比較的に均衡をとれた整理（その中には同意しがたいものもあるが）をしているので、それを参照されたい。鄭然泰「21世紀の韓国近代史研究と新近代史論の模索」（韓国歴史研究会編『20世紀の歴史学・21世紀の歴史学』歴史批評社、2000年、ハングル）、鄭在貞「1980年代日帝時期の経済史研究の成果と課題」（歴史問題研究所『韓国の「近代」と「近代性」批判』歴史批評社、1996年、ハングル）。
2) 鄭然泰前掲論文、150-153頁。
3) 鄭在貞前掲論文、112-115頁。
4) 許粹烈『開発なき開発』（ウンヘンナム、2005年、ハングル）、金洛年編『韓国の経済成長1910-1945』（ソウル大学校出版部、2006年、ハングル）。
5) たとえば、金晋均・鄭根植編『近代主体と植民地規律権力』（文化科学社、1997年、ハングル）、Shin, Gi-Wook and Robinson, Michael, eds., *Colonial Modernity in Korea*, Havard University Press, 1999、ゴンゼウク・鄭根植編『植民地の日常――支配と亀裂』（文化科学社、2006年、ハングル）。
6) 金晋均・鄭根植「植民地体制と近代的規律」（金晋均・鄭根植編前掲書）18頁。
7) 類似な研究史認識を示しているものとして次の研究をあげておく。Shin and Robinson, eds., op. cit. p. 382、並木真人「植民地期朝鮮政治・社会史研究に関す

る試論」(『朝鮮文化研究』6、1999年) 111-113頁、裵城浚「'植民地近代化'論争の限界地点に立って」(『当代批評』13、2000年、ハングル) 170-174頁、松本武祝"「朝鮮における『植民地的近代』」に関する近年の研究動向」(『アジア研究』43-9、2002年) 31-32頁、金東魯「植民地時期日常生活の近代性と植民地性」(延世大学校国学研究院編『日帝の植民支配と日常生活』、ヘアン、2004年、ハングル) 18頁、チョ・ヒョングン「韓国の植民地近代性研究の流れ」(ゴンゼウク・鄭根植編前掲書) 50-51頁。これらの研究は、大体に「収奪論」と「植民地近代化論」をそれぞれ慎鏞廈(「'植民地近代論'再定立の試みに対する批判」)と安秉直(「韓国近代史研究の新しいパラダイム」、両方とも『創作と批評』98、1997年、ハングル)に代表させて検討し、論争の両側がともに「近代に対する憧憬」を共有しており、これは結局民族主義に根を下ろしているとみる。さらに、自らが「ヘゲモニーとしての近代」に包摂されていることにも無自覚であり、近代をほぼ「神格化」しているかのように批判している(並木真人「朝鮮における『植民地近代性』・『植民地公共性』・対日協力」、『国際交流研究』5、2002年)。こうした批判が果たして論争の両側の研究者にどのように一般化できるのかは疑問である。たとえば、経済史研究の中で、植民地期の資本主義化や工業化に注目しているのは、その現象を説明するためであり、それを「成し遂げるべきもの」とか「憧憬」の対象と思うからではない。

8) 金晋均・鄭根植前掲論文、20-23頁。

9) チョ・ヒョングン前掲論文、54、59-67頁。

10) 金東魯「植民地時期の認識の新しい方向の定立」(金弼東ほか『韓国社会史研究』ナナム新書、2003年、ハングル、309-321頁)は、植民地期研究に広く使われている「近代(性)」・「民族」・「植民地」のような概念を例に挙げ、それらに先験的な価値が付与されることによって、比較史的・経験的な接近ができなくなっていることを指摘している。

11) 本稿のタイトルに対する誤解を避けるため、若干の説明が要るかもしれない。そもそも「植民地近代化論」という名称は、植民地期に近代的制度の導入や工業化の進展のような現象に注目した経済史研究に対して批判者たちが付けたものである。彼らは、近代=肯定という認識を前提に、その名称に植民地支配を肯定するという非難の意味を込めた。ところで、ポスト近代主義の影響で近代=否定という認識が広がると、「植民地」と「近代(性)」を合わせた造語が抵抗感を与えるどころか、流行になった。チョ・ヒョングン前掲論文(54-72頁)の研究史整理によると、「植民地近代化論」以外に、colonial modernity、

「植民地近代性」、「文化論的な植民地近代性」に研究傾向を分けている。その他にも、「植民地的近代」(鄭泰憲『韓国の植民地的近代の省察』ソンイン、2007年、ハングル、39-63頁)、「植民地近代」(尹海東「植民地近代と大衆社会の登場」、林志弦・李成市編『国史の神話を超えて』ヒュメニスト、2004年、ハングル、235-239頁) という名称も使われている。もし、こうした名称が異なる、さらには対立したものとして議論するならば、読者の混乱をもたらすのみである。私が見るには、近代に対する先験的な価値判断を排除すれば、これらはすべて植民地に現れた近代的現象をどのように理解するかをめぐる議論である点では変わりない。その意味で本稿のタイトルは、「植民地近代化」論争とそれ以降の議論を関連させ包括的に取り扱う、という趣旨で付けたものである。

12)　鄭然泰前掲論文、144-145頁。
13)　鄭泰憲前掲書、191、199頁。
14)　鄭在貞前掲論文、113頁。
15)　米の増産にもかかわらず、米の輸出と人口の増加のために米の一人当たり消費は減少したが、これを米の「飢餓輸出」という。Cha は、近代的な保健衛生技術の普及による人口圧迫の増加を最も重要な要因とみる。Cha, Myung Soo, "Imperial Policy or World Price Shock? Explaining Interwar Korean Consumption Trend," *Journal of Economic History*, 58(3), 1998。金洛年は、朝鮮経済が米不足の日本経済に統合されることによって米価格が上昇し、その消費が抑制された点、小作米が地主に集中することによって米の商品化率が高かった点を挙げている。金洛年『日本帝国主義下の朝鮮経済』(東京大学出版会、2002年) 85-95頁。
16)　植民地期の工業化については、政策の要因より米の輸出と地主資金の農業外投資など市場の役割を強調したものとしては、金洛年前掲書 (208-19頁) を参照されたい。
17)　鄭泰憲「日帝下資金流出構造と租税政策」(『歴史と現実』18、1995年、ハングル) 191、221-222頁。
18)　移転の場合は、例外で反対給付なしで資金が移動したものであり、総督府財政の補充金や軍事費などがそれに当たる。植民地期に政府を通じた経常の移転収支は純流入であった。詳しくは、金洛年「植民地朝鮮の'国際収支'推計」(『経済史学』38、2004年、ハングル) 29-31、37-38頁、を参照されたい。
19)　戦時統制下で行われた強制貯蓄の場合は、預金者にインフレの損失を被らせ、さらにその貯蓄資金で買入れた日本の債権は解放後に結局償還されなかった。

これは、前述の米の供出や労働力の徴用と同様、金融部門での収奪といえる。しかし、強制力が入っていない通常の金融取引まで収奪とはいえない。

20) たとえば、財政支出の中で日本人のための支出額（この場合は彼は「流出」という用語が適切でないことを認めて後で朝鮮内の「用途」に修正している、鄭泰憲前掲書、198頁）、鉱山物の対日輸出額、朝鮮の対日貿易赤字額などが「生産力の枯渇」と「剰余流出」であるので「流出」という。これらの項目を合算するのは、経済学的には何の意味もない。

21) 朴明圭「古い論理の新しい形態——宮嶋博史『朝鮮土地事業史の研究』の批判」（『韓国史研究』75、1991年、ハングル）178、183頁。

22) 鄭然泰（前掲論文、153頁）は、収奪論が「日帝の収奪と民族抵抗という'自明な前提'に容易く安住して収奪の実像の究明には疎かであった」ことを認め、「実証的にも国際社会が納得のいく水準の収奪像をリアルに明らかにする」ことが課題という。鄭泰憲も「盛んな議論に比べては収奪像を明らかにする実証研究は事実上進展していないのが実情である」と認めている。鄭泰憲「研究史から見た経済成長論の植民地像の台頭背景と問題点」（朴ソプほか『植民地近代論の理解と批判』白山書堂、2004年、ハングル）62頁。何故そうなったのであろうか。その理由は、植民地支配の本質として前提されて実証的研究とは両立できない「収奪」という概念そのものにあったのである。

23) 生活水準には物質的なものだけでなく、精神的な満足まで含まれる。民族的な自尊心の損傷のような精神的被害を重視すると、この時期の生活水準の向上は考えられない。ただ、その程度は主観的なものであって数量化して比較することが難しい。ここでの議論は物質的な側面に限定する。

24) 許粹烈前掲書、26-33頁。

25) 金洛年編前掲書。この推計が出る前は、溝口推計（溝口敏行・梅村又次編『旧日本植民地経済統計　推計と分析』東洋経済新報社、1988年）が広く使われた。金洛年らの推計はこれを改善したものであるが、両者の差異については、金洛年編前掲書（281-287頁）を参照されたい。

26) こうした産業・支出構造の変化により都市化も進展した。人口2万人以上の行政区域を都市とすれば、1925-40年間の都市人口は7％から20％に増えた（堀和生『朝鮮工業化の史的分析』有斐閣、1995年、110-112頁）。都市化の水準は高くないが、その速度が速かった。その結果、都市を中心に、まだ一部の階層に限られるが、朝鮮人の生活様式にも変化が現れた。たとえば、キン・ジンソンが1930年代のソウルでとらえた現代的な文化や生活様式の出現はこうし

た経済構造の変化を前提しているものである。キン・ジンソン『現代性の形成——ソウルにダンスホールを許可せよ』現実文化研究、1999年、ハングル。
27) Cha, Myung Soo and Kim, Nak Nyeon, "Korea's First Industrial Revolution, 1911-40," Naksungdae Institute of Economic Research Working Paper, 2006-3, 2006.
28) 許粋烈前掲書、20-32、77-124頁。
29) 金洛年「書評：許粋烈『開発なき開発』」(『経済史学』38、2005年、ハングル)、朱益鍾「植民地期の生活水準」(朴枝香ほか編『解放前後史の再認識1』チェクセサン、2006年、ハングル)、車明洙「経済成長・所得分配・構造変化」(金洛年編前掲書)。
30) 許粋烈「『解放前後史の再認識』の植民地経済に対する認識誤謬」(『歴史批評』75、2006年、ハングル)。
31) 金洛年「日帝下朝鮮人の生活水準は悪化されたのか」(『歴史批評』77、2006年、ハングル)。
32) 金洛年前掲論文、327-330頁。
33) 植民地期の統計は比較的に豊富な方であるが、民族間の区分を示す統計はかなり制限されている。この数値は、一部仮定による部分を含んでいるので、まだ試論的な性格を脱していないものである。
34) 朱益鍾前掲論文、113-121頁。
35) 現在も同様であるが、国民経済計算からとらえる居住者とは民族概念ではなく、「経済的利益の中心」をどこにおいているのか(通常1年以上居住する際に居住者とみなす)による。その場合、植民地期に朝鮮居住の日本人は大部分居住者になり、朝鮮のGDPには日本人の経済活動が含まれるようになる。
36) 車明洙前掲論文、321-328頁。
37) 許粋烈「日帝下実質賃金(変動)推計」(『経済史学』5、1981年、ハングル)。
38) 朝鮮人農民の所得が33.2%も減少したとする許粋烈の前述した主張と、非熟練労働者の実質賃金が停滞したとする自身の実証結果とは両立できない。
39) 金洛年・朴基炷「解放前後(1936-1956年)ソウルの物価と賃金」(『経済史学』42、2007年、ハングル)。
40) 金洛年前掲書、32-55頁。
41) 金洛年前掲書、25-32頁。
42) 並木前掲論文(2002年)、2-3頁。
43) 尹海東『植民地の灰色地帯』(歴史批評社、2003年、ハングル)24、27-39頁。

44) 並木前掲論文（2002年）16-17、22、29頁。
45) 尹海東前掲書、36-39頁。
46) ファン・ヒョンジュ「植民地期'公'概念の拡散と再構成」（『歴史と社会』第73巻、2007年、ハングル）。
47) 並木前掲論文（1993年）55-56頁。
48) 朴枝香『帝国主義——神話と現実』（ソウル大出版部、2000年、ハングル）113-144頁。
49) 金東明『支配と抵抗、そして協力』（景仁文化社、2006年、ハングル）。
50) 金翼漢「日帝の面支配と農村社会構造の変化」（金東魯編『日帝植民地時期の統治体制の形成』ヘアン、2006年、ハングル）。
51) 尹海東『支配と自治』（歴史評論社、2006年、ハングル）。
52) 松本武祝『植民地権力と朝鮮農民』（社会評論社、1998年）27、235-238頁。
53) 池秀傑「日帝下地方統治システムと郡単位'官僚―有志支配体制'」（『歴史と現実』63、2007年、ハングル）348-349、361-362頁。
54) 「有志」とは、たとえば『朝鮮公職者名鑑』（1927年）等の名簿に名前が載った人物で、「革新青年」とは郡警察署や面駐在所の「要注意要視察名簿」に載っていた人物であると、両者の性格を分けてる。池秀傑「日帝時期忠南の扶餘・論山郡の有志集団と革新青年集団」（『韓国文化』36、2005年、ハングル）199-201頁。
55) 池秀傑前掲論文（2005年）232-242頁。
56) たとえば、尹海東は、池秀傑のように「有志」を社会的地位集団（social status group）と理解するのは、彼らの支配者としての立場を誇張し、支配と抵抗の間を動揺する中間支配層としての属性を見逃してしまうと批判している。尹海東前掲書、224-7頁。金翼漢も「革新青年集団」という概念に対して懐疑的である。金翼漢前掲論文、69-70頁。
57) 董宣喜「日帝下朝鮮人道評議会・道会議員の研究」（韓国学中央研究院韓国学大学院博士学位論文、2005年、ハングル）68-136、283-290頁。
58) 並木前掲論文（2003年）23頁。
59) ファン・ヒョンジュ前掲論文、9-10、36-38頁。
60) 池秀傑前掲論文（2007年）356、372頁。
61) 並木前掲論文（1993年）34-46頁。
62) 並木前掲論文（2003年）24-25頁。
63) 池秀傑は、「植民地公共性」および対日協力に関する議論に対して、二項対

立的な歴史認識を乗り越えるため既存の日帝時代史像を解体しようとする試みであるが、その過程で逆偏向に陥ることを警戒している。すなわち、この時期の歴史認識をすべて灰色に変色させ、「親日派の清算はもちろん、社会正義を実現するための政治的実践の方向も曖昧に」なってしまうと憂慮している。池秀傑前掲論文（2005年）243頁。しかし、これらの議論が目指すのは、植民地政治の矛盾と複雑に絡み合っている実態を表し説明することであり、そこから直接「社会正義」や「政治的実践」の問題を導くことはできないと思う。前者は実証的次元の関心であるのに対して、後者は価値を前提しているためである。

64) Foucault, Michel, *Surveiler et punir*, 1975（フーコー著・呉生根訳『監視と処罰』ナナム出版、2003年、ハングル）。

65) Said, Edward, *Orientalism*, 1978（サイード著・バク・ホンキュ訳『オリエンタリズム』教保文庫、2007年、ハングル）。

66) 金晋均・鄭根植前掲論文、23-25頁。

67) 金晋均・鄭根植・姜怡守「普通学校体制と学校規律」（金晋均・鄭根植編前掲書）109-111頁。

68) 姜怡守「工場体制と労働規律」（金晋均・鄭根植編前掲書）152-164、165-166頁。

69) 全遇容「書評：韓国近代史研究の新しい枠組み、その新しさの限界」（『歴史批評』43、1998年、ハングル）。

70) 申起旭「植民地朝鮮研究の動向」（『韓国史市民講座』20、1997年、ハングル）。

71) Shin and Robinson, eds., op. cit.

72) Lee, Chulwoo, "Modernity, Legality, and Power in Korea Under Japanese Rule," in Shin and Robinson eds., op. cit.

73) Shin, Gi-Wook and Han, Do-Hyun, "Colonial Corporatism : The Rural Revitalization Campaign, 1932-40," in Shin and Robinson eds., op. cit.

74) Robinson, Michael, "Broadcasting, Culural Hegemony, and Colonial Modernity in Korea, 1924-1945," in Shin and Robinson eds., op. cit.

75) 鄭根植「植民地日常生活研究の意義と課題」（ゴンゼウク・鄭根植編前掲書）16-21頁。

76) ゴンゼウク「衣服統制と「国民」作り」（ゴンゼウク・鄭根植編前掲書）。

77) 鄭根植「味の帝国、広告、植民地的遺産」（ゴンゼウク・鄭根植編前掲書）。

78) Shin and Robinson, eds., op. cit.

79) 朴明圭「植民地歴史社会学の時空間性について」(ソクヒェンホ・ユソクチュン『現代韓国社会の性格論争——植民地・階級・人格倫理』伝統と現代、2001年、ハングル) 51頁。
80) 都冕会「訳者のことば——脱民族主義の視点から見た植民地期の歴史」(Shin and Robinson eds., op. cit., 都冕会訳『韓国の植民地近代性』サムイン、2006年、ハングル) 16-20頁。
81) チョ・ヒョングン前掲論文、61頁。
82) チョ・ヒョングン前掲論文、61-67、75-77頁。
83) 松本前掲論文、42頁。
84) 鄭然泰前掲論文、131頁。
85) 松本前掲書、27頁。
86) Shin and Han, op. cit., 94-96頁。
87) Eckert, Carter, *Offspring of Empire : The Koch'ang Kims and the Colonial Origins of Korean Capitalism, 1876-1945*, University of Washington Press, 1991 ; Kohli, Atul, "Where do High Growth Political Economies Come From? The Lineage of Korea's 'Development State'," *World Development*, 22(9), 1994.
88) 金洛年「植民地工業化に関する諸論点」(『経済史学』35、2003年、ハングル) 32-37頁。
89) Kimura, Mitsuhiko, "From Fascism to Communism : Continuity and Development of Collectivist Economic Policy in North Korea," *Economic History Review*, New Series 52(1), 1999;木村光彦『北朝鮮の経済——起源・形成・崩壊』(創文社、1999年)。
90) 許粋烈前掲書、313-330頁。
91) 鄭在貞「植民地工業化と韓国の経済発展」(中央日報統一文化研究所現代史研究チーム編『日本の本質を再び問う』ハンギル社、1996年、ハングル) 66頁。
92) 金晋均・鄭根植前掲論文、15-20頁。
93) 辛珠柏「体育教育の軍事化と強制された健康」(ゴンゼウク・鄭根植編前掲書)。
94) 歴史研究で実践を強調する場合も類似な問題にぶつかることになる。たとえば、「実在としての近代」以外に「志向としての近代」を強調する場合を挙げることができる。鄭然泰前掲論文、153-163頁。前者が歴史現象の「説明」に関心があるとすれば、後者は「実践」を前提する。その際、何を志向するのかに関する価値、またはそれを実現するための政治的な判断、さらにはイデオロギーが介入せざるを得ない。その結果、他の立場の議論を排斥してしまい、疎

通が妨げられる。これは、歴史研究の課題をどこに求めるかの問題につながる。こうした点から見ると、「植民地近代化」論は実証による現象の「説明」に課題を限定しているとすれば、「収奪論」(あるいはそれと表裏関係にある「内在的発展論」)は「実践」を重視しているように見える。「植民地近代性」論の中には、後者に近いものがあるが、その実践の方向が何かがはっきり見えない。

第10章　韓国における近代的経済成長

許　粹烈

はじめに

　朝鮮経済が植民地時代に発展したことはあらゆる統計によって明らかである。資本、労働、土地など、生産要素の投入量が増加し、日本から数多くの先進技術が流入し、鉄道、道路、港湾、通信など、社会的インフラも大きく拡充された。さらに近代教育が拡大され、技術者や熟練労働者も増えた。市場経済や金融及び流通も近代化し発展され、司法制度や行政制度においても相当の進歩があった。こうしたあらゆる変化が産業生産の大きな増加をもたらした。
　産業生産が大きく増加したとすれば、収奪論は肩身が狭くなる。朝鮮のなかで生産や消費が大幅に増加したなら、それを収奪と呼べるだろうか。そうした疑問に対して、収奪論は説得力ある答えを出しにくい。収奪論において登場する収奪対象の代表例は、土地、労働力、食料、金などであろう。しかし収奪論は長い間支配的地位にあったにもかかわらず、日本人の所有する土地の規模さえ明らかにできなかった。しかも日本人所有の土地はその大半が代価を支払って購入されたものであり、それを収奪といえるかどうか疑問である。食料収奪とは何か。日本に搬出された食料の少なくない部分は、日本人地主によって輸出された。日本帝国は日本人地主を収奪したことになるのか。また労働力収奪とは何か。劣悪な労働環境や低賃金の長時間労働による酷使をよくいわれる。植民地期の朝鮮人労働者が悲惨な労働条件下におかれていたのは明白だが、植

民地だったからそのような現象が起こったとは必ずしもいえない。世界史的証拠からして、それを工業化の初期段階で一般に起こる現象と解釈するのも可能だからである。金の収奪とは何か。貿易収支の赤字が長期間続いた結果に過ぎないのではないか。このように考えて見れば、収奪論の主張する収奪の実態が果たして何だったのか分からなくなってしまう。収奪論は民族感情に支持されて勢力をえたが、実際は何がどうやって収奪されたか、疑問は絶えない。

　経済史分野において実証研究が蓄積されるにつれ従来の収奪論は徐々に肩身が狭くなった。それに取って代わり、いわば「植民地近代化論」とか「成長史論」が時勢となりつつある。車明洙は植民地期の朝鮮経済が年平均4％台の高い経済成長率を達成したと主張する。全体として低調だった世界経済の成長率と比較すれば、それは例外的に高い成長率である。また国民経済計算に基づき植民地朝鮮において近代的経済成長（Modern Economic Growth）があったと主張する議論も表れた。成長史論の主張がそれである。さらに、植民地期の高度成長の経験や遺産は経路依存性（path dependence）を通じて解放以降、韓国経済の高度成長に大きく貢献したという主張も現れた。何れの議論も、収奪論を民族主義イデオロギーに執着する主観的議論と批判しつつ、みずからの主張の客観性を強調している。

　しかし私にとっては、「植民地近代化論」や「成長史論」もまた脱民族主義というもう一つのイデオロギーに過度に執着しているように見えて仕方がない。そこでは、民族という概念は副次的か、付随的ものに過ぎない。彼らの主な関心は朝鮮という地域において行われた生産や消費の増加、社会的分業の発達又は産業構造の高度化、市場経済の発達などにおかれており、朝鮮人や朝鮮人経済に対する分析はないといって過言ではない。朝鮮経済が発展すれば朝鮮人経済もその影響を受け、程度の差はあれ、相当発展するだろうという暗黙の仮定があるのである。しかし朝鮮経済に民族差別が大きかったならば、そのような仮定は成り立ちにくく、地域としての朝鮮経済に関する研究が朝鮮人経済を知るための糸口となる保障はない。しかも民族という概念を棚に上げ、異民族支配下の植民地期の何が研究できるだろうか。植民地期の分析に民族という概念

を取り入れてもそれはイデオロギー的ではない。むしろそれを無視するか、捨てないといけないという発想こそイデオロギー的といわねばならない。

1960年代、朴正熙大統領以来の経済発展を低く評価しようとする主張もまたイデオロギー的発想と思われる。この時期の世界的に類のない経済成長を抜きにしては、韓国社会の解放以降のあらゆる変化に対して如何なる説明も不可能であろう。1960年代以来の高度成長はその他あらゆる要因に勝って重要であり、否定的側面を差し引いても全体として肯定的変化であった。

朴正熙大統領時代の高度成長を高く評価したからといって、この時代に行われた独裁や人権蹂躙などが正当化されると主張するつもりはもちろんない。この時代の民主化闘争や労働運動が無意味であったといっているわけでもない。民主化運動がなくても民主化が自然に達成され、人権運動がなくても人権が自然に向上されるとは考えにくい。理想は一夜にして達成されないと、歴史はここでも語りかけている。

I 植民地的経済成長の意味

すでに述べたように、日本帝国支配期の朝鮮という地域の経済、即ち朝鮮経済はかなり速く成長した。最近のいわば「植民地近代化論」及び「成長史論」は、国内総生産（GDP）または国内総支出（GNE）など国民経済計算を行い、植民地期の朝鮮経済がかなり速いスピードで成長したことを実証しようとしている。国民経済計算を行うための基礎資料を十分揃えてないので、その推計結果を全面的に信頼するわけではないが、朝鮮経済が速く成長したという事実は否定しがたい。またこうした成長を根拠に、成長史論では、植民地時代に「近代的経済成長」（Modern Economic Growth）があったと主張されている。このような議論は従来の収奪論と大きく異なる。その主張を具体的に検討してみよう。その間の研究結果を額面通り認めたとしても、植民地期に近代的経済成長があったという主張は妥当ではない。

「近代的経済成長」という概念はクズネッツ（Simon Kuznets）に由来する。

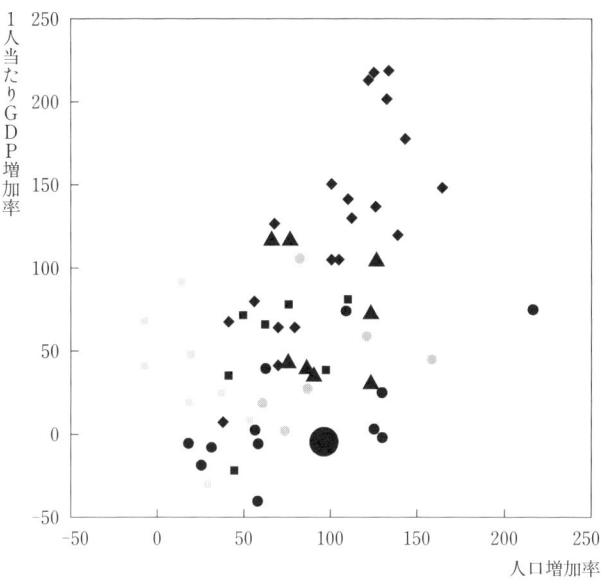

第10章　韓国における近代的経済成長　245

図1　世界各国の人口増加率と1人当たり GDP 増加率（1913-1950年）

注：図における点は凡例に記したそれぞれの地域に属する国家の1人当たり GDP 増加率（1913-1950年）と人口増加率（上同）を表す。但し大きい円は韓国を示す。
出所：Angus Maddison, The World Economy : Historical Statistics, OECD Development Centre, Paris, 2003.

　彼の定義によれば、①人口の急速な増加（rapid growth）、②一人当たり生産の持続的成長（sustained growth）という二つの条件を満たされた時、それを近代的経済成長という。ただしここで持続的とはそのような現象が比較的長期間つづかないといけないという意味で、少なくとも30～40年（a minimum of thirty to forty years）を想定している[1]。戦争とか、それと類似の変革の期間もそれに含まれる。

　20世紀の世界各国の人口や国内総生産に関する代表的研究としてメディソンの研究がある。そのうち人口と一人当たり GDP データーの揃った国だけを選んで整理したのが図1である。1913年を選択したのはその前後では1913年の資

料がもっとも充実していたからで別の理由はない。

　当該の期間、大半の国で人口は増加した。人口が減少したのは2ヵ国だけである。朝鮮の人口も確かに大幅に増加した。ただしその増加率は国際的に見て中位ほどであり特別に高いとはいえない。車明洙は朝鮮時代の両班家の戸籍資料を利用して人口変化を研究したが、それによれば、人口曲線に転換点（turning point）が現れる時期は1898年とされる[2]。日本帝国支配期の朝鮮の人口成長が朝鮮時代に比して高かったのは明らかだが、世界的に見て特に高いわけではないし、植民地期になって始まった現象でもない。20世紀前半の朝鮮の人口増加を日本帝国の支配と結びつける考えは間違っている。

　一方、この期間の一人当たりGDP増加率は国際的に見てもかなり低い。朝鮮の増加率は0に近いマイナスなのに対し、世界の大半の国や地域がプラスとなっている。メディソンの推計は正確とはいえないので細かい差にまで拘る必要はないが、日本帝国支配期に一人当GDPがかなり成長したという主張を退けるには十分であろう。

　要するに、人口や一人当たりGDP変化の統計を見る限りでは、植民地期の朝鮮にクズネッツ的意味の近代的経済成長があったという主張は適切ではない。

　図2は、同じメディソンの資料を利用し、1911～2000年間、南朝鮮の一人当たりGDP変化を図示している。

　1930年代に一人当たりGDPが多少上昇したが、日本帝国支配期全体として一人当たりGDPが持続的に成長したとはいえない。一人当たりGDPの継続的成長は1960年代以降のことである。すなわちクズネッツの定義を受け入れるならば、南朝鮮では経済開発の行われた1960年代以降に近代的経済成長が始まったと見た方が順当であろう。

　それでは、メディソンの一人当たりGDP推計をどれほど信頼できるか。日本帝国支配期の人口についての統計は1925年の国税調査の実施を受けてようやく正確になった。1920年には臨時戸口調査の結果値が公表されているが、その統計をそのまま信じてもよいかは少々検討が必要であろう。朝鮮総督府の統計年報に載っているそれ以前の人口統計は非常に不正確である。それを修正する

図2　韓国の1人当たりGDP（1911-2000年）

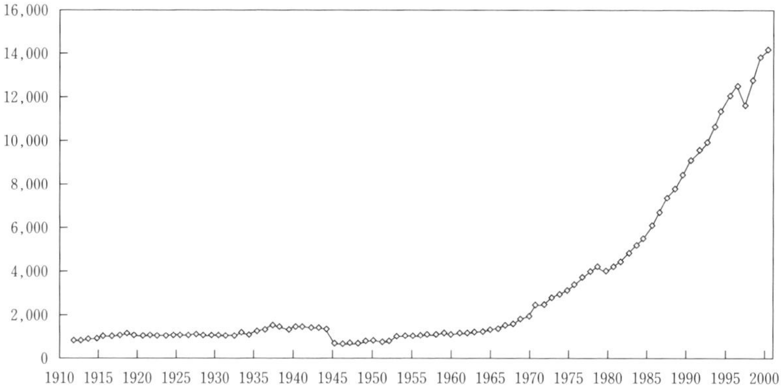

注：縦軸の単位は1990年 International Geary-Khamis ドル
出所：Maddison、前掲書

　いくつかの推計が出ているが、そのなかでも金哲や石南国の推計が広く知られている。一人当たりGDPを推計するために溝口敏行が用いた人口推計もある。当たり前の結果だが、それぞれの推計結果は少しずつ異なる。ただし大きい違いは見受けられない。

　一方、日本帝国支配期にはGDPについての統計は作成されなかったから公式的なGDP統計はない。現存するすべてのGDP資料は今日のGDP作成方法を用いて既存の統計データーを基に推計したものである。李潤根などの先駆的研究もあるが、今の所、溝口の推計がもっとも広く使われている。最近のものとしては落星垈経済研究所が推計したものもある。

　まずメディソンや溝口によって計算された1人当たりGDP（溝口の場合は1人当たりGDE）を比較して見ると図3の通りである。メディソンの測定単位は1990年のドル価値基準で、一方、溝口は1934〜1936年の平均物価指数に換算した円貨表示という違いがある。しかし変化の傾向を見ると両者の間に大きな違いはない。すなわち溝口までの研究成果はメディソンの資料に反映されていると見て差し支えないだろう。

　溝口や落星垈研究所、それぞれによって推計されたGDPのみを比較してみ

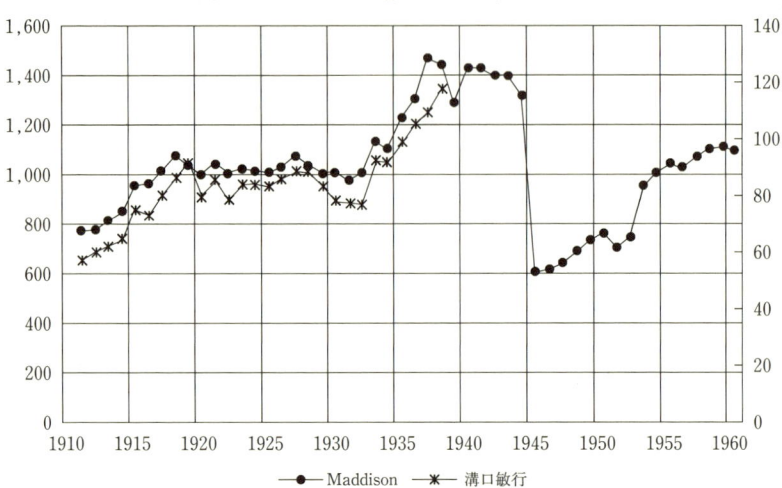

図3　メディソン、溝口の1人当たりGDP

資料：Maddison：前掲書　溝口敏行、梅村又次編、『旧日本植民地経済統計——推計と分析』東洋経済新報社、1988年、239頁

ると、図4のようにいくつかの年度を除いては大同小異である。したがって、落星垈研究所が推計したGDPを溝口が用いた人口資料をもって1人当たりGDPを求めるならば、その結果は溝口の計算したそれとあまり変わらないであろう。要するに、これまでの研究を概観する限り、メディソンの資料を根本的に否定する結果は出ていない。

しかしメディソン、溝口、落星垈経済研究所のすべてに共通した推計上の問題がある。1918年以前のGDP推計は朝鮮総督府の統計年報の生産統計を土台にしているが、まさにその時期の統計が非常に不正確なのにそれを十分考慮していない。

前掲の図2や図3を総合してみると、(一人当たり) GDPは1910年代に他の時期に比べ特に急上昇しているが、生産要素の投入や、技術導入及び政策推進の強度など、あらゆる面を考慮して見れば、この時期の成長率がほかの時期より高いのは納得しにくい。実際の成長率が高かったというより、統計の推計が正確になった結果、数字で見る見かけの成長率が高くなったと判断した方が正

図4　溝口の実質GDEと落星垈経済研究所の実質GDP比較

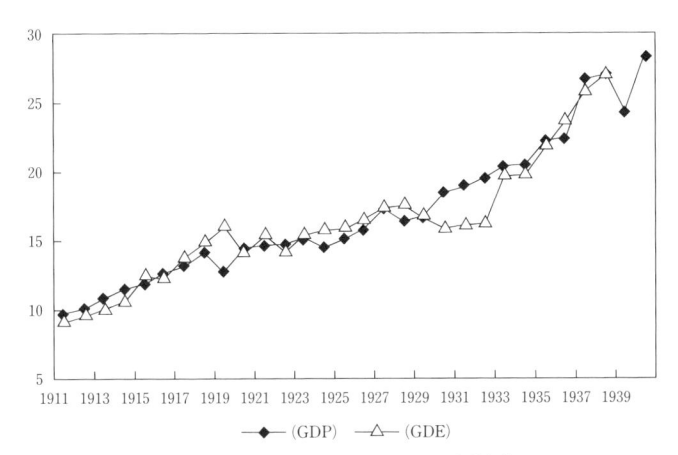

注：1934～36年の平均物価指数によってディフレートされた実質価値
出所：溝口、前掲書。落星垈経済研究所の推計は、同研究所の推計してきた日帝時代の朝鮮のGDP資料（2005年5月28日の全国歴史学大会において発表された「韓国の経済成長と所得分配、1911-40年」）という報告の別添資料から作成した。

しいのではなかろうか。紙幅の制約もあるので長い説明は省いて結論を先に言うと、1910年代の一人当たりGDPは、1917年あるいは1918年の水準とほぼ同じか若干低い水準であり、そこからそれほど急速な変化はなかったと見るのが妥当であろう。もしそうならば、前掲の図2で見るように、1人当たりGDPがある程度の持続的に成長したといえるのは、長く見積もっても1930～1937年の間に限られる[3]。

　日本帝国支配期のGDP推計について留意すべき点がもう一つある。溝口や落星垈経済研究所とも1940年代を扱っていないが、その時期にGDPは減少したことである。日本帝国支配期の開発の成果を評価するためには、当然ながら日本帝国末期の経済崩壊過程も含めて論じなければならない。クズネツ自身も「戦争やそれに準じる変革の期間も含め」なければならないと述べている[4]。GDPの減少したこの期間までを考慮に入れるならば、日本帝国支配期に近代的経済成長があったという主張はさらに成り立たなくなる。

もう一つ考慮すべき点がある。1人当たりGDPは、朝鮮に居住するすべての朝鮮人や日本人による生産額を、単純に朝鮮に居住する人口で割って出した数値である。それには両民族間の経済的格差はまったく考慮されていない。両民族間の所得不平等問題については本格的研究が未だに十分とはいえない。筆者はかつて、主要生産手段である土地や鉱工業資産の所有における民族間の不平等について計算したことがある。朝鮮の耕地のうち日本人の所有比率は1935年に10.2％に達していた。特に水田の場合は18.3％であった。日本人所有の耕地は肥沃度のはるかに高いものが多かったことまで考えると、農業部門で日本人所有耕地の占める比重はさらに高くなる。一方、鉱工業部門で日本人の所有する資産の比率は95％程度に達していた。

　生産手段の民族別所有関係がこれであれば、GDPの民族別配分においても少数の日本人が非常に大きい比重を占めていたことは充分推測できる。植民地のもっとも大きい特徴はいうまでもなく異民族による支配である。その植民地経済を分析しながら、民族問題を考慮せず、1人当たりGDPのような、特定地域に対する平均的な概念を持って説明しようとすれば、そこから導き出される結論は非常に間違ったものにならざるをえない。植民地時代に朝鮮経済が開発されたのは事実であるが、その開発は朝鮮人にとってほとんど何の意味もなかった。「開発のない開発」という筆者の主張はそのような計算を根拠に導き出されている。

II　植民地的遺産の意義

　植民地時代の朝鮮において開発がかなりの程度行われたとすれば、その遺産は当然ながら解放以降に持ち越され、韓国経済の展開課程において重要な役割を果たすはずである。ただし遺産といえば、物質的なものもあるが、精神的あるいは制度的または技術的なものも含まれており、その意義を総体的に評価するのは簡単な作業ではない。従ってここでは鉱工業資産のような、比較的に数量化しやすいものに限定し植民地的遺産の意義を検討することにしよう。ここ

で植民地期の残した鉱工業資産の規模が問題となるが、その前にまず植民地末期にそれらの遺産がどのような状態におかれていたかを紹介しよう。

メディソンと異なり溝口や落星垈経済研究所などのGDP推計は、1940年代以降を扱っていない。それ以前の時期だけを注目すれば朝鮮経済はかなり急成長したかに見えるが、日本帝国支配末期の本格的戦時経済期、つまり1940年代を含めるとそのイメージは相当変わってくる。特にミッドウェー海戦やガダルカナル戦で日本が敗れ完全に敗戦局面に入った1942年の半ばから、戦争経済は破局に向かって疾走するようになる。生産の壊滅や輸送手段の欠如によって、日本からの資本財や生産財の流入が激減するか、または途絶えるようになり、朝鮮内の諸生産施設は老朽化や陳腐化、または不良部品を使った取り替えにより、多くの場合、生産性が極度に落ち込むか、スクラップ寸前の状態に追い込まれた。

従って、1930年代末までを研究して得られた朝鮮経済のイメージを、1945年解放当時の朝鮮経済に重ねて考えるのは大きな間違いである。解放以降、朝鮮に残された植民地的遺産の中には、帳簿価格とは裏腹に事実上役に立たない物、または価値の著しく損なわれたものが多数含まれていた。

さらにそのような物的遺産さえも解放直後の南北分断や朝鮮戦争をへてその価値を大きく減じられた。南北分断は日本帝国による朝鮮支配の直接的結果である。それについて異議を唱える人はいないであろう。ただ、朝鮮戦争と植民地支配の間に直接の関連はないという主張は提起されるかも知れない。そうした論点はひとまずさておくことにしよう。ここでは、1960年代以降の韓国の本格的な工業化において植民地期の遺産が如何なる役割を果たしたかという問題に集中したいからである。

1 日本人の企業資産の南北韓分布

解放と共に朝鮮に残された日本人所有資産について、恐らくもっとも正確でかつ包括的な資料は、連合軍最高司令部（SCAP）によって作成された『1945年8月現在の日本人海外資産』であろう。この資料によると、解放当時の朝鮮

表1 所有主体別、南北別日本人資産（1945年8月現在）　　単位：ドル

内訳		南北別の日本人資産			比重	
		北朝鮮	韓国	合計	北	南
企業部門資産		2,210,674,940	1,333,393,416	3,544,068,356	62.4%	37.6%
	1500社　小計	2,165,924,940	1,175,443,416	3,341,368,356	64.8%	35.2%
	3800社　小企業	23,700,000	94,800,000	118,500,000	20.0%	80.0%
	その他企業資産	21,050,000	63,150,000	84,200,000	25.0%	75.0%
政府部門資産		549,024,674	449,202,006	998,226,680	55.0%	45.0%
個人部門資産		211,260,000	492,940,000	704,200,000	30.0%	70.0%
合計		2,970,959,614	2,275,535,422	5,246,495,036	56.6%	43.4%

出所：SCAP (Civil Property Custodian, External Assets Division, General Headquarters), *Japanese External Assets as of August 1945*, 1948. 9. 30, 36, 37頁から作成。

には日本の海外資産総額218.8億ドル（3,282億円）の24%に相当する52.5億ドル（787億円）が残されており、そのうち総額の10.5%に相当する22.8億ドル（341億円）が南韓に残っていた。

それでは、日本人海外資産のうち朝鮮に残された部分に焦点を絞って見よう（表1）。企業部門の資産をもっと具体的にみると、規模の比較的大きい1,500社の場合、北韓（＝北朝鮮）地域の割合が64.8%で南韓地域の35.2%のほぼ2倍に達している。それを除いた部分、すなわち3,800社の小企業やその他企業の資産においては逆に南韓地域の割合が圧倒的に高い。さらに政府部門の資産は南北韓の間にその差が比較的開いていないが、個人部門資産においては再び南韓地域の割合が圧倒的である。結局南韓地域では中小企業や小規模自営業を営む日本人が多く、北韓地域には大企業が多かったという意味である。

業種別資産額の分かる1,500社の中から鉱工業部門を取り出し、南北韓別に分類して見よう（表2参照）。北韓地域の割合が72%であるのに対し、南韓地域の割合はわずか28%に過ぎない。鉱業よりは特に工業部門において北韓地域への偏りが目立っている。日本帝国支配期の日本人企業資産、特に工業資産のうち重要なものは大部分が北韓地域に所在していたことが明らかになる。工業の内訳に立ち入れば一層著しい格差が確認される。すなわち工業を軽工業と重工業の二つに分けて比較して見ると、軽工業部門では南韓地域の割合が圧倒的

第10章 韓国における近代的経済成長

表2 主要1,500企業のうち鉱工業企業の業種別・南北別の資産額とその比率

	資産額（ドル）			比率	
	北朝鮮	韓国	合計	北朝鮮	韓国
紡織工業	31,200,931	152,763,521	183,964,452	17.00%	83.00%
出版印刷業	251,000	5,224,159	5,475,159	4.60%	95.40%
食料品工業	21,416,420	43,324,100	64,740,520	33.10%	66.90%
製紙業	12,623,144	15,096,464	27,719,608	45.50%	54.50%
軽工業の小計	65,491,495	216,408,244	281,899,739	23.20%	76.80%
製鉄業	294,309,992	24,031,446	318,341,438	92.50%	7.50%
軽金属工業	140,167,678	8,387,510	148,555,188	94.40%	5.60%
機械器具工業	22,031,771	106,803,926	128,835,697	17.10%	82.90%
窯業	19,601,951	9,034,342	28,636,293	68.50%	31.50%
化学工業	461,248,539	60,497,306	521,745,845	88.40%	11.60%
石油・ゴム工業	50,493,046	10,400,118	60,893,164	82.90%	17.10%
ガス・電気業	498,179,759	82,617,759	580,797,518	85.80%	14.20%
重化学工業の小計	1,486,032,736	301,772,407	1,787,805,143	83.12%	16.88%
工業の合計	1,551,524,231	518,180,651	2,069,704,882	73.40%	26.60%
鉱業	366,796,317	228,465,231	595,261,548	61.62%	38.38%
鉱工業の総計	1,918,320,548	746,645,882	2,664,966,430	72.00%	28.00%

出所：SCAP、前掲書から作成。

に高く、重化学工業部門は北韓地域の割合が圧倒的である。

　このように鉱工業部門に限って考えれば、日本帝国支配期に朝鮮経済を変貌させた様々な変化は朝鮮地域全体にまんべんなく分布するのではなく、北韓地域に集中的に現れていたのが分かる。解放とともに南北が分断されたことを勘案すれば、解放以降の韓国経済が再び貧しい農業国のそれに戻された理由もこれでよくわかる。それはまた、解放後の韓国経済と日本帝国支配期との連続面より断絶面をもっと強調しなければならない理由の一つでもある。

2　日本人の物的遺産の活用状況

　すでに述べたように、南韓地域には約22.8億ドルの日本人資産が残され、そのうち企業資産は13億ドル（200億円）であった。しかしその物的遺産も次のような諸般の事情により解放以降まともにその機能を発揮できなかった。

　第一に、「朝鮮の工業は朝鮮自らの経済的成長によってもたらされたのでは

なく、日本帝国の必要から出発し日本工業の延長として建設されたものであり、日帝が敗退した今日、各工業が相互有機的な関連を失い奇形化したのはその当然の帰結である。さらに、38度線の設定は8・15（解放）後の朝鮮工業の困難に拍車をかけ、時間が経つにつれ朝鮮工業の薄弱さが露呈されつつある。」[5]という同時代の指摘をまず紹介しておく。解放後の南韓では植民地的分業構造の崩壊にともない生産活動が深刻な打撃を受けた。その結果、解放直後に若干残っていた備蓄原資材を使い果たしてからは、原資材不足で休業状態に陥るか、深刻な操業中断事態を余儀なくされるようになった。完全休業の工場は全工場数の7.4％に過ぎないが、稼働中の工場の平均操業率は極めて低かった。すなわち機械工業や電気工業は大概60％を上回る操業率を維持していたが、ほかの業種は概ね操業率60％以下で稼働していた。鉱業の場合も有煙炭などいくつかの業種は完全操業率に近かったが、南韓最大鉱業である無煙炭の操業率は50％で、金・銀鉱業も40％以下の水準にとどまるなど、全体として鉱業の操業率は工業部門よりも低かった。鉱工業の業種が多様なので鉱工業全体の操業率を求めることはできないが、平均操業率が50％を大きく超えることはないと判断される。

　第二に、戦時体制の間、軍需産業と関連のある産業部門はあらゆる政策的保護や支援をうけて肥大化したのに対し、平和産業やそれと関わる産業部門は統廃合されたか、または縮小された。従ってそれらの物的遺産が韓国経済の復興や成長に貢献できるためには、軍需産業から平和産業への構造転換が必要であった。南に残された工業施設は北朝鮮に比べて平和産業、または平和産業に容易に転換できるものが多かった。しかし転換に必要な技術や部品確保が難しかったのでそれは簡単な仕事ではなかった。特に軍需用鉱物生産のため過度に膨れあがった鉱業部門においては、燃料用の石炭や輸出用のタングステンなど一部を除けば、ほとんどがその機能を発揮できなくなってしまった。

　第三に、物的遺産のなかには、すでに日帝末期に部品確保の困難により粗悪な状態に陥ってしまったり、老朽化してしまったりし、解放の時点でもはや機能しなくなっていたものが多数含まれていた。例えば製鉄工場は「日帝末期の

窮境に強行された能率劣等で品質粗悪ないわゆる無燃炭製鉄で現在は稼働に値しない存在なので休業中であり、製銅の場合も鉱石や燃料関係で休止中にある鐘淵実業のロータリ・キルンによる本格的製銅設備以外は鋳鋼用の小型電気炉にすぎなかった。」[6] 日帝末期に日本の遊休施設を導入して建設された紡織工場もそれと類似のケースであろう[7]。そのほかにも、解放直後に引き上げる日本人の手によって破壊されたもの、管理不備により浸水、盗難などで荒廃したものも多く、故障したが部品不足で修理できずに放置されている設備も少なくなかった。

　以上のような要因が互いに影響しながら、解放直後には多くの生産施設が生産に貢献できずそのまま錆び付いていく状態にあった。1944年と1946年を比較して見ると、金属工業、機械器具工業及び電気工業のように工場数がむしろ増加した業種もあるが、その業種における労務者数の減少比率がほかの業種に比べ決して低くないことを見ると、生産設備の遊休化においてそれらの業種も例外ではなかったように判断される。その二つの時点の間、全体として工場数は41％減少し、労務者数は52％減少した。工業生産のこのような萎縮は、物的遺産のうち半分以上がろくに機能しなかったことを意味している。従って休業を含め平均操業率を50％と仮定すれば、解放以降南韓に残された資産のうち、それなりに機能し使用されたものの価値は約7億ドル以下と推計することができよう。

3　朝鮮戦争

　解放直後、南韓に残された物的遺産は朝鮮戦争によって再びその50.5％を破壊された。印刷工業や紡織工業は5割以上の被害をうけ、ほかの業種は大概20〜30％台の被害があった。工業の被害額は116百万ドルほどだったが、そのうち建物や施設の被害額は115百万ドルで、被害額と被害率から原状を推計して見ると、その業種の建物や設備は227百万ドルほどなので全体として50.5％の被害を受けたことになる。

　工業を除くほかの産業の被害率を40％と仮定すれば、日帝の物的遺産7億ド

ルのうち3億ドルを差し引いた残り4億ドル(解放当時の為替で計算して60億円)ほどが朝鮮戦争以降に持ち越されたことになる。解放当時、朝鮮に残された鉱工業部門の日本人資産が26.6億ドル(400億円)であったことを想起すれば、朝鮮戦争以降、日帝時代の物的遺産として南韓に残ったのはその1/6以下にすぎないことになる。

　一方、李大根は綿紡工業部門の帰属事業体を対象とした研究において、「生産設備という観点からは明らかに断絶の側面を見ることができる」とし、また朝鮮戦争以降の「設備の復旧過程においてはその間に破壊された設備だけでなく、既存設備のうち老朽化したものまで一挙に取り替えられることになった」のであり、「設備の取り替えは過去の日本製設備から大概は米国製の設備への取り替えであったということも重要である」と指摘している[8]。生産設備面における断絶的性格は綿紡工業部門に限った話ではない。李大根は朝鮮戦争の被害に関連して次のように指摘している。

　　　被害総額4,123億ウォンを当時の国民総生産と比較すれば、1953年の国民総収入(生産国民所得の概念)2,450億ウォンの1.7倍に当たり、また1952-53年の合計4,296億ウォンの96.6%にのぼる規模である。……それは単なる生産設備や建物の破壊または生活基盤の破壊をこえて次のような意味を持つと考えられる。何より、日帝時代から受け継がれた植民地経済の物的遺産の破壊という意味が強い。そしてその復旧過程は、昔の日本式設備パターンを新しい米国式のパターンに取り替える過程として展開された。

　老朽設備の取り替え問題はこの論文では勘案していない。その要因まで含めると韓国の工業化前夜に残存していた日帝時代の物的遺産の規模はさらに小さくなるに違いない。それでは、そのような工業資産の減少傾向を総合的に比較して見よう。〈表3〉はそれぞれ基準が違うので直接比較するのは多少無理がある。しかし全体としての傾向は読み取れるはずである。1945年8月現在、南韓地域の日本人工業資産額は4億8千万ドルほどであった。朝鮮戦争当時の被

表3　解放以降の南韓所在の日本人（帰属）工業資産の変化

（単位：ドル）

	1945 (A)	1949 (B)	B/A	1951 (C)	C/A
金属工業	77,975,485	2,128,948	2.7%	1,587,748	2.0%
機械器具工業	106,803,926	2,398,595	2.2%	1,885,847	1.8%
化学工業	85,993,888	66,280,781	77.1%	50,917,442	59.2%
紡織工業	152,763,521	141,181,331	92.4%	48,459,587	31.7%
窯業	9,034,342	6,788,785	75.1%	5,145,292	57.0%
食料品工業	43,324,100	5,312,510	12.3%	3,718,757	8.6%
印刷業	5,224,159	3,258,860	62.4%	814,715	15.6%
合計	481,119,421	227,349,810	47.3%	112,529,388	23.4%

注：1945年は南韓の主要1500企業のうち日本人工業企業の資産額．
　　1949年及び1951年は朝鮮戦争の被害額と被害率から推計した建物及び施設の額．
出所：SCAP，前掲書及び韓国産業銀行調査部，『韓国産業経済十年史（1945-1955）』，996
　　　～997頁などから作成．

害額や被害率から計算された戦争直前の工業資産（建物及び設備）の規模は約2億3千万ドルであった。解放から朝鮮戦争直前まで工業資産の53％が失われたのである。朝鮮戦争によって工業資産は再び50.5％の被害を受け、その結果、1951年8月現在の南韓の工業資産は1億1,000万ドル水準まで落ちるようになる。朝鮮戦争以降に残存する南韓の工業資産は解放当時の日本人工業資産の23.4％に縮小されたのである。

　このような激変をくぐり抜け1950年代の南韓地域に残された日本人工業資産の意義は、1930年代末までの急速な工業発展過程において日本人資本の果たした役割や意味とはまったくちがうものであった。

　互いに性格が違うので適切な比較にならないかも知れないが、参考まで、朝鮮戦争以降に残った日帝時代工業化の物的資産と解放以降に韓国に導入された米国援助額をグラフにして見たのが図5である。日帝時代の物的遺産の大きさは韓国で政府が樹立されるまでの米軍政期に入ってきた援助額にほぼ等しい。しかも米国の対韓援助は朝鮮戦争以降に本格化し1960年代まで約30億ドルが導入される。従って1960年の時点で見た場合、日帝時代の物的遺産は米国の対韓援助額の1/7ほどにすぎない微々たる水準になってしまう。要するに物的遺産という側面に限って評価して見れば、解放以降南韓に残された日本人工業資産

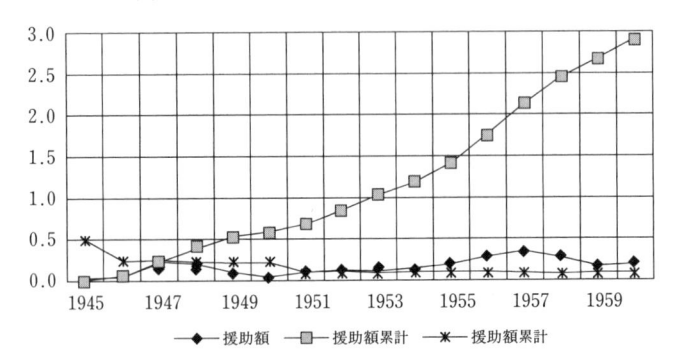

図5　1945〜1960年の援助輸入額と物的遺産

注：援助額累計は、GARIOA, CEA & SEC, UNKRA, ICA & AID, PL480 を含む。
出所：韓国銀行、『経済統計年報』各年度から作成。

は、1960年代以降本格化する韓国の工業化においてそれほど大きな役割を果たしたとはいえない。

III　結び——解放後の経済成長

メディソンの資料を使い、韓国が本格的に成長する直前の1960年の一人当たりGDPを、世界でもっとも貧しい大陸、アフリカの54ヵ国と比較して見よう。韓国より一人当たりGDPのより高い国が20ヵ国、もっと低い国が34ヵ国であった。アジアのほかの国々と比較して見ても結果は大きく変わらない。アジアの37ヵ国のうち韓国より一人当たりGDPの高い国が20ヵ国、より低い国が16ヵ国であった。韓国の所得水準はアフリカでは真ん中よりやや上、アジアでは真ん中よりやや下に数えられる程度のものであった。北朝鮮の2000年現在の一人当たりGDPは1,169ドルであった。1960年の韓国の所得水準は今日の北朝鮮とあまり変わらない。

しかし韓国は1960年代以降、世界で類を見ないほど高い成長率を達成した。産児制限の成功により人口増加率はそれほど高くなかったが、一人当たり所得は凄まじいスピードで増加した。図6で見るように、1950〜2000年の間、世界

図6　1950〜2000年の世界の人口成長と経済成長

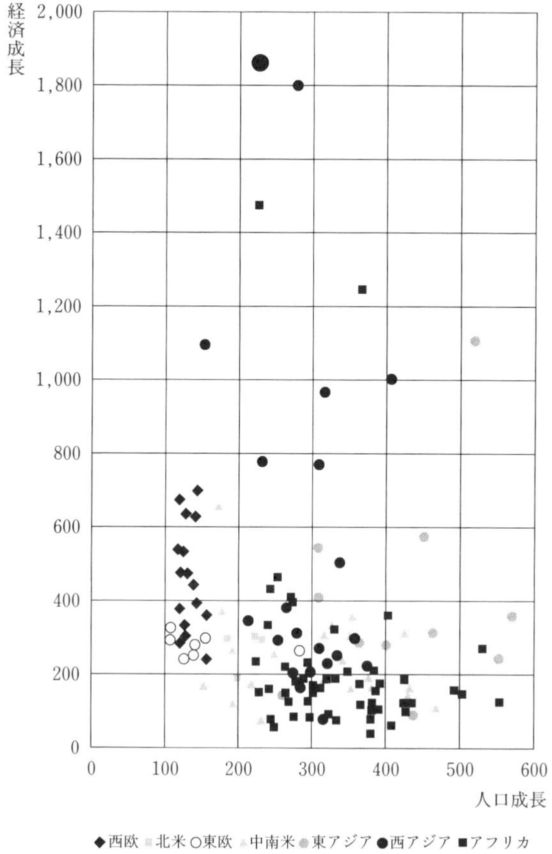

縦軸：経済成長、横軸：人口成長

◆西欧　■北米　○東欧　▲中南米　●東アジア　●西アジア　■アフリカ

注：縦軸・横軸とも1950年を100としたとき2000年の指数である。大きい円で記したのは韓国。
出所：メディソン、前掲書から作成。

　各国の一人当たりGDP増加は概ね2倍前後だったのに対し、韓国のそれは18倍に増加した。一人当たりGDPの成長率では断然と世界1位であった。
　こうした奇跡のような変化は決して見下せない明確な事実であり、朴正熙大統領時代の「祖国近代化事業」によって始まったということも肯定的評価を受けてしかるべきであろう。我々は時々、日帝の朝鮮支配を批判しつつ同時に朴

正熙大統領時代に成し遂げられたかような高い経済的成果も否定的に捉える見解に接する。しかしそのような見解は、現在の我々が一般に享受している物質的豊かさを説明できないという矛盾にぶつかる。

　また1960年代以降の経済発展をどうにかして日帝支配に結びつけて見ようとする様々な説明もあまり妥当しない。まず日帝時代は生産手段、特に鉱工業部門の生産手段がほとんど日本人所有になっていただけでなく、後期に行けば行くほど生産手段の所有関係において民族別格差が拡大されたからである。また技術の大部分は日本から導入されたもので、技術者もほとんど日本人であった。金融制度は植民地初期まで活発だった朝鮮人金融業が日本人金融業に徐々に吸収されて行った。教育制度において朝鮮人教育は酷い差別を受け、初等教育や中等教育は民族別に分離されていた。朝鮮に居住する日本人は無視されてよいほどの少数だったにもかかわらず、官公立専門学校以上においては日本人2対朝鮮人1の比率でむしろ日本人の入学割当が多かった。理工系の大学課程は1940年の京城帝国大学理学部がはじめてであった。

　日帝時代の経済発展は物的資本や人的資本が日本人に集中する植民地的支配構造の下で行われた。しかも一人当たりGDPの変化趨勢でわかるように、日帝時代に近代的成長が存在したとはとてもいえない。さらに韓国で再び本格的な経済開発が始まったのは1960年代以降だったので、日帝の敗戦からほぼ20年も後という時差が存在する。こうしたあらゆる点において、解放以降の韓国経済の発展を日本の朝鮮支配に結びつけようとする主張もまた説得力は弱いといわざるを得ない。

註

1） Simon Kuznets, *Modern Economic Growth-Rate, Structure, and Spread*, (Oxford & IBH Publishing Co. 1996) p. 27.
2） 車明洙「朝鮮後期と日本帝国支配期の人口変動」(『経済史学』第35号、2003年) 13頁。
3）「我々が経済成長と呼んでいる持続的な変化を観察するために必要な期間は少なくとも30～40年に及ぶ長い期間である。なぜならば、当然起こるべきあら

ゆる短期の経済変動がそれより短い期間内にすべて起こるとは考えにくいからである。30～40年にかけて、上下変動と比べかなりの趨勢的移動があるという証拠があれば、我々は経済成長のための力が顕著でかつ持続的だと仮定することができるし、成長をもたらすメカニズムに関心を向けることができる」。Simon Kuznets 前掲書、27頁。

4）「この増加率は戦争やそれに準じる変革の期間も含めて計算した。というのは、もし実際の戦争期間を取り除くとすれば、変革の場合についても直前や直後の期間を取り除く必要があるからである。したがって……平均増加率は近代的経済成長過程を通じて達成された経済的成果を表しているが、そこには戦争やその後遺症のもたらすあらゆる拡張効果や沈滞効果も含まれている」。Simon Kuznets 前掲書、66頁。

5）朝鮮通信社『朝鮮年鑑』（1948年版）234頁。

6）同上、235頁。

7）近藤釰一編『太平洋戦下の朝鮮』5（友邦協会、1964年）88-89頁。

8）李大根「政府樹立後の帰属事業体の実態とその処理過程」（安秉直ほか『近代朝鮮工業化の研究』一潮閣、1993年）298頁を参照。

（金鎔基、チョン・ギョン＝訳）

おわりに

　本書の共同研究を組織するように、中村哲先生や堀和生氏に依頼された2005年は、4月に上海や北京などで、激しい反日デモが起こっていた年である。地方の大学で、自分の好きなことだけを研究していた私でも、さすがに「アジア危機」という状況を目の前にして、何かしなければという意識になっていた。

　小泉純一郎元首相の頑なな靖国神社参拝は、曾てない日中、日韓関係の悪化を招いていた。経済的には、日中貿易が日米貿易を抜き、アジア間貿易が日本経済の今後を左右する、最大の要因となっているのに、政治的断絶は増すばかりであった（「政冷」と言われていた）。なにより周囲にいた留学生たちは、親たちから「帰国しろ」とまで言われ、周辺諸国の日本不信の強さを思い知らされた。ここで何かをしなければ、というのが私には過分な本書の編集の動機のひとつである。

　なにより政府間では、1965年の日韓条約、1972年の日中国交回復で棚上げにされた、戦争責任や戦後賠償の問題が、民衆のレベルではまだ解決していないことを痛感させられたのである。これは、他のアジア諸国にも言えることで、その後も「従軍慰安婦」問題などで、日本の政治家は「妄言」をくり返し、本当に戦争責任など考えていないことを内外に示している。

　確かに小泉内閣を継いだ安部晋三内閣は、右派政権でありながら、公然とした靖国参拝はせず、訪中で日中関係の打開をはかった。その次の福田康夫内閣でも、訪米を先行させたが、アジア外交に人気回復を賭けようとしている。民主党の小沢一郎までが、急いで訪中しているが、これは、あくまでも政治的なマヌーバー（策略）でしかない。

表層的な政治の世界では、風向きが変わったように見えるが、本屋に行けば、相変わらず「反中国」、「反北朝鮮」の書物が氾濫している。空港や港の入国管理手続きでは、テロ対策を理由に、入国する全外国人の指紋や顔写真をとっている。2006年の風俗営業法の「改正」以降は、「人身売買」の取締りを名目に、これまで入国管理局がやっていた仕事を、警察が肩代わりするようになっている。朝鮮総連や朝鮮中高級学校つぶしなど、「在日」外国人への管理はますます強化されてきている。

　このようななかで、私個人としては、2006年には立命館大学の西川長夫先生の科研グループで、韓国の韓陽大学を訪問し、シンポジュウムで報告した。そして同年秋には、立命館大学の「グローバリゼーションと植民地主義」の連続講座でも報告した。また翌07年10月には、立命館大学の言語文化研究所で、日本、韓国、中国、台湾の研究者とのシンポジュウムに参加した。これらの記録は、韓国の学術雑誌『批評』第14号（2007年春号）に載り、『立命館言語文化研究』第19巻1号（2007年9月）に掲載されている。昨年の10月のシンポの記録も、同誌の第20巻1号（2008年）に掲載予定である。

　そして、何より07年には、北海道で2つの研究会を持つことができた。まず8月3・4日に、小樽商科大学の札幌サテライト教室で、小樽商科大学東アジアシンポ準備会と立命館大学の植民地主義研究会との共催で、「北海道と国内植民地シンポジュウム」を開いた。以下のような内容である。

　8月3日、「北方問題の歴史と現状」というテーマで、平野千果子氏（武蔵大学）と麓慎一氏（新潟大学）の司会で、小樽商科大学の国際交流委員長江口修氏が、開会の挨拶を行なった。1日目の午前中は、西川長夫氏（立命館大学）の「グローバル化と国内植民地について」、今西一（小樽商科大学）の「北海道史の新しい見方」、大島稔氏（同）の「北方民族研究の現状と課題」という報告・討論が行なわれた。

　午後は、竹野学氏（札幌医科大学）の「植民地樺太移民史の再検討」、三浦泰之氏（北海道開拓記念館）の「近世・近代の北海道における芸能興業をめぐる諸問題」、田村将人氏（同）の「20世紀前半期の樺太アイヌの〈近代化〉」に

ついて報告・討論が行なわれた。

　8月4日は、今西・高橋秀寿氏（立命館大学）の司会で、午前は長谷川貴彦氏（北海道大学）の「イギリス帝国史研究の新潮流」、平野千果子氏の「アルジェリアのユダヤ人」、午後は千葉芳広氏（千歳科学技術大学）の「アメリカ統治下におけるフィリピンの中国人移民」、宮下敬志氏（立命館大学）の「19世紀米国東部の先住民寄宿舎学校における「文明化」教育—ハワイ、フィリピン、アイヌ教育政策との関連に注目しながら」、李姵蓉氏（立命館大学院）の「国内植民地としての台湾と台湾228事件」などの報告・討論が行なわれた。

　また9月22・23日には、日韓シンポジュウムとして「世界システムと東アジア」が、やはり小樽商科大学の札幌サテライト教室で行なわれた。22日には、江口修氏が開会の挨拶を行ない、「「植民地的近代」とは何か」というテーマのもとに、今西が司会し、李榮薫氏（ソウル大学）、金洛年氏（東国大学）、許粹烈氏（忠南大学）が、本書に収録した報告を行なった。報告の内容は収録できたが、白熱した討論を再現できなかったのは残念である。

　翌24日午前は、小樽商科大学の秋山義昭学長の挨拶で始まり、今西の司会で、中村哲氏（京都大学名誉教授）の記念講演「資本主義成立における国家の役割—財政を中心に」（本書未収録）と討論、黒田明伸氏（東京大学）の「アジア・アフリカ史発の貨幣経済論」、午後は坂根嘉弘氏（広島大学）の司会で、今西の「帝国日本と国内植民地・北海道」、井上勝生氏「旧土人法成立前夜のアイヌ民族」、竹野氏の司会で、黄完晟氏（九州産業大学）の「近代日本における中小企業と問屋」、坂根氏の「近代日本の小農と家族・村落」の報告・討論があった。

　9月のシンポに、当日参加できなかった野田公夫氏（京都大学）、高良倉吉氏（琉球大学）らの論文を加えたのが本書である。本書の執筆者は、京都大学時代のゼミや、それ以降の研究会などで、中村哲先生の薫陶を受けた者たちである。各自は、各分野の第一線で活躍している超多忙な人たちであるが、中村先生の喜寿記念にと、研究会への参加や執筆を引き受けて下さった。当初の予定では、この人たち以外にも、吉田浤一（静岡大学）・宮嶋博史（成均館大

学）・朴ソプ氏（仁清大学）らにも参加をお願いしていたが、それぞれ拠ん所ない事情から、今回の論集には間に合わなかった。また、翻訳を引き受けてくださった小樽商科大の金鎔基、チョン・ギョン夫妻や、研究会に参加して下さって、貴重なコメントをいただいた立命館大学や北海道大学など、各大学や各研究機関・研究会にも感謝したい。「日本一小さい国立大学」と言われている小樽商科大学が、これらの皆さんのおかげで、このような論集を作る仕事に取り組めたのはまさに奇跡である。

　最後になるが、いつも採算のあわない仕事を引き受けて下さる、日本経済評論社の栗原哲也社長や谷口京延氏、本論集の担当者の安井梨恵子氏に感謝したい。

　　　2008年2月10日

　　　　　　　　　　　　　　　　　　　　　　　　　　　　　　今西　一

執筆者・翻訳者紹介
(50音順、＊は翻訳者)

井上勝生 (いのうえ　かつお)
現在、北海道大学名誉教授。
主な著作に、「『北海道土人陳述書』——アイヌ陳述に対する北海道庁弁明書（1895年）」『北海道立アイヌ民俗文化研究センター研究紀要』第5号、1999年。『幕末維新政治史の研究』塙書房、1997年。『開国と幕末変革』講談社、2002年。『幕末・維新』岩波新書、2006年。

李榮薰 (イ ヨンフン)
現在、（韓国）ソウル大学校経済学部教授。
主な著作に、『朝鮮後期社会経済史』（ハングル）ハンギル社、1988年。『朝鮮土地調査事業の研究』（共著、ハングル）民音社、1997年。『数量経済史から見直す朝鮮後期』（共著、ハングル）ソウル大学校出版局、2004年。『植民地近代の視座』（共著）岩波書店、2004年。

金洛年 (キム ナクニョン)
現在、（韓国）東国大学校経済通商学部教授。
主な著作に、『日本帝国主義下の朝鮮経済』東京大学出版会、2002年。『植民地朝鮮の国民経済計算1910—1945』（編著）東京大学出版会、2008年。『解放前後史の再認識』1（共著、ハングル）チェクセサン、2006年。『1950年代韓国史の再照明』（共著、ハングル）図書出版ソンイン、2004年。

黒田明伸 (くろだ　あきのぶ)
現在、東京大学東洋文化研究所教授。
主な著作に、『中華帝国の構造と世界経済』名古屋大学出版会、1994年。『貨幣システムの世界史——〈非対称性〉をよむ』岩波書店、2003年。'The Maria Theresa dollar in the early twentieth-century Red Sea region: a complementary interface between multiple markets', *Financial History Review* 14-1, 2007. 'Currency circuits concurrent but non-integrable: complementary relationship among monies in modern China and other regions', *Financial History Review* 15-1, 2008.

坂根嘉弘 (さかね　よしひろ)
現在、広島大学大学院社会科学研究科教授。
主な著作に、『戦間期農地政策史研究』九州大学出版会、1990年。『分割相続と農村社会』九州大学出版会、1996年。『新体系日本史3 土地所有史』（共著）山川出版社、2002年。

高良倉吉（たから　くらよし）
現在、琉球大学法文学部教授。
主な著作に、『琉球の時代』筑摩書房、1980年。『琉球王国の構造』吉川弘文館、1987年。『琉球王国』岩波書店、1993年。『アジアのなかの琉球王国』吉川弘文館、1998年。

野田公夫（のだ　きみお）
現在、京都大学大学院農学研究科教授。
主な著作に、『限界地における高借地率現象——島根県邑智郡桜江町の分析』農政調査委員会、1985年。『戦間期農業問題の基礎構造——農地改革の史的前提』文理閣、1989年。『戦後日本の食料・農業・農村』第1巻「戦時体制期」（編著）農林統計協会、2003年。『21世紀の農学』第7巻「生物資源問題と世界」（編著）京都大学学術出版会、2006年。

許粹烈（ホ　スヨル）
現在、（韓国）忠南大学校経済貿易学部教授。
主な著作に、『日帝の韓国植民地統治』（共著、ハングル）正音社、1985年。『近代朝鮮工業化の研究』（共著）日本評論社、1993年。『日韓歴史共同研究報告書』（共著）日韓歴史共同研究委員会、2005年。『開発なき開発』（ハングル）ウンヘンナム、2005年。

黄完晟（ホワン　ワンソン）
現在、九州産業大学経済学部教授。
主な著作に、『日本都市中小工業史』臨川書店、1992年。『日本の地場産業・産地分析』税務経理協会、1997年。『日米中小企業の比較研究』税務経理協会、2002年。

金鎔基*（キム　ヨンギ）
現在、小樽商科大学商学部教授。

チョン・ギョン*
翻訳家。

【編者紹介】

今西　一（いまにし　はじめ）
1948年生まれ
現在、小樽商科大学商学部教授
主要著書『近代日本成立期の民衆運動』柏書房、1991年
『近代日本の差別と村落』雄山閣出版、1993年
『近代日本の差別と性文化』同、1998年
『メディア都市・京都の誕生』同、1999年
『国民国家とマイノリティ』日本経済評論社、2000年
『文明開化と差別』吉川弘文館、2001年
『遊女の社会史』有志舎、2007年、ほか

世界システムと東アジア──小経営・国内植民地・「植民地近代」

2008年5月17日　第1刷発行	定価（本体4200円＋税）

編者　今西　一
発行者　栗原　哲也
発行所　株式会社　日本経済評論社
〒101-0051　東京都千代田区神田神保町3-2
電話　03-3230-1661　FAX　03-3265-2993
E-mail：info@nikkeihyo.co.jp
URL：http//www.nikkeihyo.co.jp/
装幀＊奥定泰之　　　印刷＊藤原印刷・製本＊山本製本

乱丁落丁本はお取替えいたします。
Printed in Japan　ISBN978-4-8188-1993-1　C3020
© IMANISHI Hajime et. al. 2008
・本書の複製権・譲渡権・公衆送信権（送信可能権を含む）は㈱日本経済評論社が保有します。
・JCLS　㈱日本著作出版権管理システム委託出版物
本書の無断複写は著作権法上での例外を除き禁じられています。複写される場合は、そのつど事前に、㈱日本著作出版権管理システム（電話03-3817-5670、FAX03-3815-8199、e-mail：info@jcls.co.jp）の許諾を得てください。

書名	著訳者	価格
国民国家とマイノリティ	今西一著	本体三二〇〇円
〈私〉にとっての国民国家論 ——歴史研究者の井戸端談義	牧原憲夫編	本体三二〇〇円
昭和史論争を問う ——歴史を叙述することの可能性	大門正克編著	本体三八〇〇円
増補 戦場の記憶	冨山一郎著	本体二〇〇〇円
近代日本社会と「沖縄人」——「日本人」になるということ	冨山一郎著	本体三二〇〇円
日本近代のサブ・リーダー ——歴史をつくる闘い	金原左門著	本体四五〇〇円
アイデンティティ	ジグムント・バウマン 伊藤茂訳	本体二四〇〇円
政治の発見	ジグムント・バウマン 中道寿一訳	本体二八〇〇円
新版 現代政治理論	W・キムリッカ 訳者代表=千葉眞・岡﨑晴輝	本体四五〇〇円
グローバル化と反グローバル化	D・ヘルド/A・マッグルー 中谷義和・柳原克行訳	本体二二〇〇円
グローバルな市民社会に向かって	M・ウォルツァー 石田・越智・向山・佐々木・高橋訳	本体二九〇〇円